乡土桥墩门

雷必贵 著

中国民族文化出版社

北京

图书在版编目（ＣＩＰ）数据

乡土桥墩门 / 雷必贵著 . — 北京 : 中国民族文化
出版社有限公司 , 2023.6（2025. 6 重印）

ISBN 978-7-5122-1731-7

Ⅰ . ①乡… Ⅱ . ①雷… Ⅲ . ①乡镇—概况—苍南县
Ⅳ . ① K925.55

中国国家版本馆 CIP 数据核字 (2023) 第 119871 号

乡土桥墩门 XIANGTU QIAODUNMEN

作　　者　雷必贵
责任编辑　张　宇
责任校对　李文学
封面设计　黄云磊
出 版 者　中国民族文化出版社　　地址：北京市东城区和平里北街 14 号
　　　　　　邮编：100013　联系电话：010-84250639 64211754（传真）
印　　装　三河市同力彩印有限公司
开　　本　787mm×1092mm　1/16
印　　张　19.5
版　　次　2025 年 6 月第 1 版第 2 次印刷
标准书号　ISBN 978-7-5122-1731-7
定　　价　98.00 元

序　言

　　桥墩，亦称桥墩门，古称松山。清康熙九年（1670）设立桥墩门新寨，是官方首次使用"桥墩门"这一地名。清末有文人在桥墩三十七街圆拱门上题写"桥墩门"，从此"桥墩门"这一地名在民间流行。至20世纪五六十年代，民间使用"桥墩门"地名仍盛于"桥墩"地名。1960年，国家建温福公路桥墩车站，以"桥墩门车站"命名。

　　桥墩这片浙南边陲之地，有着悠久的历史积淀和璀璨的人文底蕴。域内的仙堂山，留有商周时期人类文化遗址。五代十国时所建的分水关，创办于宋代的鹅峰书院，香火延续至今的唐宋寺观等，诸多古迹在温福古道旁已经静静地度过了千年。西晋时，松山人周凯治理三江（瓯江、飞云江、鳌江）水害有功，被尊崇为神。吴越国钱令公入闽，留下五子同行的故事。还有若干宋代状元、明清进士，也来自这片土地。近代，五岱山麓又成为红色革命根据地，走出了开国将军陈铁君，留下了红军挺进师的战斗足迹。

　　松山平水里，因周凯治水而得邑长命名，"平水"称谓延续至今。平水溪，为横阳支江之古称，有府、县史志记载为证。宋代前，仗舟楫通行，曾留下南宋诗人陈与义《泛舟入前仓》、陆游《平阳驿舍梅花》等诗篇。元明间，双溪环绕，千百年的地理变迁逐渐形成桥墩平原。桥墩集镇跨江而建，始成于明代。连接两岸的大桥，因洪水屡毁屡建，五六百年来六易其名，具有独特的地标特性和文化内涵，彰显着一方百姓不屈不挠的奋斗精神。

一方山水育一方人，一方之人创造一方的历史文化。桥墩百姓多数在明清间自福建迁入，少数家族则早自唐末宋初。千百年来，汉、畲、回等民族百姓勤耕力作，和谐相处，创造了丰富多彩的乡土人文。由于山海文明交汇，浙闽文化互鉴，耕作方式演进，汉畲民俗融合，历史事象丛生，种种因素使桥墩的乡土文化尤其丰富且与周边有别，如陶瓷文化、矿冶文化、山耕文化、状元文化、饮食文化以及民间信俗、畲族风情等独具一格。

桥墩的历史人文，在旧时的府、县史志中记载甚少。宋元前平阳尚无县志，明代才开始编纂，如有之前的文字记载，也是散于其他史著的片言只语。宋代起，平阳县方设官道驿舍，桥墩因地处偏僻，信息阻滞，历史事象鲜为人知。旧时编纂《平阳县志》，南港地域少有人士参与，有关桥墩的内容记载很少。桥墩水库出险又使整个古镇荡然无存，些许残存的民间文著也遭到毁坏，加上分疆析县、资料失存，有关桥墩历史的文字记载便少之又少了。

桥墩地处浙江南大门门口，在开发全域旅游、促进产业融合、全面建成小康的今天，十分需要发掘和研究乡土文化来支撑旅游产业发展，推进思想文化建设。笔者退休后回到故乡，对桥墩的历史文化做了初浅探讨，意在抛砖引玉，以不忘地方历史，传承人文精神，助力桥墩发展。

雷必贵

2020年5月1日

目　录

桥墩的周凯故事

一、周凯其人

周凯（约263—300年），西晋时临海郡（辖今温州、台州、丽水等地）的治水英雄。然而，鲜为人知的是这位大禹式治水英雄的故里就在横阳松山，即今苍南县桥墩镇。

据民国《平阳县志》（卷四十七·神教志三）记载："周凯，字公武，世居临海郡之横阳。生而雄伟，身长八尺余，发

周凯画像（源于杭州吴山广场伍公庙壁画）

垂至地。善击剑，能左右射，博文而强记。家贫，躬耕养父母。及司马氏平吴，与陆机兄弟入洛。张华荐之，知晋室将乱，辞不就。时临海属邑，曰永宁，曰安固，曰横阳，地皆濒海，海水沸腾，蛇龙杂居之，民惧其毒。神（指周凯）还自洛，乃白于邑长：随其地形，凿壅塞而疏之。遂使三江东注于海。水性既顺，其土作乂。永康中，三江逆流，飓风挟怒潮为孽，邑将陆沉。神奋然曰：吾将以身平之！即援弓发矢，大呼，冲潮而入。水忽裂开，电光中见凯乘白龙东去。但闻海门有声如雷，而神莫知所在矣。俄而水势平，江祸乃绝。邑长思其功，号其里曰平水里，建祠尸祝之。"

从以上记载可以得知周凯的籍贯与事迹梗概：周凯世居横阳县平水里，向邑长建议利用地形开河疏导，成功治理了"三江"水害，在永

康年间的一次飓风灾害中奋勇抗洪而献身。

历代以来，周凯治水除害的事迹深得百姓景仰，朝廷也屡加封赐。明洪武年间御史宋濂（1310—1381，浦江人）的《横山仁济庙记》（明弘治《温州府志》卷十九·词翰）记述："神初封于唐，为'平水显应公'。寻升王爵，赐衮冕赤舄。宋累加'通天''护国''仁济'之号。从祀郊坛，兼赐'仁济'（以）为庙额。元复加以'威惠'，进号'大和冲圣帝'，遂易庙为宫。"明朝"定议为'横山周公之神'，仍命守土臣岁修祀事"。

宋文除载有周凯身世与治水的内容外，还记述神威灵显事件："陈至德间，闽寇章大宝侵分水岭，其气势张甚，民争遁逃。神见天兵于云间，戈甲耀日，盗惊而溃。唐武德中，辅公祏为乱，其党入寇，民依华盖山筑城而据守之。时当严冬，神降大雨雹，寇弗敢近城，因得不陷。……光化末，天台（大）饥，神化形为商，以（载）米贷人。已而投杵于江，变为赤龙，骑而升天。……大中祥符初，诏营玉清昭应宫，取材于温之乐成。使者以重山不可至，祷神。忽风霆凌厉，龙湫震荡，巨石起立，大木斯拔，蔽江流而下。神之灵异，或见诸记载，或相传于父老之口如此者，盖不一而足，今则粗举其概而已。"

显然，平水王已经成为千百年来浙南百姓的保护神。在横山、蓝田（均属平阳）、黄家洞、项家桥（均属苍南）等多地建有宫庙，浙南民间把周凯作为"平水圣王"或"平水爷"来祭祀。

二、周凯故里——松山平水

横阳，是平阳的古称。晋太康四年（283），析安固南横屿船屯地置始阳县，这是平阳单独建县的开始。不久，改称横阳县。横阳与永宁（温州）、安固（瑞安）同属扬州临海郡。晋太宁元年（323），分临海郡设永嘉郡，横阳改隶扬州永嘉郡。唐上元二年（675），分括州之永嘉、安固两县置温州。后梁乾化四年（914），吴越王钱镠以横阳之乱既平，遂改县名为平阳，此为平阳县名之始。

1981年，析平阳县的矾山镇以及灵溪、矾山、马站、金乡、钱库、宜山、桥墩7个区的72个公社置苍南县。周凯世居的横阳县平水里在今苍南县桥墩镇。

桥墩，古称松山。松山、平水及平水村、平水桥等，屡见于地方史志与名人诗文。

明弘治《温州府志》（《卷三·山·平阳县》）记载："松山在县西南八十里，其土宜松。又曰五公山，俗传钱令公入闽，五子从行，尝宴于此。"该志（《卷六·邑里·平阳·乡都》）又记载："三十七都，松山，分水。一图。""街巷市镇"条目下记载："松山镇在县西南九十里，为西镇，有松山市。"还记载（《卷十七·遗事·平叛·元》）："元至正十三年癸巳岁冬十一月，闽寇侵境，……永嘉王尉楚山统兵守御松山。"

民国《平阳县志》（《卷五·建置志一》）的《乡都村庄表》中"三十七都"条目下记载："桥墩（有市，旧设松山镇）……旧志有松山村（见《水心集》），今自桥墩以下（焦坑、蒋阳、五代山、凤村）至梨尾棋皆为松山地。"

明弘治《温州府志》（《卷五·桥梁·平阳县》）记载："松山八角桥，在三十七都。"民国《平阳县志》（《卷四·舆地志四》）记载："上元桥，旧名松山八角桥，明万历间建，清康熙间重修，改名平水桥。"还记载（《卷六·建置志二·废公馆》）："平水公馆，在三十七都。"

明弘治《温州府志》（《卷六·邑里·平阳·乡都》）记载："三十六都，平水、莒溪、浦口、滕洋。一图。"

宋代著名学者许景衡（1072—1128，瑞安人）的《分水山诗》云："再岁闽中多险阻，却寻归路思悠哉。三江九岭都行尽，平水松山入望来。"许景衡的《圣寿禅院》诗写的是归仁乡松山圣寿禅院，明弘治年间《温州府志》记载该寺建于唐僖宗中和二年（882）。

清代诗人刘眉锡（1749—1823，莒溪人），以松山、平水桥等实地实景作诗。《松山》诗云："名贤久不作，往迹远难忘。林湜安居宅，黄中直谏堂。书铭曾有叶，题句更无张。我过松山下，相思道未亡。"诗中所提到的林湜是南宋林正甫（1132—1202），仕至司农卿，晚年居松山；黄中世居松山，南宋绍熙四年（1193）举进士，廷对第三。《平水桥》诗云："平水桥频创，何愁隔万寻。双溪风缦缦，两岸柳阴阴。不霁长虹卧，非江半月沉。浙闽来往客，侧帽更谁吟。"

以上所述足以说明松山、平水年代久远，涉及松山、平水的文字记载，常人所知的已可溯至唐宋之时，且该地名沿用至今，今时桥墩镇仍有平水溪、平水居等名称，这与志书记载的（周凯治水献身）"邑长思其功，号其里曰平水里"，可相印证并且吻合。

三、平水溪称谓之谜

西晋时周凯治水有功，故里号称"平水里"，当地溪流自然以"平水溪"为名。如同横阳江的旧名为始阳江，因为初建县时县名为始阳县。县名改为横阳县后，始阳江也改称横阳江。因横阳江上游水源在钱仓地域汇集，横阳江也称钱仓江。

平水溪，今又称桂兰溪。发源于浙闽交界的分水山一带是明确无疑的，但止于何处却扑朔迷离。笔者对平水溪的古往今来作了初步考查，并期盼有更多探讨。

《桥墩志》（第一章自然环境·第三节溪流）记述："平水溪（桂兰溪），全长约9千米，源于福建省交界的蜘蛛垟山（528.3米）北麓，自大隔向西北行1千米许，折向东北。复行4千米至桥墩大龙，有源于大尖山（521.3米）东麓之水注入，东行至官溪，折向东南行，注入横阳支江。"该志还记述："桥墩水库以上称莒溪，桥墩水库以下称横阳支江（俗称桥墩大溪）。"

按照此说，平水溪止于今桥墩镇后隆村汇入横阳支江处。其实，《桥墩志》只是记述当今平水溪、莒溪及横阳支江的现实状态，而非千年之前平水溪的状况。

民国《平阳县志》（《卷三·舆地志三》）记载："分水山自泰顺来，东北跨平阳、东南跨福鼎县地，与松山相连。……其岭曰分水岭，水名平水溪，东北流合南港以达钱仓。"

这里涉及一个"港"与"南港"的概念。何以称"港"与"南港"？该志（《卷四·舆地志四》）又记载："南港，三源，曰莒溪，曰平水溪，曰藻溪，而灵溪塘河亦自西南来注。""莒溪，为南港最西之源，发源大坪头山东……过上元桥（桥墩大桥——作者注），又四里，与平水溪合。""平水溪，二源，皆出分水山东北，行经关帝庙，出平溪桥约十里许，北合一溪，又四里许，与莒溪会。二溪既合，水势渐盛，泭筏称港。折北转东，曲折行经马渡、柳阳至桃湖，约七里有余……"

民国《平阳县志》对平水溪的记载，起止的实际地点与《桥墩志》相同，终止地都是桥墩镇后隆村，只是在表述上有"注入横阳支江"与"流合南港"的差别。差别还在于《桥墩志》把莒溪界定到桥墩水库止，与民国《平阳县志》所说"与平水溪合"稍有不同，原因是当今修建了桥墩水库。

鲜为人知的是民国《平阳县志》在界定横阳江水源来自南港、北港、梅溪时，其按语中保留着《元和郡县志方舆纪要》关于平水（溪）是横阳江四大水源之一的记载。

民国《平阳县志》（《卷四·舆地志四》）记载："横阳江，在县西南二十五里。一名始阳江，又曰钱仓江，今自新度以下又称鳌江。其源有三：曰南港，曰北港，曰梅溪。按：横阳江始见元和郡县志方舆纪要，云：上流有四港，其一为顺溪，其一为梅溪，其一为平水，其一为燥溪。考顺溪、平水、燥溪三水入江，多旁受诸溪之水，不能定为一源。今用水道提（堤）网说分南港、北港两源，平水、燥溪诸水合南港，顺溪诸水合北港较明确。惟梅溪独流入江，仍之。"

明弘治《温州府志》（《卷四·水·平阳县》）也有同样的记载："横阳江，在县西南二十五里，旧名始阳江。……一港入顺溪，分源东流，合睦村、周岙入东南流，合横口、三桥，出经江口；一港自梅溪出，汇梅浦；一港自闽峤诸山涧谷出松山、平水；一港出兰宋垟，分东西源，出燥溪而止。"

以上史志的记载，清楚地说明了界定南、北港地区诸水分别合称"南港""北港"的由来；府、县两志的记载都表明，平水（溪）是汇入横阳江的四大水源之一。并且，按照府志"一港自闽峤诸山涧谷出松山、平水；一港出兰宋垟，分东西源，出燥溪而止"的记载，说明平水溪与燥溪在楼石（今繁枝流石）合流后，燥溪不再作为"一港"，而平水溪便被作为南港之水汇入横阳江。

明弘治《温州府志》（《卷五·水利·平阳县·诸乡水道》）还记载："……惟西乡以上咸仰溪流，平水至黄浦而达于江。濒江之田苦于失溉，常思蓄水以杀咸卤……嘉定初，汪令季良以濒江士民之请，创堘于黄浦以截大江。"明朱东光原修万民华补遗（隆庆五年刊）、清石金和等增补（康熙间增补抄本）的《平阳县志》也有相同的记载。

其中的黄浦在旧江南镇慕贤西乡，属十六都，即今湖前凰浦（据《苍南县水利志》中《鳌江志》称"凤江乡凰浦"）。"平水至黄浦而达于江"一句，明确表达了平水溪流达横阳江的状况。并且，清乾隆《温州府志》（《卷之四·山川·平阳》）还记载："平水溪在县西南归仁乡三十六都，合涧谷诸溪，经县西南八十里松山下，下接泰顺与闽界之分水岭水，东北流合于钱仓江。"从上述史志记载可见，平水溪是横阳支江的古称可以确定无疑。

清乾隆《温州府志》中关于平水溪的记载

至于"横阳支江"的称谓，乃因它是横阳江的支流而得名。民国二十八年（1939）时，平阳县成立南港水利会，1941年改称治理横阳支江委员会，这应该是"横阳支江"称谓的首次出现。

说平水溪是横阳支江的古称，有人可能会有疑问：莒溪比平水溪水源更长，水流更大，为何没有花落莒溪呢？

还有一个疑点：平水村（里）在三十六都，地处桥墩北境，亦即处于莒溪（及其与平水溪汇合点下游一段横阳支江）北岸。今平水溪则在桥墩南侧，中间隔着集镇。换言之，平水村并不处于今平水溪溪畔。

经世居小玉沙的朱先生带领察看了桥墩平原的地势、水情后，我终于豁然明白：唐宋乃至更早以前，莒溪不是像今时这样经小玉沙（今桥墩水库坝址）直奔桥墩大桥及下游的后隆村与平水溪汇合，而是在小玉沙（今仙堂村）从马头山向南转东顺着山边转一个大弯，经云前山、状元墓、墓林、白龙潭、狮鼻脚（下）潭至仙堂山脚，距离六七里，继而向东南绕行到龟仔山（原桥墩信用社址）、小松山（今桥墩电影院址）、大路弯、南山岗，在大龙九峰山前一带与平水溪汇合。汇合后，顺南山山脚东行，流经今官溪、南岙，转向东北，沿柳庄山山脚向北，在黄檀口又有黄檀溪注入，而后向东北流经桃湖、观美、古港、灵溪，至繁枝流石时再有燥溪注入，最终汇入横阳江。按照这个水流走势，莒溪出小玉沙后便与平水溪汇合成一条大溪，桥墩北境的平水里自然是处于平水溪溪岸一侧，平水里的地名与平水溪的水名便一致了。

以上所说的水道变迁有何依据呢？

其一，从桥墩平原的地势看，桥墩集镇西南侧的龟仔山、小松山、大路弯一带地势很低，集镇南侧大龙九峰山下游的官溪、南岙山边和集镇东向的柳庄山山前一带地势更低，一遇暴雨就先成一片汪洋，这分明是历史上溪流沿山边流行的河道，地势渐高的平原中间地带则是冲积形成的。当今，在平原中部的桂兰溪及横阳支江，是靠官埭头堤塘及下游的后隆、马渡堤塘拦水运行；大龙九峰山脚至南山山脚一带的有些烂泥田，竹竿插下去也难探到底；黄檀溪的部分水流至今还是从黄檀口向南倒流至柳庄和尚河后，再入马渡村浚沟转向东行，才注入横阳支江；位于小松山旁边的曾氏一族，在明洪武年间迁入，历代传说其祠堂（面向鹅峰山）风水是"七星墩"——"七星落地，半月沉江"，描绘的是小松山前面（西与西北向）有七个被水环绕的土石墩，西向水面可见月亮下山的倒影。如此等等，均可印证河道绕行之说。

其二，从桥墩的古代水陆交通看，明清时仍可自桥墩乘船到达钱仓。清代林鹗（1793—1874，泰顺人）、林用霖编纂的《分疆录》中（《卷一·舆地上·山川》），对分水山作如下记述："山左为平阳，右为福鼎，前为松山，后为八都诸村，山腰凹处为关，以限闽浙。五代闽越战守于此，山下村名平水，达萧家渡，可通舟楫。"清乾隆《平阳县志·地舆·分水山》记载："在县西南百里连松山，泉出陇上，东西分流，以限闽浙。……自福宁来者，由此水以达钱仓，名平水。"《苍南县水利志》也记载："横阳支江与鳌江直通，东海潮汐到达桥墩平水溪口，从鳌江候潮乘船可直达灵溪。"清黄式苏《自平阳鳌江至桐山道中作》云："潮痕处处啮沙堤，烟树江南一望迷。夜雨孤舟村外路，疏疏灯影认灵溪。"便可印证。

世居桥墩集镇的吴先生说，有李姓老人清末就学时听塾师讲：前辈师长传说，新村潭边被掩埋在砂砾下的岩壁上，刻有"玉沙潮落客停舟"的诗句。20世纪80年代，桥墩水库扩建加固工程进行混凝土防渗墙施工，开挖水平面至河床岩基的沟槽，最大深度47.03米，平均深度38.38米。当今的南岙、柳庄、黄檀口等村，开挖到水平面以下1至2米时便都是涂泥（俗称江泥）。近年，有人在马渡村浦尾潭附近水底下，挖出直径2米的古樟树。这些情况，也都印证桥墩古时曾有过潮起潮落、舟楫通行的历史。

其三，从桥墩集镇形成的时间看，最早的少数姓氏迁入时间在宋元间，如松山黄氏（黄晟居小玉沙马头山）、林氏（林湜墓葬沿沙）、许氏（后裔在观美马路）等，其他多数姓氏在明清时迁入。松山集市最初形成于明代，明弘治《温州府志》曾记载："松山镇，在县西南九十里，为西镇，有松山市。"联通集镇两边的松山八角桥（清康熙间重修后改名平水桥），始建于明万历间，从当时的交通需求也可印证集市的初步形成。

桥墩平原中最肥沃、最宜耕的一块土地，在官溪、后隆、马渡一带，其最早的开发者中，官溪许姓在明嘉靖间迁入，后隆丁姓在明弘治间迁入，雷姓在明万历间迁入，许姓在清顺治间迁入，马渡苏姓、吴姓均在清康熙间迁入。可见明代之前，桥墩平原处于未开发状态。

总之，西晋永康间周凯所居平水里，比松山初成集市早七八百年乃至千年。可以料想，西晋时桥墩平原还是一片水域，明清之前可直通舟楫。清代时设为"分防汛地"的桥墩新寨（今寨子顶山），其东首是岩壁与深潭，西面、北面是陡崖石壁，以"中流砥柱"般的状态被水流冲刷了千百年。百年前称"港仔头"的来水，经"天灯"水闸头，在寨子顶山崖下向南流入平水溪，水道延续至今。最重要的是，因周凯治水有功，官府"号其里曰平水里"，傍着平水里（村）的平水溪，它的名望绝非莒溪、燥溪能比，因而平水溪成为横阳支江的古称也是顺理成章的事。

四、柳庄山的周凯墓与平水宫

柳庄山在桥墩平原东面，海拔180余米。正面遥对桥墩集镇，南首与古松山山脉之南峰寺尖、南山相连，西北与鹅峰山隔江（横阳支江）相望。桂兰溪在柳庄山前的后隆村汇入横阳支江，再前行千余米，又有流经柳庄山后的黄檀溪在柳庄山北首外汇入。在柳庄山，可以坐望莒溪、桂兰溪、黄檀溪三水汇合。

柳庄山半山腰居民为丁姓，其先祖于明弘治间迁入后隆，后分衍于此。山脚住着雷姓（明万历间迁入）、许姓（清顺治间迁入），20世纪初时三姓居民仅十来户人家。

半山腰的丁姓人家，分内、外厝两处。内厝原有五六间房屋，住着五兄弟，其中老二名叫丁学动（1870—1944），为平水爷信众。因世代传说柳庄山风水好、有神穴，又感到平水爷灵显，能治病、消灾，便拜神为契父（干爹）。传说，某年一天，平水爷托梦学动（一说起乩），称其尸骨在柳庄山山顶某处，未得安葬。学动依照神示，果然在后山近山巅一处岩壁下寻得遗骸。而后神又自择吉地、吉日，学动按本地民间风俗将其安葬在家族祖墓的上首边圹，并在安葬时为之披麻戴孝。该墓在柳庄山丁姓外厝岗头，坐卯向酉兼乙辛分金。

丁姓外厝有五间正房、三间厢房，丁学箩等居住于此。学箩在外厝大埕坎下有一片荒山，半山腰有处不高的石崖，很久以前就有人在石崖下烧香求神。平水爷显灵后，学动等信众便筹建平水爷宫，学箩献此片山作为建宫之用，并献坑边半亩梯田作为公田。

柳庄平水宫约建于清光绪壬寅年（1902），俗称"半山宫"，后因故移址。近年又移回原址，仍在那处不高的石崖下。宫内主位神灵为平水侯王，还供有白马明王、梅柳将军、喜二喜三等神像。民国时建宫股东有丁姓学动、学箩，许氏昌景、昌配，雷氏天忍，南峰寺人吴传土等。

居住在柳庄山的百姓，每月初一、十五上香膜拜，每年二月二、九月初九等日祭祀祈福，此俗延续至今。

周凯因治水献身，被尊崇为神。虽然民间传说的威灵或许只是百姓祈望，然而其奋勇为民、不惜牺牲的精神及行为着实值得后世发扬光大。

史志记载周凯是横阳松山人，他先在本邑向邑长提出"随其地形，凿疏之"的治水建议，后因治水献身，"邑长思其功，号其里曰平水里"。我们有理由相信，

平水神穴

周凯在本邑治水中牺牲也不无可能。

　　在推进"五水"共治、建设美好家园的今天，真实的英雄人物与美丽的民间传说都在激励我们不断前进。

柳庄山平水宫

平水宫祈福

（2017 年 5 月 22 日）

（本文载于 2017 年 6 月 6 日《今日苍南》）

桥墩的寺观宫庙与民间信俗

一、唐宋寺院圮八存四，香火延续千年

关于佛教始入中国的时间，异说种种，但以汉明帝永平十年（67）遣使西域访求佛道一说，最为佛家所公认。

佛教何时传入平阳？民国《平阳县志》记称："旧志载，邑中寺宇始自隋唐间，其时佛法已盛行。" 综合明弘治《温州府志》及明隆庆、清顺治、清康熙、清乾隆《平阳县志》的记载，唐宋间桥墩域内已建有多处寺院。

1.唐代寺院

唐代时建有泗洲禅院、镇西院、腾云院、等寿禅院四座寺院，后两座已废，前两座延续至今，时越千年。

泗州禅院（又名感应寺）

　　泗洲禅院，又名感应寺，在松山小玉沙（今桥墩镇仙堂村）。世人称泗洲佛为弥勒菩萨，以佛名寺，"泗洲"寓意佛法普化天下四大部洲，利益众生。该寺始建于唐代，清乾隆间僧普范重修，道光甲辰年（1844）再修。道光三年（1823）时，贡生朱凤辉（1778—1843，松山人）《偕王翼汝游泗洲古寺》一诗中有"古刹岿然存，黯尔见丹垩"的诗句。原寺址在桥墩水库溢洪道消力池旁发电洞口上方，建库时毁。1990年，移寺于附近的墓林山腰，2005年重建，现有大雄宝殿、藏经楼、功德殿、延生堂及大门楼，建筑面积1000平方米。镇寺之宝为明代泗洲石佛、青石水缸等。石缸镌刻"大明崇祯甲戌年南昆月吉旦泗洲庵右婆僧明源制"。现任住持法号释品圣，字心玄。

　　镇西院，也在小玉沙。民国《平阳县志》载：唐时建（《桥墩志》载为天祐间），僧照华于咸丰乙卯年（1855）重建，光绪丁亥年（1887）重修。《桥墩志》记称："寺碑载'京都有司亦注册有名'，明万历间重修。至今尚存明代建筑坐东朝西的大雄宝殿三间及清代千手观音一座。" 1997年，新建大雄宝殿五间和厢房五间，山门改坐北朝南。2004年，又建观音阁。寺院占地面积5000平方米，建筑面积2000平方米。寺内有一泓清泉，水甘而泉冽。现任住持法号释常进，字衡暄。

　　唐代所建腾云院、等寿禅院已废。据明弘治《温州府志》记载："腾云院，在归仁乡腾洋（垟），唐景福二年建。"清顺治、康熙、乾隆《平阳县志》所记腾云院"宋景福间建"有误，因宋代并无"景福"年

镇西寺的清代千手观音

号。民国《平阳县志》记称"宋皇祐间建"，不明有何依据。该寺于清雍正、同治间重建，1970年拆毁。今考察原址，新建两层楼宇，二层供有佛像，遗有旧门当构件和清代禁碑。

明弘治《温州府志》还记载："等寿禅院，在归仁乡嵩（松）山南峰，唐中和二年建。"清顺治、康熙《平阳县志》都有同样记载，但均未载重修，而清乾隆《平阳县志》则无"等寿禅院"的记载，却记载"万寿院在松山，唐中和间建"。此前各志均无松山万寿院的记载（他乡有万寿院）。民国《平阳县志》无"等寿禅院"记载，而废寺中却有松山万寿院。可见，万寿院当是等寿禅院之误。因此，疑松山南峰的唐代等寿禅院倾圮后，旧址于宋咸淳年间再建南峰寺。因为，松山只有一个南峰（今南峰寺尖），山巅宜建之地仅十余亩而已，并且建寺时间前后相隔380余年。

2.宋代寺院

宋代寺院中最负盛名的是法云寺，在玉苍山，素有"平邑第一禅林"之称。寺名"法云"，喻佛法如云，能覆盖一切，普荫一切众生。民国《平阳县志》记载："宋咸淳间三段开基，元大德二年、明正德、崇祯与清康熙间均重兴，乾隆丙子僧慧松重修，嘉庆戊辰、民国三年均又重修。"但明清各志均记载建于元大德二年（1298）。因历史悠久、名声远扬，禅林内有玉苍派之说。

玉苍山法云寺

民间流传有法云寺"浮杉飞瓦"的建寺故事，遗存皇朝寿山、古放生池和清乾隆间的《奉宪勒禁》石碑等古迹。20世纪五六十年代玉苍山被划为国有林场，70年代寺院改办茶厂，80年代开始恢复与重修寺院，并着手开发旅游。1994年，扩建法云寺，占地面积4000平方米，建有大王殿、观音阁、藏经楼、三圣殿和地藏殿等，目前已成为玉苍山风景区主要景点之一。

与法云寺密切相关的万行禅寺和东隐寺，均已废。清康熙、乾隆《平阳县志》均记载："万行禅寺，在玉苍山，擅雁荡之盛，名人多游览留咏。宋咸淳间僧三段开基，明宣德间空谷、崇祯间真乾、清康熙间海谦相继重兴。"民国《平阳县志》除增记"同治间僧广明重修"外，附注李象坤《玉苍山万行院募序》云："考图牒，玉苍为三段祖师道场，祖灭度段肉身为三，以示神异。佛庐亦因而三，今玉苍下院所称万行，其一也。据此，则万行、法云外尚有一寺为三段开基矣。"这里的"外有一寺"，便是民国《平阳县志·废寺》文下所记的东隐寺。东隐寺，在玉苍山麓（俗称"小玉苍"），宋咸淳间建，清僧普济重修，亦应为三段开基。东隐寺在浦亭境内，原废，近年已重建。

寺名与东隐寺相对应的西隐寺，最早记载见于清乾隆《平阳县志》："西隐寺，在玉苍山，元云石禅师建。"民国《平阳县志》同样记载为："元云石禅师建，清乾隆间重建。"《桥墩志》记载该寺始建年代为北宋开宝年间。不明其依据。2003年重建该寺，占地面积1600平方米。

白岩寺，民国《平阳县志》记载"在秦奥岭前，清光绪间重建"。《桥墩志》记载：始建于宋，1998年重建，占地面积2000平方米，建筑面积1200平方米。

以上所述法云寺、白岩寺两所寺院，自宋代起香火延续至今。桥墩域内除上述万行禅寺已废外，还有以下五所宋代寺院均已倾圮。

一是南峰寺。清乾隆《平阳县志》记载："南峰寺在松山巅，宋咸淳间僧了悟建，国（清）朝僧应千重修。"后移后隆村，更名永国寺，1960年桥墩水库垮坝时被冲毁，寺址改建黄檀小学。

二是九峰观音院，俗称"九峰寺"。明弘治《温州府志》载宋开宝五年（972）建，清代各志及民国县志均有相同记载。

三是灵瑞禅寺。清顺治《平阳县志》载万行、灵瑞俱在象源（今南水头五亩村），康熙《平阳县志》载"灵瑞禅寺在玉苍山，宋景定间建，康熙间济宗、海统重兴"。民国《平阳县志》增记："乾隆间僧普亮重修，咸丰元年重建。"据当地李姓老人（87岁）说，寺院原有正殿五间，前座（门楼）五间，左右两厢各二间。20世纪五六十年代时办完小，有五个教室。1970年前后因火灾而毁，同时建成石狮宫校舍，完小迁出而改办村小，今撤村校改建村文化广场。

四是普照院。明弘治《温州府志》载："在归仁乡莒溪，宋开宝四年建。"旧在南雁荡，有铁塔高丈许、沉香塔高数尺，吴越王夫人吴氏建。宋时迁寺莒溪，铁塔随流而至，元至正间废。清僧帝玉重修，后复废。据考察，遗址有内寺、外寺两处，内寺为暑时居所，在天井坳下隔右侧不远处，仅存地基；外寺在莒溪寺后地方，今莒溪镇敬老院（颐康养老院）处。许姓人家称其祖上迁入莒溪时在此开基，至今约已300年。

五是白云寺。清乾隆《平阳县志》记载："在三十七都，宋时建，乾隆戊午僧惺幻重修。"旧三十七都属桥墩地域，民国《平阳县志》已载为废寺。

需要指出的是，《桥墩志》对于"（水头）石佛寺始建于北宋嘉祐年间"的记载值得商榷。该寺应非宋代所建。

石佛寺，首载于民国《平阳县志》："石佛堂，一名公馆寺，在水头，本水头公馆旧址，旋废为寺。清乾隆间改建为吾南书院，后复为寺，光绪间重建。"所谓水头公馆，源于象口驿铺岁久倾圮，官使无憩息之所，皆舍于乡民许廷器于兹有年，明嘉靖戊申年（1548）时知县高灵漱捐俸在旧铺址建新公馆。据许廷器所立许松岗墓碑碑文所记，许廷器为许松岗之四世孙，许松岗因济民有功而获钦赐进士，松

石佛寺今景

岗之子、孙先后于明弘治五年（1492）、弘治九年（1496）献石佛三宝各一尊，故名石佛寺（堂）。因献石佛而名其石佛寺，可想而知建寺时间距离献石佛时间不久，石佛寺当是明代建，如果是明初所建，距献石佛时间也已100多年；按《桥墩志》所载始建于北宋嘉祐年间，距离献石佛时间430年，不合情理。再说，除民国县志外，明清各版《平阳县志》均无对该寺的记载，明弘治《温州府志》在《邮传·平阳县铺路》中已有"象口铺在三十六都"的记载，却对与象口铺密切相关的石佛寺无任何记述。今称该寺建于北宋嘉祐年间，令人生疑。按县志所载"本水头公馆旧址，旋废为寺"，建寺时间在明嘉靖戊申年建公馆之后才合乎逻辑，石佛寺当是明代后期所建。该寺于2002年重建，占地面积2000平方米，建筑面积800平方米。

元、明、清时所建寺院，桥墩域内共有12座（其中清代8座），今存西隐寺、石佛寺、圆觉寺（在桥墩沿角，清同治间僧维速改建）、大圆寺（在五凤浦尾，始建于元代，明嘉靖七年即1528年扩草庵为寺）等9座，已废3座，相关情况不再赘述。

二、清代道观现存六座，斋醮道场，久兴不衰

道教传入桥墩当始于唐宋。清乾隆《温州府志》载："马湘，（万历志载）号自然，杭之盐官人，隐于商，至安固卜居西岘山下，每有紫霞覆其居。一日，与其徒王延叟炼丹于松山西塈，时有双鹤翔舞，遂跨鹤上升，今丹灶井臼存焉。"清乾隆《平阳县志》也载："唐末，有道士马湘（号自然）、王延叟师徒于松山（桥墩）西鳌修炼，后南游不还。"这是关于道教传入桥墩的最早历史记载。

元以后，道教形成全真道与天师道（亦称正一道）两派并立的格局。信奉王重阳所创全真派道教的修职郎兴化司尹参军林任真在宋亡后归隐荪湖（今望里），研习水南家学，并于莒溪修岩真观（已废）。

天师道亦称正一道，受牒于龙虎山天师府，俗称'裬公'，亦称'俗家道士'，从事斋醮道场仪式活动，其法事体制大致可分为灵宝延生、青玄度亡、半延生半度亡三种。

苍南道教还有一个闾山派，亦属正一道，尊陈靖姑（陈十四娘娘）为始祖，俗称"尪师"，其科仪以武场著称。民间的镇煞、驱邪等，都请尪师主持法事。

桥墩域内清代所建的道观有横墙的太清观、上清观，天星的延寿观，伏鹰的玄元观，岩尾的三元太保宫，三联亭子的玉泉道观等6所，且大多已在20世纪80年代前后修葺或重建。1990年时，桥墩域内有道观7座，道士14人，道姑17人。2013年版《桥墩志》列表记载道观23座，其中1980年以后始建的是14座，其余的除延寿观（1972年重建）外全部在1980年之后重建。规模最大的玉苍道观，在玉苍山仰天湖，始建于1996年，历时10年建成，占地面积9600平方米，建筑面积3000平方米。

桥墩居民大多是明清时自福建迁入，道教也传自闽南，民间"崇巫重祀"的习俗使裬公斋醮道场活动成了家传职业。20世纪六七十年代"破四旧，立四新"时曾一度禁止，80年代后又逐渐恢复。据2011年统计，桥墩境内受箓的裬公、尪师共210人，其中桥墩镇有65人，观美镇有51人，莒溪镇有21人，腾垟乡有11人，五凤乡有31人，南水头有31人。

玉苍道观

三、明清宫庙多达二百余座，遍布域内乡村

桥墩区域在20世纪末有140多个行政村，据《桥墩志》记载有宫庙300多座，村均2座。其中，明清时所建的宫庙有204座，又以清代186座为最多，民国间建的宫庙仅32座。百姓信仰民间俗神者多。

据调查，在桥墩区域的所有宫庙中，主祀神灵为杨府侯王的有48座；主祀神灵为五显大帝的有34座，为白马明王的有32座；主祀神灵为盘古帝王的有19座，为福德正神、马仙娘娘的各有18座，为牧牛大王的有17座，为陈十四娘娘的有11座。

信仰俗神既无教规，也无教义。在信众心目中，神是消灾解厄、赐福于民、普济众生的形象。因此，所敬奉的或是原始自然之神，或是名标青史的英雄人物，更有与本地相关而救人危难的古代英雄。如后隆村平水宫奉祀周凯这位本地的古代治水英雄；原黄檀口宫供奉的杜一元帅、杜二将军和杜三相公，传说与平定观美大寨尾山寨有关。

民间对俗神的敬奉活动向来比较简单。每逢初一、十五，信众到宫里烧香跪拜，或求签、许愿与还愿。小宫庙由信徒自行管理，大宫庙设庙祝（又叫宫公）一人，可替信众代行祷告祭礼。每逢神诞日子，会举行较大型的活动，请褫公或道士举办道场、醮事，甚至举办庙会、请戏班演出，活动规模与类型视宫庙大小而定。城镇里的大宫庙都建有戏台，至于小村小庙基本无庙会。

四、佛、道、俗神兼信不悖，旨在行善求安

信奉佛教者主要是参与寺庵的通常活动，即每月初一、十五的"万佛忏"。其中包括对信众服务（需交一定数额资费）的打普佛（求个人顺利）、治安（求家庭平安），在佛堂里参加念经、拜佛。寺庵的非通常活动多为应约举办超度法事，事主需备办香料供果，聘请师父（一般为7位）行放焰口、念地藏经、拜忏等。活动规模最大的是水陆法会，需要七班师父共49位，多由寺庵发起，信众筹资，耗费巨大。唯有打佛七，亦称"普利"（褫公称"中元普渡"），是寺庵主动举办的法事活动，一般在农历七月十五日中元节时进行。

在现实生活中，佛教信众到寺庵念经、拜佛，为自己或家庭求健康、求聚财，或是求平安、求庇护，或祈病患康复，或为超度亡灵。事主聘请师父主持法事，也可以约请若干"助念"参加念经、拜佛。僧侣每天要做早课、晚课。而普通信众一般只参加初一、十五的念经、拜佛活动，或是仅在初一、十五烧香、吃素而已。在家长期吃斋念佛的人，已经少之又少了。

道教全真道与正一道的修道方式明显不同。全真道道士、道姑不婚嫁，戒酒色，住观斋戒，以修炼内丹、静坐为主。道观通常也在每月农历初一、十五日举行念经、拜神活动。道教吸收了观音菩萨信仰，称观音菩萨为慈航道人、慈航道真人等。全真道通常的念经、拜神活动，一般信众较少参加。

而正一道则不同，道人、道姑可嫁娶，不住堂，也不忌荤，以符咒之术为主，专于民间斋醮道场，所从事的活动内容庞杂，最普遍的是

请神、镇煞、送火星、做普渡等。道教也做"中元普渡"。

　　建于村头巷尾的民间宫庙是最接地气的宗教活动场所。初一、十五的烧香、拜神，所祀神灵的圣诞斋醮，民间传统的祈福活动等，当地普通信众要组织、想参与都十分方便。宫庙供奉多尊神像，或佛或道或俗神，能最大限度地满足当地信众的多元需求，因而长盛不衰。

　　桥墩境内多数信众也是随心所欲，有事则信，无事不求；即使有事，也会既行佛（神）道又看医生，双管齐下；不求修炼成佛、得道成仙，只要健康平安、运途顺利。

　　应当说，普通信众无论信奉什么，其心理取向都是修心养性、普行善举、养生长寿，这种似佛非佛、似道非道，其实是外来佛教的中国化，道教、俗神的本地化，是儒、道、释融合于一体的体现。正因为如此，要正确对待，积极引导。

（2018 年 10 月 28 日）

（本文载于 2018 年 11 月 6 日《今日苍南》）

松山鹅峰书院考略

一、历史由来

桥墩，古称松山，宋代时建有鹅峰书院。据《温州市志》（《卷八十五·教育·古代教育》）记载："鹅峰书院在桥墩松山，创办于宋咸平年间。"

桥墩地处偏僻，宋代时为何有人创办鹅峰书院呢？且时间比温州最早的东山书院还早数十年。综合相关史志与论著的记述，有以下背景及原因。

一是吴越国及忠懿王钱俶的处境，促使他小心谨慎处理国事政务，隐秘、低调地谋划自己的身后之事。

五代十国时，吴越国是十国之一，辖十三州一军八十六县，其疆域包括今浙江省全境和当时的苏州（辖5县）、福州（辖11县）。907年，钱镠建吴越国，自知虽拥十三州之地，但仍是弱国，因此奉行"保境安民"和"休兵息民"的战略，尤其是西北有强大的吴国（957年后为南唐国），所以一直向北方中原朝廷（后梁、后唐、后晋、后汉、后周）称臣，以求得安定。开国国王钱镠留下十条遗训，其中有"心存忠孝，爱兵恤民；凡中国之君，虽易异姓，宜善事之；要度德量力而识时务，如遇真君主，宜速归附"等。

吴越国历三代五王，最后一位国王是钱镠之孙、忠懿王钱俶。钱俶在后晋开元中为台州刺史，众臣拥护他为吴越国王，948年正式即位，同年被后汉授东南面兵马都元帅、镇海镇东军节度使、开府仪同三司、校检太师兼中书令、杭越等州大都督、吴越国王。

钱俶谨遵祖训，励精图治。他弘扬佛教，迎天台山僧人德韶为国

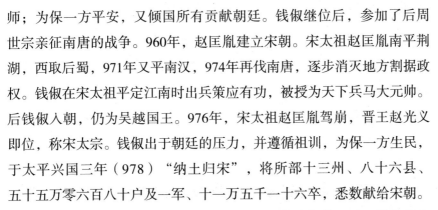

师；为保一方平安，又倾国所有贡献朝廷。钱俶继位后，参加了后周世宗亲征南唐的战争。960年，赵匡胤建立宋朝。宋太祖赵匡胤南平荆湖，西取后蜀，971年又平南汉，974年再伐南唐，逐步消灭地方割据政权。钱俶在宋太祖平定江南时出兵策应有功，被授为天下兵马大元帅。后钱俶入朝，仍为吴越国王。976年，宋太祖赵匡胤驾崩，晋王赵光义即位，称宋太宗。钱俶出于朝廷的压力，并遵循祖训，为保一方生民，于太平兴国三年（978）"纳土归宋"，将所部十三州、八十六县、五十五万零六百八十户及一军、十一万五千一十六卒，悉数献给宋朝。

979年，宋太宗征伐北汉，平定北汉后又乘胜征伐辽国。钱俶带病从征，太宗多有封赏。因钱俶坚辞而一再改封，最后钱俶为武胜军节度使，封南阳国王。钱俶于端拱二年（989）辞世。

由于钱俶生、卒同是"八月二十四日"，并与其父元瓘卒日相同，"人皆异之"。有资料记述："端拱元年八月二十四日，值钱俶生辰大会亲戚……朝廷遣使赐生辰器币，并全樽御酒，且有诏，令使者以御酒劝钱俶立饮三樽……到了夜间，忽然暴病起来，腹中疼痛难忍，不到一刻，竟尔去世。方疑日间所赐御酒有异。但事无佐证，不敢宣扬，只得以暴卒上闻。"

据黄正瑞所著《松山钱王陵与鹅峰书院》记述，查阅《吴越备史》后认为，979年"俶病拜不能起"的十年老病当是类风湿关节炎，忽风恙复作而死的可能性不大；钱俶是对吴越国有号召力的人物，被朝廷认为是个隐患，时太宗赵光义已50岁，恐俶在很远的南阳任职难以控制；同时，又有传言赵光义与太监王继恩是砍死太祖赵匡胤、毒死南唐主（陇西郡公）李煜的嫌疑人，且998年太宗弥留之际，太监王继恩差一点儿又搞宫廷政变。

可想而知，在上述境况下，钱俶家族对勘察王陵之事和钱俶后事、钱俶子女的相关问题，都是谨慎谋划、低调处理。

二是名僧愿齐结庐于南雁荡山，钱俶"命郡守建普照道场"，并在巡视温州与福州时到南雁朝圣。

愿齐俗姓江，为钱塘名僧，研习天台宗止观圆融法门，并深通风水星象的"玄奥之道"。据明弘治《温州府志》（《卷三·山·平阳县》）记载："初，吴越钱王与僧愿齐同参韶国法师于天台，愿齐游永嘉……闻平阳有雁荡山，杖锡寻访……结茅其间。居二岁，钱氏命郡守建普照道场，尽以平阳一乡之赋赡之。……齐之从者百余人，分建十八庵与之处。齐卒，其徒避虎害，迁莒溪。今普照院在莒溪，有赐塔二。"

可能有人会问，愿齐游温州为何没有看中北雁荡，却结庐南雁荡呢？其实，南雁荡的发现与开发要早于北雁荡数十年乃至近百年。据明弘治《温州府志》引黄裳（宋元丰进士第一、端明殿学士）文曰："平阳雁荡，五代时已著。"并注："乐清雁荡，祥符间始见，沈存中《笔谈》云。谢灵运为永嘉太守，凡佳山水游历殆遍，独不言此山，盖当时未有雁荡之名也。"

《平阳县志》对相关史实记载更多。清康熙《平阳县志》（《卷十二·杂志·寺观》）记载："石篑寺，在四十六都南雁蒲峰，宋建隆时僧愿齐开基，康熙间僧济宗、如灵偕彻庵、朴庵扩基重建。"清乾隆及民国《平阳县志》所记亦同。《苍南县志》（1997年版《大事记》）记载："后晋乾祐年间，吴越王钱俶于江南设库司，征收盐、茶、绢、棉等税，赡养南雁荡十八道场愿齐师徒百余人。"

平阳各地遗存的诸多古迹也证实钱王南雁朝圣之事。清乾隆《平阳县志》（《卷九·秩祀·庙祠》）记载："吴越王庙，祀吴越王钱俶，在雁山。"民国《平阳县志·古迹志一》记载："钱王楼，在钱仓宝胜寺，五代吴越钱王曾宿于此。"1993年版《平阳县志》还记述："在（南雁）石城之北，有岩似人安坐在山峰，就叫越王岩。五代末，吴越王钱俶到南雁荡山朝圣……故称越王岩以示纪念。"

三是松山俗传"钱令公入闽，五子从行"，给钱氏筑陵墓、建书院构建了回旋空间，"松山钱王陵"之说使创建书院顺理成章。

正由于吴越国及钱俶在宋王朝中的困窘处境，也由于开国国王钱镠在去世时才建陵墓，钱俶不便在生前公开建陵墓，交由愿齐勘察与筹建是最佳选择。据黄正瑞所著《松山钱王陵与鹅峰书院》论证，钱俶在967年时，借巡视温州与福州之机，带着儿子惟治（时约19岁）、惟浚、惟灌、惟演、惟灏（第五子，时约3岁）等到愿齐所在的南雁与之会面。其间，定然会商议建钱王陵事宜，并根据旧时子女守孝三年的规制，谋划创办书院以供守孝子孙就读。因此，该书作者认为"可能忠懿王钱俶墓在松山，鹅峰书院为王家书院"。

在桥墩南山头（旧属松山）有一处古墓葬，民间传说为"皇帝墓"，疑为钱王陵。文物部门根据考古挖掘所得情况，认为该墓虽然规模与结构有些特殊，但属明代普通古墓葬。当然，考证钱俶到底葬于何处确实不易，除宋史记载"归葬洛阳（邙山贤相里陶公原）"外，明弘治《温州府志》（《卷十五·丘墓》）记载："钱令公墓在永嘉吹台乡西山紫芝山。"不知该"令公"是哪一位吴越王。该志同一节又记载："钱王墓在平阳归仁乡松山。世传曰钱王冢。"

其实，对于钱氏家族来说，松山钱王陵是否真的安葬钱俶可谓无关紧要，因为有了松山钱王陵之名，便可以顺理成章地在松山建书院，解决了钱氏子孙的守制与就读问题。

二、书院地址

宋代的松山鹅峰书院当年建在何处呢？

据民国《平阳县志》记载：（松山）"高五里，绵亘十余里，跨平阳福鼎二界。山顶平处曰南平，西北有九峰山（即南山），上有烹茶井，泉水清美，吴越钱弘俶尝以中书令守永嘉，移镇闽中，与僧愿齐汲此井以瀹茗。又有一山若马鞍，曰文章屿（在处未详）。昔有吴僧庐此，能文，邑令沈悚呼之为文章师，因以名屿，或曰师，即文莹也（旧志）。"正是这段记载，引发对鹅峰书院建在何处的几种不同意见。

一种意见是，既然"有一山若马鞍，曰文章屿"，后来又有人传称"文昌屿"，屿是岛屿之意，桥墩平原如岛屿一般的小山只有两个——公路大桥南桥头旁边的寨仔顶和桥墩电影院所在的小松山，据此即认为书院地址在寨仔顶（寨仔顶山也称龟山）。

按以上思路推测的第二种说法是，书院地址在小松山。并联想原桥墩中心小学本部曾办在山前的相公爷庙旁边，有人又推定鹅峰书院是桥墩中心小学的前身。

笔者的意见与前两种意见相左，具体理由简述如下。

一是从史志所载文字的本意看，"又有一山若马鞍，曰文章屿（在处未详）。昔有吴僧庐此，能文，邑令沈悚呼之为文章师，因以名屿，或曰师，即文莹也（旧志）"。沈悚为宋哲宗元祐七年（1092）平阳县令，呼同是宋代人的吴僧为"文章师"，并曰"师，即文莹也"。此记载中，"师"说应当比"屿"说更可信。且文莹确有其人，字道温，钱塘籍，为皈依佛家的文人，曾著《湘山野录》《玉壶清话》等，《湘山野录》中还记载了钱俶家的好多秘闻。据黄正瑞《松山钱王陵与鹅峰书院》论证："宋哲宗元祐七年平阳县令沈悚称其为'文章师'，后人误传为'文章屿'，最后又误传为'文昌屿'。"正是误传的"屿"字，把人们的思路引向寨仔顶和小松山。

再看史志记载的文字表述："山顶平处曰南平……西北有九峰山（即南山），又有一山若马鞍，曰文章屿……"从文字表述的逻辑来说，只有山体大小与九峰山（即南山）相当或者相近的山，才有资格与九峰山相提并论，才符合逻辑。桥墩寨仔顶和小松山，是山体长不过百余米、高只有十几米的小山丘，与长宽数千米、高600余米的九峰山（即南山），根本不成比例。可见，"山若马鞍"者另有其山。

二是从鹅峰书院所在山的特征看，史书称"山若马鞍"。桥墩寨仔顶与小松山，俯视都为椭圆形，侧视也不像马鞍。郑克赐在《鹅峰书院遗址的探讨》一文中说："曾在新宫半山上观察，发现对面山后隆岭头，太像马鞍。"受此文启发，笔者特地到新宫半山步行验证。看到南峰寺山、挂火山（斋醮取圣火处）、后隆山连绵不断，截取其中挂火山及与之相连的一段山体看，是有些像马鞍。不过，像这样从几个相连山体中截取一段像马鞍的山体，随处可以做到。

就在这个新宫半山，笔者却看到一个整体酷像马鞍的独立山体，那就是与九峰山（即南山）相对而望的鹅峰山。从新宫半山顺山岭下山一直走到水库三岔口（原炸药仓库处），连续二三里路看山形，鹅峰山始终像马鞍。特别是鹅公笋与鹅母笋的岩壁正好位于马鞍两头的高凸处，使马鞍形状尤为逼真。眼见为实，史志所记、书院所在的马鞍形山是鹅峰山可以确定无疑。

再就书院名称而言，书院取名历来都是冠以地名。如果书院建于九峰山、南峰山或小松山、龟山（即寨仔顶），何不命名为九峰书院、南峰书院或者松山书院、龟山书院，而偏偏是鹅峰书院呢？只有

酷似马鞍的鹅峰山

建在鹅峰山山麓的书院命名为鹅峰书院，才符合情理。

三是还有一种说法，说是钱俶"生前委托愿齐先于968年在松山建一座九峰院，并在松山山顶建一座南峰寺，为将来到此陵墓休息之处"。并称为给（钱俶）下葬后的钱家子孙守制读书，钱俶三子、七子及亲信在松山南峰寺出家。此说缺乏充分根据，也不符合当时的客观条件。

其一，从自然条件来说，松山集市最初形成于明代，大桥（松山八角桥）约建于明弘治年间，即宋代时桥墩集市还没有形成。唐代所建的泗州禅院、镇西院，宋代迁入的黄氏家族居地，宋代始设的平阳县泗州驿，明清官道驿铺大源铺、泗洲铺等，都在靠近大源坝、小玉沙一带的山里山边。其原因是，桥墩平原古时本是一片汪洋，是经过数千年的冲积才逐步演变而成的。明洪武间迁入的桥墩曾氏在小松山边的祠堂（面对鹅峰山），其风水是"七星落地，半月沉江"，描绘的是小松山前面（西与西北）有七个被水环绕的土石墩，西向水面可见月亮下山的倒影。这印证了明代时寨仔顶（即龟山）与小松山周围还有大片水域，更早的宋代更应是片片汪洋。因而，宋代时在寨仔顶或小松山建书院条件不具备，可能性极小，更何况钱俶后人当时处于那样的政治环境之下。

其二，从地理位置来说，僧人愿齐的开基寺院石筇寺在南雁蒲峰，从南雁经闹村（闹村岭）、腾垟北田寮便可到玉苍山，再至鹅峰山山麓，总行程仅15千米左右。如果书院建在九峰山或南峰山，还要绕行焦滩碗窑，经大源坝或泗州驿到南山头、南峰山，路程会增加一倍。书院建在鹅峰山山麓，则更邻近南北港诸多禅林，无论是讲学、管理，还是看顾亲朋，都比建在南峰山山麓方便得多。

其三，清乾隆《平阳县志》明确记载："南峰寺在松山巅，宋咸淳间僧了悟建，国朝僧应千重修。"与钱俶辞世时间相差二三百年。所说"钱俶三子、七子及亲信在松山南峰寺出家"，应是凭"钱俶墓在松山（南山头）"而主观推想出来的。至于九峰观音院，明弘治府志载宋开宝五年（972）建，也未记明何人所为。松山万寿院，明清各志均无建寺记载，仅民国县志在废寺中列有松山万寿院之名。

　　总之，桥墩在宋代时建有鹅峰书院，史志与论著多有记载，确有其事。书院地址应在鹅峰山山麓，其具体位置尚待调查考证。需要提出的是某志书记载"鹅峰书院在桥墩松山"，此表述不妥。因为松山是桥墩在明代及之前的古称，桥墩松山则是桥墩电影院所在的小松山。有说"桥墩小学前身是鹅峰书院"，未免太过牵强，时越近千年，如说文脉相承，倒无不妥。桥墩小学前身系松山学堂，于清光绪三十二年（1906）由李心亭、钟莲溪先生创办。

（2018 年 12 月 12 日）

（本文载于 2018 年 12 月 27 日《今日苍南》）

探寻鹅峰书院遗址

桥墩古称松山，宋代时建有鹅峰书院，明清以来的《温州府志》《平阳县志》均有记载，其中又以民国《平阳县志》的记载最为详尽。松山创建鹅峰书院是不争的事实，但对鹅峰书院建于何处，颇有争议。

作者曾撰《松山鹅峰书院考略》一文，深入分析各种不同意见后，把书院地址锁定在鹅峰山山麓，但具体位置尚待查证。

日前，收到微友林立谨发来的"鹅峰下有大书堂"的照片，作者于11月1日和友人温亦万、当地老人郑瑞楼结伴探寻，终于查清鹅峰书院的遗址在新村后垟书房基。

一、清乾隆间《鹅峰郑氏族谱》中祖厝、祠堂基图载有"大书堂"标识，既为探寻鹅峰书院遗址提供了线索，又是确定鹅峰书院遗址的有力证据

《桥墩志》记载：新村郑氏"始迁祖郑奇峰，于明万历十年从闽安溪峡岭脚迁来三十七都塘底，再迁三十六都新村。……宗祠在新村，始建于乾隆四十四年。"根据郑瑞楼提供的新村《鹅峰郑氏族谱》所载《温州府平阳县三十六都桥墩门新村祖厝、祀（祠）堂基图》（复制于霞浦宗祠），图中标有鹅角髻（鹅公髻）、大坑心、人仔头〔今人（垄）头岗〕、三十六都新村、祠堂、后垟、夫人马宫、出水莲花（今莲花墓）、大沿沙、丁家墓（后隆丁姓祖墓）等十多处地名及方位，经查对与今之地名、方位完全符合。尤其是图中在鹅角髻与后垟之间、大坑心的西侧位置标有"大书堂"字样，所标之处是如今称之为书房基的地方。按照本地民间风俗，祠堂竣工同时完谱，该图应是乾隆四十四年（1779）间绘制，无疑是古时在此建有大书堂（书院）的确凿证据。

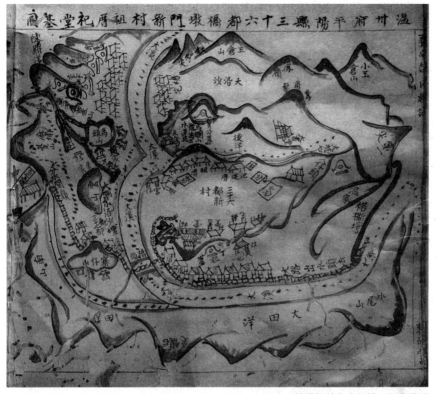

桥墩新村郑氏祖厝、祠堂基图

二、新村后垟书房基的自然地理独特，地名本身就表明此地曾经建过书堂或书院，而且客观条件能够满足创建书院的需要

桥墩镇新村位于桥墩大桥上游的横阳支江北岸，处在鹅峰山西南麓的一个山湾里，滨临大溪（横阳支江）。一座从鹅峰山延伸下来的小山冈——垄头岗及其延伸山体（有人称之为"牛玲岗"），把山湾分成两片，外片俗称"新村"，里片称"后垟"。在后垟离鹅峰山山脚百来米的山坡处，有一大块平缓的地方，小地名叫"书房基"。

1.书房基地势平缓宽大

作者一行到书房基实地察看，其位置在鹅公髻与鹅母髻西南侧中间部位延伸山体的垄头上，虽然草木丛生，筑有四五个坟墓（椅子坟），偶有沟坎参差，但坪尾还有不少平地，一眼便可看出原本是一大片平埔之地。据郑瑞楼说，书房基这一地名是世代相传下来的，此地原来长七八十米，宽15～20米，面积约2亩，属本村徐本乐生产队。

2.书房基前后古道通达

向前，顺大岭古道到新村、桥墩集镇或分道向里往大玉沙、莒溪；向后山，经大坑心、枫仔湖、鹅峰薴、朱凡山、凤岭头可至玉苍山、北港南雁等地。山间水源充足，后山大坑心的新峰寺（修建于2002年）、枫仔湖的法明寺（建于1960年），至今泉井清澈充盈。

3.书房基自然地理独特

背靠鹅峰山，面向西南，冬暖夏凉。在此伫立瞭望，左首垄头岗山体前伸，右首马栏山延至夫人马（宫），两边山峦环抱后垟；前方视野开阔，面对南山、大龙山，后垟、大溪及桥墩集镇尽收眼底；眺望分水关，从最近一层的仙堂山到最远一层的蜘蛛垟山，连绵七重山。依照传统眼光来看，无疑是一处风水宝地。

眺望书房基

三、书房基上建造的大书堂，不可能是明清时新村某一家族的书堂，应是史志所记载的松山鹅峰书院

从书房基的地理优势、大书堂的建筑规模分析，完全可以排除是当地家族书堂的可能性。因为明万历间入迁新村的郑氏家族书堂，于同一图中已标注在祠堂旁边；稍迟入迁的新村陈姓（明崇祯三年，即1630年）、清代入迁的溪埔徐姓（1722年），均未听说曾建家族书堂。即使有建家族书堂，也

书房基前方视野

不可能有大书堂如此的规模与气派，况且其位置在鹅峰山山腰，距离居民点有数百米之远。

然而，书房基上所建的"大书堂"是鹅峰书院这一确证，则与史志所载鹅峰书院的情况吻合一致。比如，创办书院的背景是南雁名僧愿齐受托为钱俶身后的守孝子孙就读而建，南雁来此古道相通，方便讲学与管理；愿齐所建书院为王家书院，其地理位置甚佳，规模宏大，显然有别于民间家族书堂；鹅峰山高耸的鹅公髻与稍低的鹅母髻连成一体、酷似马鞍，如此独特的地理特征，与史志中鹅峰书院所处"山若马鞍"的记载完全吻合；书院命名冠以"鹅峰"，符合常规、常理，鹅峰书院显然就建在鹅峰山山麓。相关问题作者在《松山鹅峰书院考略》一文已有论证，不再赘述。

以上所述足以证明，桥墩镇新村后垟的书房基是宋代松山鹅峰书院遗址。

（2020年11月5日）

（本文载于2020年11月10日《今日苍南》）

桥墩天井阳（垟）银场考略
——兼谈毗邻地域的银坑遗址与矿工起义

桥墩天井旧称天井阳（垟），自明代至清乾隆年间均属平阳县崇政乡五十一都；民国初年为北港镇天井阳村，民国二十九年（1940）改为水头区天井乡。自中华人民共和国成立至20世纪末，一直保留乡建制。今属莒溪镇，为办事处，辖坳下、黄畲、天井等三个行政村，位于苍南县域最西北端。

明景泰三年（1452）时，析平阳县归仁乡三都（三十八都～四十都）六里和瑞安县义翔乡五都（五十六都～六十都）十二里之地，设泰顺县。民国三十七年（1948）时，析瑞安、青田、泰顺三县边区置文成县。1981年，又析平阳县矾山镇及桥墩等7个区72个公社置苍南县，故桥墩天井今与平阳、泰顺、文成三县交界。

明代，浙江银场主要在处州（今丽水）、温州两地，温州地区的银场主要分布在旧平阳县、瑞安县。由于银矿主要分布在该两县的西部山区，明景泰三年时已大部分划归泰顺县，所以明清之后的《平阳县志》对银矿之事记载甚少，县人对桥墩天井银场也近无知晓。本文根据清泰顺《分疆录》和相关史料，结合实地调查的情况，对桥墩天井银场及其相关问题做粗略探究。

一、桥墩天井发现多处银冶遗迹，且规模可观

1.坳下银坑

坳下原是天井乡政府所在地，坳下溪自直坑经过坳下流入平阳的顺溪。坳下溪的两侧都是陡峭的山崖，右侧是白云山及其山麓，左侧

是双桂标（山）。在坳下往下游四五百米处的右侧溪边，有一条山坑与坳下溪汇合，当地老百姓称这条山沟为"大银坑沟"。

从大银坑沟沟口顺坳下溪往下游一二里处的溪边山坡上，有一幢木楼房处叫"大杉地"。据老人雷文增（2011年时78岁）说：他父亲（如果健在的话时年106岁）于民国十年（1921）迁入大杉地居住，传

坳下大银坑沟

说后山的上银坑、下银坑和里塆的大银坑沟很早时开过银矿。在这条坑沟上，山上有两个银洞，其中上面的银洞小一些，下面的银洞大一些；靠近坑口与坳下溪的汇合处还有两个小银洞。大银洞的洞口有五六尺见方，三四层楼那么深，现在已被泥石堆积，变得很浅。雷文增还说，自己在四五十年前到大银坑沟的大银洞对面（只相隔二三丈）开荒种番薯，挖到一个小石磨（上半墩）并保存至今。有说是磨银用的。观察这个小石磨的上半墩，直径约30厘米，厚约10厘米。从风化程度与品相看确实很古旧，其特殊之处在于用来固定石磨轴心的孔是贯通的，不知有何特殊的功能设计。大杉地对面山崖上有个畲族自然村，村名今为梅人岗，相传早期也有称"天井阳坳下银坑"的。

大杉地后山即梅人岗对面山半山腰数百米处的地方，叫"上银坑"，有个村落，四五栋房子，原住有10多户80余口

在大银坑沟发现的小石磨上半墩

人，居民多姓李和姓湛，李姓居多，已迁居水头、鳌江等地。上银坑往下游顺溪方向一二里地处是下银坑，居民姓湛，与石门楼畲族自然村隔溪相望。石门楼畲民也都迁到顺溪，只留着空房子。当地相传上、下银坑都曾开过银矿，故均以银坑为名。在黄土岭头即坳下隔，顺右侧的一条民间步行道，走三四里即可达上银坑。在梅人岗与石门楼这一侧（即上、下银坑的对面山），有个叫"南山顶"的地方传说也有银洞。

需要特别说明的是，与坳下大银坑沟同处一山的上、下银坑，虽是今平阳顺溪管辖的地域，但与大银坑沟同处于一个山体，同在白云山朝天井阳（垟）方向一侧，相距仅数百米；同时，至今也未见史料有顺溪上、下银坑的记载，与平阳腾蛟赤岩山银洞又隔着横阳江和北港平原。毫无疑问，上、下银坑与大银坑沟是同一坑场，即坳下银坑。

2.天井阳（垟）银洞坑

有人称天井为"船地"，周围是山，围成椭圆形，一条古道从"船"的一头经"船底"连着那一头。"船"的两头就是山岭的岭头，村庄在"船底"处。站在岭头，可以对这只"船"一览无余。在直坑岭头即天井岭头的下山道路右侧一二里范围和左侧四五里范围，遗存数十个银洞遗址，这片山便是乡间世代所称的"天井阳（垟）银洞坑"。

天井阳银洞坑山（近处）

近年，从直坑岭头沿左侧山腰开了一条施工便道，道路旁边多处暴露着过去开挖的小银洞，多是顺着岩层开挖，形状狭长，仅容一人劳作。距离岭头1里处的山湾，在便道下侧数十米处有两个银洞：一称"七格洞"，有说因洞有七层而名，洞里还供有采宝三郎，从便道上观察隐约可见洞口；另一个叫通天洞，在七格洞对侧。据同行的天井乡原乡长、世居天井村的陈启翁介绍：天井阳（垟）银洞坑起码有几十个银洞，因山陡林密，具体数字无法搞清楚。离岭头2里外的道路上首两处山腰上，分别有一个较大的矿洞。离岭头三四里处的山冈上有一处叫"山寨基"的地方，相传在明朝时是一个山寨，因山寨主强抢横坑（今属泰顺）张姓女人做压寨夫人，被张姓兄弟用计破了山寨，也

路边的银矿洞

不知山寨与银矿是否有关。据陈启翁说，银洞大部分分布在岭头到山寨基的这片山当中，在山寨基溪（坑）头的一处石壁上曾发现刻有"嘉靖二十年"的字样。

据苍南县博物馆文物普查资料记载：银洞"遗址占地面积约为0.5平方千米，共有矿洞50多个，面东而凿，以横坑居多，少数为竖井，洞壁清楚可见矿脉线层。遗址内尚遗留当年挖掘矿洞时留下的矿石堆积层厚约1米，多呈碎石状。天井山龙船坞（湖）银矿矿洞开采始于明代，已有数百年历史，且遗矿洞较多，保存完整，为研究明代银矿业史提供了实物资料"。

有记者著文说："从有关资料的数据显示，这片矿区总面积约2.29

平方千米。文物部门称，窨洞多呈上下二洞垂直分布。据称上层主要用于透气排风，下层为主矿洞口。浅者为探井窨洞，深度2~3米；深者为采矿窨洞，深达数百米。小窨洞只容一人进出，宽0.4~0.6米不等，高度1米许；大窨洞则可容多人同时作业，宽1米，高近2米。从这些遗留矿洞的采矿技术层面来看，已会运用排风通风技术，而且在洞内作业的深度已达数百米。这些表明了当时的相关技术也已达到一定水平。"

　　以上普查资料所记载的天井山龙船湖银洞，其实就是本文记述的天井阳（垟）银洞坑。从山寨基再往左走两三里路便到达龙船湖。龙船湖是个自然村，原有11户，居民姓黄，20世纪七八十年代时为生产队建制，属天井公社天井大队。今多迁居别处，仅存一户人家。龙船湖分内湖、外湖，内、外湖都是山坳里的小盆地，中间两三亩田，旁边三四幢房子而已。陈启翁说，在龙船湖还遗存半墩大石磨，被当作铺路石。据泰顺《分疆录·舆地上·山川》记载："九峰山上有天池，俗名龙旋湖，广数十亩。"九峰山今属泰顺地界，天井龙船湖的名称很可能由此而来。但实地调查可见，天井龙船湖与史书记载的九峰山龙旋湖不是同

天井龙船湖

一地点。关于龙船湖的来历，有个故事在天井流传至今：银洞坑开矿之初，炼银一直没有成功，说是银精作怪。后来，人们在山凹处的湖里划龙舟，又请来戏班演戏媚神，才使银锭冶炼成功。从此，山凹处的湖泊被叫作"龙船湖"，并且成为今天的地名。据说龙船湖的水田深不见底，当地农民在生产时要先打树桩，脚踩树桩才能进入，或许划龙舟并非只是虚传。在龙船湖一带的山体上，当地农民基本上没有发现过银洞遗址。

二、毗邻地域的银矿遗址分布稠密，历史悠久

（一）泰顺的龟伏银坑群、焦溪银坑与石湖阳银洞

清光绪泰顺《分疆录·卷首》记载："明初开矿，各省民多苦之。……其时银矿之在闽界者，曰马尾，曰马头，曰黄社（今属福鼎叠石）；在平阳归仁乡者，曰龟伏，曰石闩下，曰净水（今神水），曰焦溪（在三魁刘宅）。"《分疆录·古迹》还记载："又一都江口金山下亦有古银坑洞二。"该古银坑洞在"今文成县金山村，原属泰顺县汇溪乡，最早归处州青田县，属于黄坦片，史载'处州黄坦坑'即指此。"

以上所录史料，前者记的是明代银坑，后者记的是明代以前的古银坑。所记古银坑，在泰顺县的北部；所记明代银坑，均在泰顺县的南部，属旧平阳县地域。

1.龟伏银坑群（今属龟湖乡）

《分疆录·古迹》记载："龟伏矿洞。今曰七洞门。"泰顺史称明时四坑（龟伏、石闩下、净水、焦溪）中的龟伏、石闩下、净水（今神水）三个银坑在龟湖。1998年版《泰顺县志》在"龟湖乡"一节记载："明代，朝廷曾派太监驻地开采银矿，有'七洞门'等矿洞遗址。"这些银矿的具体开发年代，泰顺史志中没有详细记载，仅《分疆录》载明弘治间泰顺教谕王銮的《封银坑序》称："泰顺银坑发于明成化五年。"《龟湖封氏族谱》（修于清道光六年，即1827年）记载：

"成化七年辛卯岁,牛头颈石岗下开采银坑……太监府座(落)在梧桐洋大路岗坪……钦差大臣在此管守理事,故此名曰太监府。"

施明达先生多方考证后认为(《施明达文集》第229页):"由政府组织开采银坑,确始于成化五年(1469)之后……作为地域而言,其时的泰顺县之境,置县前已有多处银坑开采,那均是民间自发开采,乃早于成化五年。"周边有一些地名的来历与银矿有关,当地文人有记载称:"联云乡银坑村名的由来是唐宋时有人在境内坑边开采银矿,遗址犹存,故此村名银坑。"《龟湖封氏族谱》记载:"大明洪武即位……官立魁山(今三魁刘宅)银场开采,其处百里林黑风洞矿脉尽绝……"据此,施明达先生推测,泰顺银矿开采应始于元代或更早。

2.焦溪银坑(今属三魁镇)

焦溪银坑在今三魁刘宅处。清康熙《泰顺县志·古迹》载:"焦溪(今三魁锦溪与小溪在桥头合流后的下游段)银坑,在七都高阳,明永乐时开,其时建有太监府同知厅藩臬官衙。"清雍正《泰顺县志·防御》载:"行营,在七都龟岩,明成化间置,巡捕银坑军居,年久圮坏,嘉靖元年县令刘桐复建营房。"可见,焦溪银坑在明永乐时已经开采,明成化年间和嘉靖年间再行开采。

3.石湖阳银洞(今月湖)

除了以上两处银坑以外,还有月湖银洞。虽然《分疆录》未见记载,但民间传闻不少。1998年版《泰顺县志》"月湖乡"条下也有"境内有明代银矿洞遗迹"的记载。银矿洞遗迹在月湖乡银洞村内炉自然村圆墩山上。温州晚报社记者在探察银矿遗址后,2009年4月29日在《温州晚报》

圆墩山的一个银洞

发表《泰顺发现明代银矿遗址》一文："在一个长满杂草的山坡上，看到了第一处银矿矿洞遗址。这个矿洞遗址洞口大小约1.2米×1.5米，洞口朝东北方向，洞口和洞内满是淤泥，洞壁上长满了青苔。记者俯身进入洞内，发现洞内二十几米深，地势平缓，呈一个平面，在洞口和洞内的石壁上，依然清晰可见或粗或细的石英矿脉。……在这座小山上共有八个矿洞，大小不等，深浅不一，而且矿洞布置非常奇特，即使是相通的矿洞，洞口也都是朝东北方向，而最长的一个矿洞，横穿小山，长约200多米，只是现在被淤泥堵塞无法通过。"

该文还记述，有老人说村里原本放着一个很大的石磨，上半部要三个成年人伸长手臂才能环抱，重量至少有2吨，祖辈传说是用来将矿石磨成粉再进行加工的。在距离银洞村两三千米处有个村庄叫"太监府"，说当时有朝廷派来的钦差大臣或太监住过，是对银矿开采进行监督的。关于月湖银洞坑的开采时间，尚未见史料记载。

按照上述情况，月湖银洞在当时已经具有一定规模，因此才会有太监到当地监督开采。然而，为什么泰顺地区著名的史书《分疆录》却只字未提呢？确实令人费解。据作者所知，今月湖银洞村内炉自然村与苍南县桥墩镇矴步村的洪湖自然村交界；太监府与矴步村的岭脚自然村交界，太监府在山冈处，岭脚村在该山冈的山脚，相距仅二三里。今太监府的居民为赖姓，与矴步岭脚村赖姓同支族。

（二）平阳的赤岩山银坑

1993年版《平阳县志·大事记》记载："洪武三十一年，设场局，陆续在焦溪、天井垟、赤岩诸山开采银矿，岁课2000余两。"其中，赤岩是指旧宰清乡的赤岩山，赤岩银坑即今腾蛟湖窦村银坑。

赤岩银坑的遗迹在今湖窦村银洞自然村溪边的一片竹林上面，离溪边约1里。所见银洞口洞壁呈倾斜状，洞内积水米余。据同行的林日俊先生介绍，20世纪八九十年代，曾用两台抽水机抽了4天4夜才把水抽干，洞深38.7米。传说，这个洞与几十米外下一坎的另一个洞口相通。洞口上侧有个直径三四十厘米的圆形竖洞，传说采宝客在这个竖洞里采走了一根"银笋"，而后在洞口建了一座小庙，供奉土地公。传说，明朝时曾有一名太监在此监工，病死后就葬在赤岩山，墓茔尚存，人称"太监墓"。

关于赤岩山银坑的开采时间，据民国《平阳县志》（《卷十四·食货志三·坑冶》）记载："永乐间……宰清乡之赤岩山十一年开采（旧志物产）。"距今近600年。赤岩山是一个很大的范围，上述所见银洞只是其中一个。腾

赤岩银坑矿洞

蛟赤岩山今属市级风景名胜区，有一湖、二岭、三滩、四峰、五洞、十五瀑、十八潭等近百个大小景点，由"双龙飞瀑"之奇、"天门双潭"之绝、"石瓮深潭"之幽、"玉浪滩"之秀、"险口"之险等组成赤岩五景。

（三）福鼎的叠石银硐与望海银坑

1.叠石银硐

清光绪泰顺《分疆录·古迹》（《分疆录点注》）记载："古银坑洞。在牙阳水口外火热溪（承天氡泉泉眼所在溪、今称会甲溪）旁，石壁洞凡十余，有平入者，有上升者，有下降旁通者，深不可测。"原著按："此坑在明时四坑之外，未悉开于何时。矿洞以此为最古，洞外大石磨尚存；下流半里许深潭中，有银胚大如斗，每秋冬，霁日掩映，色如黄金，精光夺目。"上述古银坑洞即今福鼎叠石银硐。

据2003年版《福鼎县志·大事记》记载："（宋）熙宁五年（1072），在桐山（今福鼎县城）、蒋阳（今属潘溪）、照澜（今属前岐）设巡检司，归长溪县（福宁府前身）节制。同年，在玉林（今银硐）银场开采银矿，设监官；六年，产银578两、铅9180市斤；七年，

产银1367两。"在《福鼎县志》"叠石乡"条下（第76页）还记载："早在北宋年间，便有人在此开采银矿，称玉林银场。北宋熙宁五至七年（1072—1074），在银场设监官。现有矿场遗址多处，最深的矿洞达300米。"

叠石银硐在今叠石乡竹阳村境内，从竹阳村址到银硐自然村要下行6千米的盘山便道，位于会甲溪（即火热溪）边，可顺着溪流远眺承天氡泉泉眼上坡的宾馆，直线距离只有两三千米。

据住在银硐半山腰的赖立树老人（82岁）说，左侧山冈的银洞叫"十一间"，又一座山那边（属茭阳村）的银洞叫"十二间"。实地察看十一间银洞，洞口大半已被土石堆埋，一进洞便见一个很大矿洞，现高四五米，脚下的积土至少1米以上，矿洞面积在30平方米左右，旁侧有洞通往深处，或许这个洞就是十一间中的第一间。传说，这个银洞与同一个山坡下侧几十米外的另一个银洞口相通。洞口外面满山都是矿石渣。以上只是所见银硐古矿场一个矿洞的情形。

古银硐窿洞（亮点处是洞口）

2.望海银坑

据2003年版《福鼎县志·大事记》记载："正统十年（1445），开采黄海、黄社（今称望海，在叠石乡茭阳村）二银坑，正统十四年（1449）废。"清光绪泰顺《分疆录》中也有"明初开矿……其时银矿之在闽界者，曰马尾，曰马头，曰黄社"的记载。可见，望海银坑在明初时开采。

望海亦称王海，与竹阳村银硐只有一山之隔，就在银硐下游一座山冈的另一侧，银硐的人称呼望海银坑所在位置为"银洞僻"，称其银洞为"十二间"。

三、明代暴政与银课引发矿工起义，促使分疆设县

今泰顺地域处于浙南旧三州六县交界，虽然偏僻，却是要冲之地。明代萧奇勋《增城记》称："泰顺在瓯西鄙，北闽壤而藩于浙，诚所谓要害之区也。……夫山势百折，邑据上游，当东南之冲，盗出入必由之；又峦嶂层叠，易于藏匿。自山海寇发，而此地被害尤剧。"因此，封建朝廷为维护统治，不遗余力地防范"义军"、剿灭"盗寇"，其实是镇压百姓的反抗。

据《分疆录·建制·公署》（《分疆录点注》）记载，该地域元、明时虽是地广人稀，却多处设置巡检司：一在三魁龟岩（张宅）溪南（洪武初年设、隆庆二年裁）；二在洋望（今仕阳）；三在三尖（今包垟乡小院一带）。洋望、三尖两巡检司设于元代。《分疆录》续编作者林用霖引《平仲集·元枢密院判官周诚德墓表》载："至正末，诚德兄嗣德镇平阳，总治瑞安，诚德佐之剿寇，划径口（今平阳水头）、小龙、南山，掇三魁，荡三港（今瑞安高楼、龙湖）、四溪、百丈、莒冈诸寨，擒斩其酋。分北其徒党，复松山（旧平阳归仁乡三十七都、今苍南桥墩）、崇政（旧崇政乡辖平阳北港四十五都至五十一都）、洋望、方山、三尖五巡检司。"《分疆录》还记载：明正统间，设牙（雅）阳（在上村）巡检司（隆庆二年即1568年裁）、池村（今司前）巡检司（乾隆元年即1736年移永嘉西溪）。以上所列巡检司，除三尖、池村两巡检司在旧瑞安县地域外，其余都在旧平阳县地域内，设置时间也都在泰顺建县之前。

那些在旧平阳县域被残酷镇压的百姓又是何人呢？

一是农民起义军。《平阳县志·大事记》就记载了元至正十三年至十六年（1353—1356），连年发生闽括山民李师金、翁瑞等起义，出没于浙闽交界山区；温州张希伯起义，扎寨平阳州城；吴悌五、金安三、吴邦大起义，知州周嗣德率官兵战于镜川（水头）；葛兆、金龙十起义等，但最终都被知州周嗣德率官兵镇压而失败。又如泰顺《分疆录》引《镇抚谭济传》（《分疆录点注》）载："洪武七年，

（谭济）调平阳。会私鬻盐者六百余人，入瑞安之百丈、筱村，杀三魁巡检。济领军悉捕入狱。明年，青田叶保五谋反，处州卫檄温合捕。济率梅头、东山、高楼、三魁、洋望、仙口六巡检司，往会处州军于杨山寨，破之。"

二是穷困矿工。《平阳县志·大事记》记载：洪武十四年（1381），乡民叶丁香（有称叶丁香是黄坦坑坑徒）与青田吴达三等聚众起事，攻占县境西部山区，以吴岩山为据点，历时数月而败。泰顺《分疆录》引《箬阳毛氏族谱》对此作了详细记载："洪武十四年，括寇（《箬阳毛氏族谱》作矿徒）叶丁香（《处州志》作温人）、黄坦吴达三倡乱。平阳三十九都戬洲白坑毛定二、瑞安五十七都都铺（今文成桂山）包国玉、张亚彪等导之，……贼党千余进屯戬洲，……（乡政当局）各领乡兵，从三魁巡检至戬洲，战于溪坪及新垞路，互有杀伤。……十五年二月，延安侯唐胜宗率兵由三港进剿，擒倡乱者，斩数十人，招抚胁从，始获安堵。"《分疆录》还引明代熊相《建置记》（《分疆录点注》）记载了多起矿工起义事件："洪武辛酉，青田叶丁香叛掠至境，众附之。安远侯率师至罗阳，戮亡者十九。……福州刘洋坑（在福安，当时重要银矿）逆弑闽藩参议（即分守道台）竺渊。文武大臣总师至境，核实得谋者十一人，余无所究。时正统甲子也。……至丁卯，福建邓茂七、处州叶宗留谋为不轨（此指起义）。"

《分疆录》所记的处州叶宗留，是庆元叶村（今淤上）人，于明正统七年（1442）十二月，和处州人叶希八、陈善恭等带领数百名流民到福安私自开宝峰场（今寿宁南）银矿。明正统九年（1444）七月，福建参议竺渊、兵马指挥佥事刘海率千余官兵进剿，叶宗留即领导矿工武装起义，擒杀竺渊，箭伤刘海。闽北各坑场矿工纷纷响应，起义军活动于闽浙赣三省交界山区。明正统十二年（1447），叶宗留带领义军打出矿区，攻克政和、浦城，明正统十三年（1448）又克建阳，进军建宁（今建瓯）并占领府城。此后，叶宗留又率起义军主力转战浙南。《平阳县志·大事记》记载："正统十三年，乡民叶八响应福建邓茂七聚众起义，围攻县城。温州府推官温仪率部攻破其驻地夹峙山，叶八被杀。"

在矿工起义的推动下，叶宗留的好友陶得二在处州领导千余农民响应起义，邓茂七于正统十三年（1488）二月领导佃农在沙县的陈山寨起义。同年八月，明英宗命御史丁瑄驰闽"剿抚"，并以都督刘聚为总兵率重兵随后入闽征剿农民军。邓茂七则联合叶宗留阻止明军入闽。十一月时，叶宗留在铅山黄柏铺亲率起义军与明军激战，不幸中矢牺牲。邓茂七农民军数月之间连克二十余州县，队伍发展到十余万人，建立了十九寨三十六营，但因明廷多次派重兵"征剿"，最终于正统十四年（1449）五月被镇压下去。

转战浙南的矿工起义军，曾屡败官兵，围困处州达数月之久，后于明景泰元年（1450）进攻武义、永康失利，也告失败，但部分幸存者仍进行顽强斗争。《平阳县志·大事记》记载："景泰元年，瑞安罗阳山陶得二余部围攻县城3日。温州卫指挥同知王宇统兵驻扎县城东门外军桥头，射杀该军首领白鸥，余众惊退。"清康熙版《寿宁县志》记载："有郑怀茂者，正统末，拥众数千，据官台山（今属寿宁）作乱。时都御史刘公广衡檄按察副使沈公讷，以兵讨之。"其实，郑怀茂是邓茂七的部属，括州（今丽水）人，在罗阳（旧属瑞安）被浙江布政使孙原贞击溃后，聚众奔入官台山，占踞黑风洞，与官府对抗，武装采银，最终也被官府剿杀。

闽浙赣边界地区的矿工及农民起义，促使明廷分疆设县。泰顺《封疆录》记载："孙公（兵部侍郎兼浙江布政使孙原贞）以二乡地广民稀，岭峻林密，虑终为盗区，乃于景泰三年奏准分疆设县，立治罗阳，至嘉靖始为之城，此泰顺有县之缘起也。"同年，浙江还析青田县柔远乡三里与鸣鹤乡六里之地置景宁县，析丽水县之浮云、元和乡之半建云和县，析丽水县宣慈、应和乡及懿德乡北部地置宣平县。福建也于明景泰三年（1452）析沙县、尤溪县地置永安县；景泰六年（1455），又析政和县南里、北里、东里十至十五都和福安县平溪里十一至十四都设置寿宁县。

明代时，闽浙赣边民及银场矿工缘何能一呼而起反抗官府统治呢？除因封建暴政外，还与当时的银课直接相关。蔡榆《银洞传说》记述："明洪武末年（1398），浙江温处丽水、平阳等七县立有场局，岁课二千八百余两。到永乐间增至八万七千八百两。……从有关史料看，百年时间里贡银的数量逐年递增。宣德年间'增至九万四千四十余两'；明英宗即位后（1436）下诏封坑冶。但不久，岁课的数量提高到四万一千七百余两，比洪武时期增加了十倍；景泰元年（1450）因福建邓茂七叛乱停征。但到了天顺二年（1458）又开，课额如旧，七年（1463）复诏封闭。成化三年（1467）仍遣内使督办。直到弘治元年（1488），才对岁课有所松缓，为二万二千余两。"

由于温州的银矿几乎都是薄矿，开采几年乃至数十年即废。矿脉衰竭而银课不减，所缺银课只得摊派到百姓头上。正如泰顺《分疆录》载王棻《封银坑序》（《分疆录点注》）所记："矿脉已竭，有司设法或派里甲，或派坑夫，鳌币补输，疮痍日甚。"又如民国《平阳县志》载宣德五年（1431）布政司王泽言："平阳丽水等七县银冶，自永乐间遣官闸办，共定额八万七千八百两。至今十年，各场所产有仅足额者，有不足额者，有矿尽绝者。闸办官督令坑首冶夫纳课，不敢稍失定额。赔累之民，富者困敝，贫者逃亡，乞暂停其役。"这就必然导致坑场矿工与里甲百姓的反抗。同时，明朝官府颁令严禁农民"偷开坑穴""私煎银矿"，违者"处以极刑"，家属发配边疆，"如有不服追究者，即调军剿捕"。真可谓民不聊生，"官逼民反"。

以上较多记述了旧平阳县地域的矿工起义之事，主要是想从另一个角度说明，明代时平阳县域内的银坑与矿徒都已经有了相当大的规模，私开与官禁矛盾十分尖锐。

四、天井阳（垟）银场是明代平阳县的主要银场之一，历六百年而鲜为人知

关于天井阳（垟）银场的历史旧事，民间多有传闻，但鲜见于史料记载。

一是天井阳（垟）银场拥有坳下银坑、天井银洞坑两大银坑群，是明代平阳县的主要银场之一。

根据对天井矿冶遗址的实地调查，综合已知的史料记载和民间传说，天井阳（垟）银场与在今泰顺县域的龟伏、石闩下、净水银坑，焦溪银坑，月湖银洞坑，今平阳境内的赤岩山银坑等相比较，其规模毫不逊色，或许超过其他坑场。上述银矿坑场，全都在旧平阳县域之内，当是在永乐间同期开采，并由官府监管。民国《平阳县志》（卷十四·食货志三·坑冶）就有"宣德五年布政司王泽言，平阳、丽水等七县银冶，自永乐间遣官闸办"的明确记载。

二是天井阳（垟）银场于明永乐七年（1409）开采，弘治五年（1492）时封禁。

据民国《平阳县志》（卷十四）记载："坑冶之课往时有银有铁。明洪武末年，浙江温处丽水平阳等七县立有场局，岁课二千八百余两……永乐间增至八万七千八百余两。……归仁乡之焦溪山、崇政乡之天井阳山俱七年开采，宰清乡之赤岩山十一年开采。宣德间又增至九万四千四十余两。英宗即位，下诏封坑冶，已而岁课四万一千七百余两。……景泰元年以福建邓茂七乱复罢，天顺二年仍开，课额如旧。七年复诏封闭。成化三年仍遣内使督办。弘治元年课二万二千二百四十余两，五年十一月闭。"

由此可见，天井阳（垟）银场的开采前后时间达80年之久，其间或许还夹有民间私采行为。民间私采的时间或许会更早一些，因为边界上的叠石银硐在宋代就开采

民国《平阳县志》中关于银矿的记载

了，原在泰顺县汇溪乡地域的处州黄坦坑也是明代之前的古银坑。或许在官府封禁后又有人违禁私采，如先前言及山寨基坑头的一处石壁刻有"嘉靖二十年"字样，恐是私采时留下的标记。因为即使按《明史·食货志》所记"正德初从中官泰文等奏复开浙闽银场，至刘瑾被诛方止"的说法，到嘉靖二十年（1541）时也不可能是官府组织开采银矿。相关资料记载表明，自洪武至嘉靖的140余年间，矿徒们为了谋生私开银坑从未间断过，况且是在天井这样偏僻的山区。

三是天井阳（垟）银场矿脉衰竭且地处偏僻，银场旧事在漫长岁月中逐渐消失。

据泰顺《分疆录》（《分疆录点注》）记载："圣天子临御五年，诏天下郡县，凡有银场而矿脉尽绝者，核实封闭之。"旧《平阳县志》也有"今天井阳之银坑及泰顺县界之银洞阳，尚有其遗迹。然目验皆为铅铁等矿，纵含有银质，其量极少"的记载。20世纪七八十年代时，地质十一大队温州二分队曾经两次到天井探矿，并有过"拉沟""钻探"作业，据说结论也是矿脉稀薄。由于天井阳银场开采距今已经整整600年，旧平阳县域的银矿大多已划归泰顺县，县志又不宜越境记载，加上桥墩天井地处偏僻，交通不便，至20世纪末才通公路，银坑故事难免在漫漫岁月中从人们的记忆里消失。

四是推测月湖银洞很可能是天井阳（垟）银场的一个组成部分。做这样的推测有何根据呢？

第一，月湖银洞是泰顺县有一定规模的一个坑场，但编纂于清光绪年间的泰顺《分疆录》对月湖银洞却未曾提及，而对泰顺县域内的龟伏、石闩下、神水、焦溪等其他所有坑场，甚至对毗邻的福建叠石银硐、望海银坑和处州黄坦坑均有记载。旧《平阳县志》所载县域内的银矿中，有焦溪银坑、天井垟银洞坑和赤岩山银洞，也未见有月湖银洞的记载。

第二，关于龟湖、焦溪、赤岩山的银坑史料中，都有太监府或太监监管的记载，而天井阳（垟）银场却没有发现有关太监府的踪迹，然而月湖银洞却有太监府。

　　以上两点看起来很矛盾，但在一种情况下就不矛盾了，这种情况就是月湖银洞是天井阳（垟）银场的一个组成部分。因为这样的话，史料只记载天井阳（垟）银场而没有记载月湖银洞顺理成章，设在月湖的太监府不仅监管月湖坑洞还监管天井阳（垟）坑场，使天井阳坑场不至于失管才符合情理。

　　这种情况可能吗？完全可能。理由是：桥墩区域及周边相当大的一片地域（包括今月湖和灵溪镇的部分区域），在唐宋及之前都属于松山，元明时同属于归仁乡。只是大龙、碗窑、矴步一带划入三十七都，月湖一带划入三十八都。月湖银洞的水流还是注入矴步溪而汇入横阳之江，与桥墩、碗窑、矴步、莒溪属同一水系。虽然明代置泰顺县后分水村（包括今大龙、碗窑、矴步）与月湖交界，但在置泰顺县前的元明时月湖银洞村当同属分水村。今矴步村和今银洞村、太监府交界，由于当时人口稀少，今时的分界线不一定就是明代时的分界线；再说都的划分是按水系进行的，当时又同属于归仁乡，在矴步或其毗邻设立太监府，监管当地银洞及三、四十里外的天井阳（垟）坑场，完全有可能。

　　同时，从当时交通状况看，矴步在元明时就是平阳北港通往福鼎、泰顺的交通要道，也是南港经桥墩通往天井与通往泰顺要道的交叉口。到20世纪五六十年代时，天井乡的人员和物资仍然是通过桥墩至矴步再到莒溪、天井这一条古道流通，别无他路。正因为天井阳（垟）非常偏僻和闭塞，交通极其不便，明代时在矴步附近设太监府统管月湖银洞与天井阳银场合乎情理。当然，这种推测还需更多的史料来证实。

（2011 年 3 月 21 日）

（本文删节稿载于 2011 年 4 月 5 日《今日苍南》）

明清时桥墩区域的关寨汛防

一、明清兵制与桥墩的关寨

1.明代兵制

明初，沿海频受倭寇袭扰。明洪武元年（1368），朱元璋依太史令刘基奏议，创立军卫法："大率以五千六百人为卫，一千一百二十八人为千户所，一百一十二人为百户。设总旗一人，小旗十人，管理铃束通以指挥使事。"明洪武七年（1374），命信国公汤和"行视浙东西诸郡，整饬海防"。明洪武二十年（1387），设置温州卫和金乡卫。卫是军事单位，主官为三品，级别相当于地方的郡。

温州卫，除本卫左、右、中、前、后千户所外，辖海安、瑞安、平阳千户所。三千户所共有墩台寨堠二十处，战船四十六只。明隆庆《平阳县志》（城池卷·卫所）记载："平阳千户所在县治西，元大德八年始建镇守千户（所），以温州路万户府各翼千户更番镇守。洪武己酉，置平阳守御千户所。"清乾隆《平阳县志》载："官十八员，旗军一千二百三十二名。辖江口巡司、仙口巡司（弓兵各一百名），隶温州卫。己卯改隶金乡卫，壬午复（隶）温州卫。"

汤和于金舟乡设置金乡卫。据清乾隆《平阳县志》记载：金乡卫指挥统千户所等官97员，旗军4928名，辖巴曹巡司、龟峰巡司、蒲门所、壮士所、沙园所。

明嘉靖三十四年（1555），设金磐备倭把总，以都指挥体统行事，专管水关，统领兵船，驻瑞安。隆庆间移驻宁村、江口、镇下门等处，俱设名色把总。所谓名色把总，是指实行募兵制，在要隘设立寨栅防守，选民间稍知兵事者充任。

金磐把总统水兵五支，驻金乡卫，游哨飞云江口、镇下等关。江口关总哨屯泊洋屿，守巴曹、炎亭、石坪、五屿一带，南与镇下关、北与飞云关、下与南麂游兵交相会哨，专御金乡、平阳、仙口、墨城一带地方。镇下关总哨屯泊官奥，哨守洋孙、大奥、竿山、潼头一带，北与江口关、南与福建烽火门、下与南麂游兵交相会哨，专御蒲壮、金乡、大小呙一带地方。

据明弘治《温州府志》的记载："金乡卫指挥使司……本卫并外三所旗军余丁共一万五千四百三十名。"由金乡卫管辖的"烽堠台寨，共二十三处。……战船，本卫并外三所共四十八只"。

至明嘉靖三十八年（1559）时，兵防布局做较大调整。根据清乾隆《平阳县志》记载：（温州）设温处参将，辖五营，各营均配名色把总一员、部领哨官四员、兵四百九十四名。左营屯蒲壮上、下魁冲要海口，专御镇下门一带地方；中营屯金乡大小呙冲要海口，专御大渔、七溪、石塘一带地方；前营屯平阳仙口冲要海口，专御宋埠、墨城、眉石、陡门一带地方；珠明营屯珠明冲要海口，专御金乡一带地方；炎亭营屯炎亭冲要海口，专御巴曹一带地方。

自明洪武五年（1372）至崇祯十五年（1642），沿海倭患前后经历270多年。根据清乾隆《平阳县志》（《卷七·防圉·台寨》）记载，明平阳所辖台二、寨四、堠三，金乡卫辖寨十一、堠十五，壮士所辖台一、堠三，沙园所辖台一、寨一、堠四，均无桥墩域内地名，只有蒲门所辖台一、寨二、堠四的地名清单中，有"分水隘堠"，并且附注："浙闽交界，寇自福来可由此至平水、牛皮岭、萧家渡直抵县城。"

从以上情况可以看出，明代兵卫主要是防倭寇，重点布防在沿海，涉及桥墩的仅有"分水隘堠"一处。

2.清代汛防

清顺治十二年（1655）施行"海禁"，清顺治十八年（1661），强令沿海居民内迁十里，扦木为界，界外房屋一律烧毁，史称"迁界"。至康熙九年（1670），清政府下令"展界复井"，即允许恢复迁界前的状况。

　　随着倭患逐步消除，清代汛防重点转向防"内乱"。汛防，指旧时军队驻防。据清乾隆《平阳县志》记载："康熙八年设总兵官一员，驻劄平阳，标下中、左、右三营……兵共四千三十名。四十九年将平阳总兵官移驻处州，照旧管辖，调去额兵……平阳所存兵一千四百八十名，即将处州副将移驻改为平阳协都守等官，亦俱带往，隶于温州总兵官统辖。……雍正五年添设外委千总三员、外委把总六员，协同经制千把轮汛防守。十三年时，设平阳协副将一员，左右营都司各一员、守备各一员，千总三员，把总八员，外委千总三员，外委把总六员，兵共一千一百七十七名。"

　　其中：

　　驻防县城——副将一员，左营都司一员，右营守备一员，左右营千总一员，左右营把总一员，外委千总一员，外委把总一员。其千把一年更换，安马步战守兵三百七十六名。

　　左营——分防江口汛、墨城汛、宋埠汛、南岸汛、镇下关、蒲壮汛。

　　右营——分防金乡汛、桥墩汛、巴曹汛、北港汛、矴埠汛、沙园汛。其中桥墩汛千把总一员，外委千把总一员；协防燥溪，安兵六十六名，矴埠汛千把总一员，外委千把总一员；安兵五十名。以地有矾山、铁山棚民聚集。

　　关于台寨，清代更置险要台寨汛口，如左营台寨，有江口南岸台等十九处；右营台寨，有林家院台、巴曹台、炎亭山台、大渔山台、分水关台、桥墩寨、沙园寨、梅岭口址、珠明口址、小岙口址等十处；蒲壮所寨，有将军岭等口址四处。在以上所设的全部台寨中，涉及桥墩的有右营台寨中的分水关台、桥墩寨、矴埠汛三处。

　　清代采用绿营兵制，驻防分汛，汛又分台、寨、口址，各派兵驻守。日久制驰，也有台寨虚设或竟废弃而册报仍列兵数具文等情。民国《平阳县志》记载的清光绪二十四年（1898）营册所列各台寨口址名目及兵数，其中"桥墩汛——无马战兵十三名、守兵五名（该讯兵三十七名，此表三十六名，加入汛官外委为有马战兵一名，合数）。（辖）分水关守兵六名，南港水头汛守兵三名，萧家渡口址守兵三名，燥溪口址无马战兵一名、守兵二名，六板桥口址守兵三名"。可见，当时桥墩汛负责的地域不仅限于桥墩区域，而是自分水关起到萧家渡、燥溪、六板桥等南港平原的一大片地区。

二、分水关隘与旧时战事

1.关隘、隘堠与军营之地

分水关隘，地处浙闽边界。民国《平阳县志》（《卷三·舆地志三》）记载："分水山……与松山相连，泉出陇上，东西分流，以限闽浙。五代吴越战守于此。其岭曰分水岭，水名平水溪，东北流合南港以达钱仓。山腰凹处为关，曰分水关。"

据《福鼎县志》（《第二十一编·军事·设施》）记载，分水关"始建于五代十国，闽为御吴入侵，闽王命长溪县构筑分水关、叠石关、后溪关（在柘荣）、营头关（在霞浦）。明嘉靖间，福宁知州黄良材造隘房并派福宁卫军防守。""崇祯十七年（1644），福安进士刘仲藻为抵御清兵入闽，征召民工重修分水关，并扩建关口左右城垣数百米。"清乾隆年间，福宁知府李拔在关上题书"分水雄关"。

分水关隘

《桥墩志》记述："（分水关）今故迹是明正德十五年（1520）与天启初年（1621）建筑。整个关城城垣周长3900多米，高5.6米，设有东、西、北三座城门，关城内建有炮台一座，左右营房两间，还有后来建造的观音堂、石碑坊和四角亭。在距分水关不远处，有一名曰'军营'之地，相传是古代闽国屯兵之所。"

1956年，浙闽（温分）公路从关口贯穿南北，将分水关切为两段，仅存长500多米，高2至3.5米，宽约0.9米的残墙一段。1989年，福鼎县将分水关列为县级文物保护单位。2000年，苍南县在旧址上修复部分古迹及关墙下的花坛，辟为公园。

作者在20世纪六七十年代经常因工作来往五凤嘉同及黎阳，104老国道线在关庙村一侧顺分水岭回旋而上，当时仍存关门和旁边的部分城垣。20世纪80年代，国道改线从蔡垟山一侧到分水关上方分道，左往福鼎，右去泰顺。分水岭一侧属浙江，关内的分关村属福建，其间还有泰顺的插花地。

明代曾在分水关设分水隘墩。所谓墩，即烟墩，是瞭望敌情的土堡。实地寻访时，当地朱姓老人（80岁）、俞姓老人（68岁）一致证实，分水关内只有一处烟墩（烟台），在分关村境内的烟墩岗上，位于分水关关口东南方向不到百米处（今分水关至五凤公路跨高速路桥南侧桥头附近山冈）。清代的分水关台应是同一处所，因为清代分水关台沿用明代分水隘墩合乎情理。再说从军事角度看，此烟墩（台）设在关城内、距离关门几十米处的山冈上，既便于管理和报警，又在下一处烟墩的肉眼直视范围内。

分水关周边有三座山，其中顺分水岭上关口，右边往泰顺方向的是蜈蚣山，因连接正面分关村方向几座低矮小山冈形似蜈蚣而得名。左边烟墩岗后山称蜘蛛垟山，从山顶可以俯视整个分水关隘，也可瞭望五岱山，但山顶距离关口有二三里山岭，不是建关隘烟墩的最佳位置。不过蜘蛛垟山山顶有军事建筑遗迹，相传山顶的蜘蛛垟是朱、杜将军扎营处。据《玉苍山志》所记："五代时吴越王派朱、杜二将把守分水关，驻兵黎阳蜘蛛垟。"如今，仍有人称黎阳蜘蛛垟为"朱杜垟。"

相传的军营之地，是古代闽国屯兵之所，作者曾做寻访。军营村今属福鼎贯岭镇，驾车可自贯岭沿康庄公路上山，地势陡峭，六七千米便到军营村。山顶地势较为平坦，现有军营里、罗圻两个自然村，并有水泥路（可通小车）到五凤岩洞隔。如从分水关步行去军营，则沿分水关左侧蜘蛛垟山的五百工岭（讹传为"蜈蚣岭"）上山，经隔后（位于半山腰，属福鼎分关村）、黎阳、大埔（均属苍南五凤）、张家山（属福鼎贯岭）到军营村，古道20余里，大部分完好。

2.分水关旧战事

《桥墩志》记述了分水关在明代及之前的诸多战事："陈后主至德三年乙巳，丰州（福州）刺史章大宝反，攻分水岭。""宋景炎二年（1277），元军南下，平阳失守，宋行军司马陈自中，随秀王赵与檡入闽，提兵拒守分水关，兵败，不屈而死。""顺帝至正十三年癸巳冬，闽浙反元义军起事，副元帅吴世显调温州路兵守松山。冬，闽括义军攻松山分水岭，直抵州治。""元至正二十五年春，詹老鹞犯瑞安及平阳界。攻归仁、崇政二乡，会尤山野等，攻南港江南等处，五千户率兵镇压，尤山野被杀。""明洪武元年，平阳童闻从明军攻陈友定，攻取山溪（双溪）、麻阳（华阳）、五大（五岱）、分水关入闽桐山。""明嘉靖三十八年七月，倭寇三千余人，自平阳窜泰顺。诸生林四率兵守排岭，筑土城扼险以待。冬十一月十一日，寇至夺险，力战死之。寇遂深入劫掠屯三魁十日，杀戮甚惨，溪水为赤。复掠华峰洪村，民居尽毁。""嘉靖四十一年六月中旬，戚继光率兵6000名，从金华义乌出发，经松山入闽，七月二十八日上午，过分水关。"

以上史志记载，民间百姓鲜为人知，但有一则故事至今在桥墩尤其在后隆村、关南村一带流传。某年代，有官府兵马在松山剿灭民兵，期间有许大撸（佬）骑高头大马，顺五岱焦坑至桥墩的古道乌岩岭而下，冲到岭脚时，虽绕过了岭脚潭，却不慎冲进了路边水田。岂料，该水田是烂泥田，深不探底，坐骑陷于烂泥田之中难以脱身，结果被民兵砍杀。

本地七八十岁的人都听说过这个故事。民间一般称"都司"官为"大撸（佬）"。依据相关内容，疑此故事指史志所记"顺帝至正十三年"（1353）之事。民国《平阳县志》（《卷十八·武卫志二·兵事》）所记较为详细："顺帝至正十三年癸巳春，山寇纵火，坊郭村落煨烬。冬，闽寇侵境，副元帅吴世显调温州路兵守松山。……韩虎儿之乱是冬，闽括寇焚劫松山分水岭，直抵州治，万户晁恭廉被伤而遁，官吏皆降。东平翼千户所达鲁花赤帖木时镇本路，与都事（司）许必达连战两昼夜，败绩。复会永嘉县尉王楚山兵合战，贼众我寡，帖木力不支，与许必达、王楚山俱死。"民间所传的许大撸疑是以上县志所记的都司许必达。

三、桥墩地名与桥墩寨

桥墩，史称松山，明弘治《温州府志》（《卷六·邑里·乡都·街巷市镇》）记载："归仁乡……三十六都平水、莒溪、浦口、滕洋。一图。三十七都松山、分水。一图。""松山镇在县西南九十里，为西镇，有松山市。"上述地域范围，正是近代以来的桥墩区域，但在该志记载中尚无"桥墩"这个地名，桥墩集镇仍称"松山镇"。那么，"桥墩"这个地名源于何处，最早出现于何时呢？

在104国道桥墩大桥南侧桥头有座小山，桥墩人历来称它"寨仔顶"。新中国成立后曾经是桥墩区中心小学分部，20世纪六七十年代改建为桥墩粮仓及区粮管所粮油供应站。"寨仔顶"的地名因何而来呢？

此处并非拦路打劫的山寨，而是清初官府设置的桥墩门新寨所在地。明隆庆《平阳县志》（清康熙增补本卷之六）记载："皇清（康熙）九年奉旨展界，即金乡卫旧城修筑设名金乡寨。金乡寨，镇标左营游击，兵一千名，汛守自分水至江口并新寨共二所，台二十所，俱属左营汛防。桥墩门新寨，系隘要险汛，左营千总一员，兵丁一百名防守。离（海）七十里。……"

该志明确记载清康熙九年（1670）建立桥墩门新寨。既然称之"新寨"，必定还有"旧寨"。那么，旧桥墩寨何时所设，设于何处呢？

清乾隆《温州府志》（《卷五·城池·都里》）中关于松山镇的记载，与本节开头所述明弘治《温州府志》完全相同，但清乾隆《温州府志》在《卷八·兵制·平阳协》中又记载："温州（设）镇总兵官，隶浙江提督，驻劄府城，辖乐清、瑞安、平阳、大荆、磐石、玉环各协营。顺治三年设副将，至十三年改设总镇，兼管处、金、衢三协。……""驻防金乡寨城，右营都司一员，千总一员，外委把总一员，马步战兵丁共一百六十二名。""分防汛地五：一曰桥墩寨，右营把总一员，外委一员，马步战守兵丁六十六名。一曰巴曹汛……。一曰北港汛……。一曰沙园汛……。一曰矴埠头汛，右营把总一员，马步战守兵丁五十名。"

以上史志明确记述清顺治三年（1646）时温州设副将，辖六县各协营；至顺治十三年（1656）时改设镇总兵官，兼管处、金、衢三协。可见，六县各协营驻防、分防之寨城汛地，是在清顺治三年时所设。因此可以得出结论：桥墩寨、矴埠头汛建于清顺治三年，这也是"桥墩"地名最早出现于官方文献的时间。

上面所述"桥墩"地名最早出现于清代顺治初，与明弘治间建成

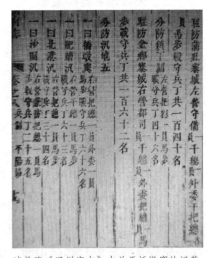

清乾隆《温州府志》中关于桥墩寨的记载

松山八角桥后，民间传说清代时有乡贤在大桥一端的卅七街拱门上题写"桥墩门"而得名的故事，以及因水毁咸丰间重建大桥时更名为桥墩门桥，在时间上都是合乎逻辑的。

关于桥墩寨寨址，作者得悉五凤水沟村与半山村交界处有座小山

冈，今称"桶（汤）盘山"。桶盘山位于五岱山靠分水关一侧，是个独立的小山冈，可瞭望半山、大隔、黎阳、水沟等村及五岱山西南侧整个山麓，距离分水关约5千米。既位于嘉同至分水关古道边，又是往半山村至金顶、南山头的古道三岔口，还是观美、华阳、矾山方向经嘉同到分水关的必经之路。桶盘山山顶平坦，呈椭圆形，长一百二三十米，宽五六十米，约有十多亩面积。山顶周围一圈寨墙尚存，高约二米，宽近二米。冈下的自然村，远近百姓都称其"寨岭脚"，印证此山冈旧时曾经是寨。并且，桶盘山之寨绝非打家劫舍、拦路抢劫的山寨，因为谁也不敢，也不可能在如此重要、人流不息的通关大道旁公然建寨作恶。此地旧属松山要道，当是官府所设的寨所或兵营，最大可能就是桥墩寨寨址。

拥有如此有利地形的山冈，在更早年代时会派什么用场呢？《桥墩志》记载："元时，松山设巡检司，置巡军、弓手职，巡逻捕盗。"泰顺《分疆录》引《平仲集·元枢密院判官周诚德墓表》载："至正末，诚德兄嗣德镇平阳，总治瑞安，诚德佐之剿寇……复松山、崇政、

五凤桶盘山（金山）

洋望、方山、三尖五巡检司。"那么，松山巡检司设于何处呢？

民国《平阳县志》记载："分水山东为松山，一名'五公山'，旧志作五松山。"即今五岱山。松山原先是山名，随着人口增多、集市形成而演变成地名。元代时，桥墩集镇尚未形成，松山八角桥（即桥墩大桥）还未建筑，五岱山至分水岭一带当是人口聚落与商旅往来的要冲之地。在桶盘山设置松山巡检司无疑是最佳选择，能与巡检司履行稽查路人、缉拿奸细、截获囚犯、打击走私、维护正常商旅往来等职能相适应。明洪武二十六年（1393），定凡天下要冲处设立巡检司，"温郡沿海置巡检司十一，在平阳者曰龟峰、巴曹、江口、仙口"（清乾隆《温州府志》）。松山已无巡检司，可见明代时松山巡检司已被裁撤。清初的桥墩寨设置在元代松山巡检司或明代兵营旧址上顺理成章，其地盘大小供六七十名乃至百名人员驻扎之用，也是绰绰有余。

当地民间也曾传说此地是明代兵营，明弘治《温州府志》（《卷三·山·平阳》）也有"金山，旧立镇守军营"的记载。作者走访大隔村、半山村（今与下寮三村合并为胜利村）老人，都说半山村所处之山峰叫"炊（蒸）桶山"，不叫"金山"。然而，清代各版《平阳县志》均记载："松山……其麓曰平水，旁为金山，旧立军营于此。南为凝翠山，高五里，绵亘十余里，跨平阳福宁二界，至山顶平处曰南平（坪）。"今南山头最平坦处的自然村就叫"大坪"，相邻的半山村山顶部也有自然村名为"金顶"。以上都说明县志所载金山在松山域内，而绝非五六十里路外、与矴埠头交界的泰顺所辖的金山。按文献所述地理位置，或许半山村所处之山古称"金山"而民间不知晓，亦或寨址"桶盘山"就是"金山"。

撇开山名不论，可以肯定的是今五凤水沟与半山交界古道边的桶盘山遗址，当是清顺治三年（1646）所设旧桥墩寨寨址。

四、特设的矴埠汛

矴埠头，位于桥墩上游20里处，明清时是平阳尤其是北港来往福建与泰顺的主要陆路通道之一，虽然偏僻，却是要冲之地。

元、明时，这一带地方虽地广人稀，却多处设置巡检司。泰顺《分疆录》载："至正末，诚德兄嗣德镇平阳，总治瑞安，诚德佐之剿寇……擒斩其酋。复松山、崇政、洋望、方山、三尖五巡检司。"明正统间，又设牙（雅）阳、池村（今司前）巡检司，其中有五处巡检司都在旧平阳县地域内，目的是防范"义军"、剿灭"盗寇"，其实就是镇压百姓反抗，维护封建统治。

《平阳县志·大事记》记载：元至正十三年至十六年（1353～1356），连年发生闽括山民李师金、翁瑞等起义，出没于浙闽交界山区；温州张希伯起义，扎寨平阳州城；吴悌五、金安三、吴邦大起义，知州周嗣德率官兵战于镜川（水头）；以及葛兆、金龙十起义等事件。《分疆录》引《镇抚谭济传》载："洪武七年，……会私鬻盐者六百余人，入瑞安之百丈、筱村，杀三魁巡检。"

除了农民起义军，还有穷困矿工起事。《平阳县志·大事记》记载：明洪武十四年（1381），乡民叶丁香（有称叶丁香是黄坦坑坑徒）与青田吴达三等聚众起事。《分疆录》也记载了多起矿工起义事件："洪武辛酉，青田叶丁香叛掠至境，众附之。……福州刘洋坑（在福安，当时重要银矿）逆弑闽藩参议（即分守道台）竺渊，时正统甲子也。……至丁卯，福建邓茂七、处州叶宗留谋为不轨（指起义）。"

明代的暴政与银课引发矿工起义，促使分疆设县，也使处于陆路要冲的矴埠头成为汛防之地。当时，周边地区有诸多银矿在开采，如今泰顺境内（时属平阳归仁乡）的龟伏银坑群（今属龟湖乡）、焦溪银坑（今三魁刘宅）与石湖阳银洞坑（今月湖），今平阳境内的赤岩山银坑（腾蛟湖窦村银坑），以及今苍南所辖的坳下银坑和天井垟银洞坑（均属莒溪镇），均于明永乐间开采，弘治间封闭。还有福鼎县境的叠石银硐（在今叠石乡竹阳村），宋熙宁五年（1072）开采，设监官；望海银坑（亦称王海），明正统十年（1445）开，正统十四年废。

除银矿之外，还有莒溪的铁矿开采与冶炼。据民国《平阳县志》

（《卷三·舆地志三》）记载："元明间置铁场，破冈挖穴，峰峦堕坏，多非昔形。"莒溪的铁矿开采与冶炼一直延续到20世纪中叶。

从以上所述可见，清初设立矴步汛的背景不同于明代主要出于防范倭寇的目的，而是史志直接记述的因为"以地有矾山、铁山棚民聚集"，还因为矴步头地处民间交通要冲，县外可通泰顺、福鼎，县内连通莒溪、北港（平阳）、桥墩。根据民国《平阳县志》记载，清乾隆二十三年（1758）设矴步汛，把总一，安兵五十名。清光绪二十四年（1898）时设外委把总一，安兵一十八名（该外委续裁后所遗汛务归桥墩汛把总并防）。该志（《卷十七·武卫志一·险要台寨口址表》）记载光绪二十四年时矴步汛所辖口址及兵数情况为："矴步汛，无马战兵六名，守兵二名（按此汛额兵十八名，此表十七名，加入汛官外委为有马战兵一名，合数）。（下辖）莒溪口址守兵三名，碗窑口址守兵三名，藤垟口址守兵三名。宋垟口址轮防兵十五名，系各汛抽拨。案南宋垟旧有营房系营县捐建，按季轮派弁兵防守，按月文武轮巡会哨一次，其兵额不在矴步汛内。"

以上记载凸显矴步汛在旧平阳汛防体系中的重要地位，同时也说明是因恐矿民聚集引发起义而特设此汛。

清乾隆《温州府志》卷首所载《海防全图》（乾隆二十七年即1762年原刊本）

五、后隆山烟台及其他

烟台、烟墩，或称堠，是古时在通信极端落后的情况下用来瞭望敌情、报告敌情的军事设施。建筑在山顶，用土堆成，一般高三五米，底长、宽七八米不等，下部砌石，上部搭建人居寮厝，并备发烟物、设置烟道。一旦有敌情，就发烟报警，并可与炮声配合，按约定以炮声多寡报告敌人数量多少。前后烟台距离，以可目视、耳闻为限来设置，一路"接力"，传递信息，以便指挥机关及时应对。旧时温州地区沿海设有不少烟台，其中一列是沿海（终点金乡寨）通达分水关。

明隆庆《平阳县志》（《城池·卫所·江南岸》）记载："康熙九年……奉旨展界，即金乡卫旧城修筑设名金乡寨。"并详细记述了自分水关至江南沿海寨台墩堠设置的情况："金乡寨，镇标左营游击，兵一千名，汛守自分水至江口并新寨共二所，台二十所，具属左营汛防。桥墩门新寨，系隘要险汛，左营千总一员，兵丁一百名防守。离（海）七十里。分水台，浙闽界保隘要，离海一百里，守兵三十名，五里至（大原山台）。大原（龙）山台，离海一百里，守兵五名，五里至（五岱山台）。五岱山台，离海一百二十四里，守兵五名，五里至桥墩新寨，（再）五里至（后同山台）。后同（隆）山台，离海七十里，守兵五名，十五里至（长斋岭台）。长斋（寨）岭台（今大寨尾），离海五十里，守兵五名，十里至（猫竹山台）。猫（茂）竹山台，离海五十里，守兵五名，十里至（上涂山台）。上涂山台，离海八十里，守兵五名，五里至（燥溪山台）。燥溪山台，离海八十里，守兵五名，五里至（还枝山台）。还（繁）枝山台，离海七十里，守兵五名，五里至（乌石岭台）。乌石岭台，离海五十五里，守兵五名，五里至（荪湖山台）。荪湖山台，离海五十五里，守兵五名，五里至

清康熙《温州府志》卷首图

（清隐山台）。清隐山台，离海五十里，守兵五名，十五里至大渔岭台，外即海，系冲要，守兵十五名，五里至（寨山台）。寨山台，离海十里，守兵五名，五里至（金字山台）。金字山台，离海十五里，守兵五名，二里至金乡寨，五里至（凤凰山台）。凤凰山台，离炎亭海口七里即大洋，守兵五名，八里至（巴曹山台）。巴曹山台，外即大海，守兵五名，七里至（林家院台）。林家院台，外即大海，涂面约去五里，守兵五名，七里至（刘店台）。刘店台，离大海一里，涂面远四里，守兵五名，六里至（江口南岸炮台）。江口南岸炮台，离海五里，系冲要，守兵二十名，约江面五里至（江北岸）。"

　　该志还记载：平阳协营地界，东至宋埠汛25里，外即大海，系瑞安水师洋汛；南至镇下关160里，外系闽省洋汛；西至分水关120里，外系闽省桐山营汛；北至飞云渡30里，外即瑞安水师洋汛；副将每年终带兵在交界巡哨，都司守备季终在所辖交界巡哨；千把总月终在交界邻汛兑筹会哨。

　　上述21个寨、台中，桥墩区域内有一寨六台。以下按地理位置顺序逐一说明：

　　桥墩门新寨，在今桥墩镇104国道公路大桥南桥头边寨仔顶山。

　　分水台，在分水关关门东南侧的分关村烟墩岗，即沿用明代分水

寨仔顶

隘堠。

五岱山台，在原五凤半山村（今胜利村）后淹（庵）大门人后山，即陈树枫湾坑头上面的山冈，尚存方形石砌基础及土堆。原大隔村李姓老人（81岁）等多名当地人都熟悉此地。按实地考察，五岱山台与大原山台的位置应做对换，因为五岱山台离分水台更近，大原山台则更远。

大原（龙）山台，在今陈树枫对面的山冈上。该处山冈顶部有平地二三百平方米，曾垦为番薯园，百姓称之"炮台山"，有古建筑遗迹。此处可以俯视自桥墩小沿村石鼻头至分水关的整条古道，前后二处烟台乃至分水台、桥墩门新寨都在该处视野之内。

需要说明的是该处现地名与史志所记大原山地名有出入。此段山

分关村烟墩岗

大门人后山

大原山台

脉今称"大龙尾（山）"，烟台在中段山冈，南段比它高的叫"大龙尾"。但是大龙尾山并非孤山，山脉连接蔡垟、罗垟、大源坝再往矿埠、高山直至泰顺。可能该山原名叫大原（源）山（山脉里今仍有大源坝村），从地形上看这里是设置烟台的最佳地点。

后同（隆）山台，在今后隆村柳庄山靠后隆岭一侧山脊上，当地俗称"烟台山"。现在仍存堆土高约二米，底宽五六米，底长七八米，外圈用岩石垒砌。前可直视大龙山台和桥墩门新寨，后可直视长斋（寨）岭台。经甄别，五十二都也有后同村，又名"后陇村"，史志所记后同山台当是后隆山台的笔误。

后同山台的名称，来源于明隆庆《平阳县志·卫所》卷，而该志《坊里》卷又记载招顺乡五十二都有后陇等七村，明弘治《温州府志》（《卷六·邑里·平阳乡都》）也是记载招顺乡五十二都有后陇等七村。清康熙、清乾隆、民国等《平阳县志》记载招顺乡五十二都七个村庄时虽然都是后同这个村名，但以上所有志书对其他六个村名称的记载完全一致，这就充分证明后同村又叫后陇村。桥墩的后隆与五十二都

后隆烟台岗

的后陇是同音不同字，定然是书写者把两者弄混了，把后隆山误写成了后同山。

在清乾隆《温州府志》卷首的《海防全图》中，发现有枫树湾口址的标识，但无详细内容记载。枫树湾位于柳庄山山背后，地属黄檀口（今黄檀村），处于观美至蒋阳往福宁的古道路口。枫树湾口址处所不明，疑云迷山（属黄檀村）矴步古道口附近的古建遗迹与之有关。

长斋（寨）岭台，在今观美三联村大寨尾自然村山顶，尚存烟台土墩。据《桥墩志》记载，遗存"墩台分三层，每层各呈圆形，外侧各用块石垒砌。内夯实土与碎石，上层直径约1.75米，高0.5米；中层直径3.5米，高1至2米不等；最下层直径15米，高1至2米不等。跑马场位于墩台东南侧，平面成方形，长20米，宽80米，现已荒废"。

长寨岭台

猫（茂）竹山台，位置在观美与挺南交界的茂竹山烟墩尖。民间历来把该山东边与另一座山交界处的山隔称为台后隔，台后隔地名印证了该山顶建有烟台。地名猫竹山当是"茂竹山"的表述差错。

茂竹山台

（2018 年 7 月 15 日）

（本文删节稿《桥墩区域明清时的关寨台堠》载于 2018 年 7 月 26 日
《今日苍南》）

桥墩的明清古道与驿铺

一、平阳县道与邮传驿铺

据民国《平阳县志》（《卷五·建置志一·县道》）记载，明清时平阳县道共有五条干路：东门干路——自县市至瑞平桥20里6分，为瑞安县界；西门干路——自西门外至天井阳坳118里6分，为泰顺县界；北门干路——自北门至湖岭8里5分，为瑞安县界；南门干路有二，一支自南门外经萧家渡、灵溪至分水关110里，为泰顺县、福鼎县分界处，另一支自南门外至江口北埠渡横阳江，经金乡、七溪、马站至沙埕岭128里5分，为福鼎县界。

途经桥墩区域的县道共有2段干路、4条支路。

1.西门干路

"自西门外西南行，过沙岗岭、葛奥岭、枫树壇，经曹堡街、岛桥头，越鹤皋岭，过鹤溪街、詹家埠、水头街，复越蒲岭，过交溪桥，经潮岩、苔湖、顺溪市、石包源、戈场至天井阳坳一百十八里六分，为泰顺县界（参水陆道里记）。"其中，戈场经天井阳坳至泰顺县界一段在桥墩域内。

西门干路的支路有10条，其中在桥墩区域有2条："一自潮岩过青街阳半岭（属腾垟），经莒溪市至水洋格岭二十九里，为泰顺县界。""一自莒溪市越黄土岭至半山岭（属天井）二十里九分，为泰顺县界。"

2.南门干路

南门干路有二，其中"一自南门外西南行，过夹屿、象山、塘边、垂杨街、钱仓市至东江，过萧家渡，经萧家渡街、杨梅庄、中平桥、黄坑、横渎铺、河口、灵溪市、水头街、相公亭、柳阳、桥墩市、关帝庙至分水关一百一十里，为泰顺县、福鼎县分界处（参水道里记陆）"。其中，灵溪市经水头街、相公亭、柳阳、桥墩市、关帝庙至分水关与泰顺县、福鼎县分界处，这一段在桥墩境内。

这条南门干路也有10支路，其中在桥墩区域有2条："一自相公亭过观美街、长寨岭、马家阳、粉坪、士生、铺坪街、新岭脚、矾山街，越坑门岭至蒲门之马站市六十五里七分，与南干路相接。""一自桥墩市过大玉沙、焦滩、碗窑、矿步头至棋盘岭二十六里四分，为泰顺县界。"

与以上所说干道相配套的邮传驿铺如何设置呢？由于平阳地连福建，公文络绎不断，每十里设一铺，每铺设铺司兵二名，更番传递；又设铺长房，记时日号数。据明隆庆《平阳县志》记载：全县共设三十一铺，县设总铺，"自县至福宁州十二铺，北至瑞安三铺，仙口至蒲门所十八铺，城内外巡警另十铺"。该志又记载（至福宁界）："迎恩铺、平安铺、长山铺、蔡店铺、大驿铺、萧渡铺、横渎铺、灵溪铺，象口铺、西陈铺（俱在三十六都），泗州铺、大源铺、分水铺（俱在三十七都）。"

此后的诸版《平阳县志》都有大致相同的记载，诸志记载有所不同的是途经的驿铺，有的称途经"三十六都西陈铺""三十七都烽火铺"。然而，查阅明隆庆、清顺治、清康熙、清乾隆、民国诸版《平阳县志》，都记载"亲仁乡二十八都"辖"港边、西陈、渡龙、盛陶"等村，乡、都隶属均不相符，可见西陈铺在三十六都明显有误。清康熙、乾隆《平阳县志》所记烽火铺在三十七都也有误，明弘治《温州府志》、明隆庆及清顺治《平阳县志》都记载"烽火铺在七都"，民国《平阳县志》记载"七都今并属万全镇"。因此，西陈铺、烽火铺均不在桥墩境内。

综合查证结果，在今桥墩区域的明清驿铺仅有象口、泗洲、大源、分水四铺。

二、象口铺与水头公馆

明隆庆《平阳县志》(《公署卷·邮舍》)记载:"象口铺……在三十六都。"其具体地址在哪里呢?

民国《平阳县志》(《卷八十二·文征外编六·记》)记载了明代项乔于嘉靖癸丑年(1553)所撰《新建平阳水头公馆碑记》,该文给出了明确的答案。其文曰:"平阳县治南行八十里许,地名水头,当闽浙之冲,水陆皆通焉。陆则由钱仓迤逦而来,水则沿大江潮至则舣舟焉。闽浙两藩官使之有事者,必由之地南行而大源铺、而福宁州,以通我闽藩。……水头,旧有铺,曰象口,岁久倾圮,官使无憩息之所,皆舍于乡民许廷器于兹有年矣。"

该文对新建水头公馆的其前因后果也做了记述:嘉靖戊申年(1548),巡抚都宪朱某抚视两藩。四川内江籍进士高灵湫时任平阳知县,被许廷器"为公而舍于一家"的事迹感动,并认为官使"尊礼必公廨,燕息必密室",便亲自察看(象口铺)旧铺址,捐俸建新公馆,"廷器领其事,鸠工简材,始于丁未季冬,讫戊申孟春。前后两厅,左右翼以两廊,门皂、书房、爨室(灶间)一概就绪。东西隘偏,乃买民田以足之,临通衢外缭以垣,颜其楣曰公馆。周约五十丈许,厥地燥刚,厥堂面阳,厥材孔良,宏敞壮观"。

这条横贯平阳县域东西的南门干路,亘古久远,《桥墩志》称其"始成于南朝",地处水头的明代水头公馆亦即更早年代的象口铺,无疑成为水陆兼通的中转站。据明隆庆《平阳县志·公署卷》记载:"水头公馆,在三十七都,今圮。"水头公馆从建成到废圮,历100多年,亦属不易。

《桥墩志》记载:"从(水头)公廨西行,到草田樟树湾,穿大埔竹林至木桥头,进马路内路亭小歇,沿柳阳溪古堤,过冷水宫,直奔桥墩门,跨三十六大桥与松山古道相通。"这里需要澄清的是,此松山古道是指松山(今桥墩镇)经岩角(旧有沿角亭)、石鼻头、五里亭、陈树枫至关帝庙(设分水铺),再沿分水岭到分水关的官道,而非在五里亭前分道往发凤头到南山头、竹脚内至大隔、分水关的民间古道。

作者在大隔村调查时还访得另一条通关民间古道，位于上述两条道的中间位置，自石鼻头经发凤头、大株枫（此处分道上往南山头、走下道）、白石、后淹（庵）、睏鹿、大隔至分水关。据大隔村李姓老人（83岁）说，当地传说古时石鼻头有埠头，后庵、金顶有饭店（摊）。如是传说属实，该古道或许成于明代松山集镇形成之前，也非县志所记"跨三十六大桥"与之相通的松山古道。

水头公馆向南，渡大江是二十九都古港村。古时江水深、江面阔，乃通津之港，因此古港也成为当时南港区域的水陆交通枢纽：从古港沿堤往东，不远就是灵溪至藻溪的古道。向南朝伏鹰寺隔，过茂竹、山溪（今双溪），经观美、黄檀上桐台岭（马家阳岭）至粉坪，沿徐家岭（谢客岭）往犁尾棋、虎啸亭去福宁；或在黄檀分道上乌岩岭，经焦坑、蒋阳去分水关，也可自蒋阳经岩洞岭到军营入福鼎。

清乾隆时，观美民众从双屿门筑大道到岭脚后，又开辟一条"十里悬梯"的长寨岭，连接马家阳至分坪，为南门干路之支路中的一段。分坪三岔路口，南道通华阳十字路往矾山、蒲门，西南顺谢客岭蜿蜒至犁尾棋、虎啸亭往福建前岐，或在谢客岭头分道王家山经蒋阳、五岱（嘉同）至分水关。

民国《平阳县志》载图

三、桥墩域内的其他驿铺

明隆庆《平阳县志》记载桥墩域内的驿铺有四个，即象口铺、泗洲铺、大源铺、分水铺。与民国《平阳县志》对照，多了一个大源铺。大源铺设在何处？其他各铺情况如何呢？

1.大源铺

碗窑焦滩对面有一条古山岭，名叫金瓮岭。走三四里路光景就到小源村（属桥墩镇），老地名为"大源坝"。大源坝自然村如今有居民五六十户、二三百人口，多数是畲族，入迁时间距今已有300多年。古岭由此往前，经小垟、陈罗垟、蔡垟山便到达分水关。至民国间，平阳北港的羊客赶羊下福州贩卖，仍走这条道。

在明代及以前，松山集市未形成、大桥未建，（平阳）南门干路后段，从象口铺到分水关陆路需走山里的古道。自水头公馆（象口铺）向北，经苦竹下、金山、四门碓入象源内至石狮宫，再往南岙赤岭脚，上山岭经田头岗、摸龙巷、龙尾井到凤岭。自凤岭经李家山可至焦滩碗窑到大源铺，也可以自凤岭上龙船田、过玉苍暗井下腾垟至碗窑到大源铺，然后再从大源铺往小垟、陈罗垟、蔡垟至分水关。

如从平阳北港过来，则过青街阳半岭（属腾垟），经腾垟岭下碗窑到大源坝。如在碗窑分道往下垟到矴埠头，则上柯节岭至石湖垟（属泰顺），也可以到分水关，但路程要比前者远了很多，而且需过境泰顺。

如从灵溪浦亭方向而来（不经水头象口铺），可经

南岙赤岭脚古道石桥

丽湾、南山、下岙至金泗洲亭，过猴子墓、大弯到龙船田，下滕垟、碗窑到大源铺。

由此可见，大源铺是水头公馆至分水关的官道上一个重要节点。上节引用的明代项乔《新建平阳水头公馆碑记》文中记述，"闽浙两藩官使之有事者，必由之地南行而大源铺、而福宁州，以通我闽藩"，就是最好证明。正是这条山里驿道的存在，才需要在较为偏僻的大源坝设置大源铺。铺址当在大源坝，但具体位置已无从考证。大源铺的设立，就排除了早期驿道绕行桥墩石鼻头、发凤头往南山头，或经白石、后庵到分水关的可能；同时，证明经五里亭、陈树枫至关帝庙的松山古道在较迟的年代（清初）才开通。

2.泗洲铺

该驿铺当设于泗洲禅院内。民国《平阳县志》（《卷四十六·神教志二·寺观建置》）记载："泗洲禅院（一名感应寺），在小玉沙（旧志作松山），唐时建，清乾隆间僧普范、道光甲辰俱重修。"经实地探寻，此寺原址在小玉沙（今仙堂村），在桥墩水库溢洪道消力池旁发电洞口上方，建库时毁。1990年重建，移寺择址墓林山腰。

以"泗洲"命名的寺观，桥墩境内别无他处。泗洲禅院所在的小玉沙，也是人迁桥墩最早的黄氏支族居住地，且位于松山集市上游山边。在松山集市未成、大桥未建之时，于泗洲禅院内设置驿铺，也属顺理成章，且不乏先例。《福宁府志》（《卷八·霞浦公廨》）记载："（霞浦）公馆，（州志）旧在资寿寺内，与南禅寺内公馆同。正德七年，知县项智建建于城东，嘉靖九年徙建于南察院，今废。"前节所述《平阳县志》记载的水头"象口铺……官使无憩息之所，皆舍于乡民许廷器于兹有年矣"，也是例子。在那些朝代，因穷困落后、山高路远，公馆、驿铺设在寺观或借用民宅都是合乎情理之举。

再说，据明代温州学者姜淮编著的《歧海琐谈·温州路驿》记载，平阳最早在宋代时设钱仓、松山两驿，松山驿就设于泗洲禅院，明清时沿用前朝官驿作驿铺是最恰当不过的了。

3.分水铺

分水关关隘原是闽国为御吴入侵而建，关内（南向）属福建，关外（北向）属浙江，平阳辖地至关外的分水岭止。可想而知，平阳县的驿铺只能设置在分水岭内。分水关内的驿铺当然是福建方面所设，有史志记载可证。清乾隆二十七年（1762）所修《福宁府志》（《卷八·福鼎公廨》）记载：福鼎"廉江里统都二，十八都、十九都。分水公馆在十九都"。还记载（《卷八·福鼎铺舍》）："水北铺，半岭铺（今裁），分水关铺，以上北路与浙江平阳交界。"

自松山至分水关，路经岩角（旧有沿角亭，在原桥墩区公所旁）、石鼻头、五里亭、陈树枫、关帝庙到分水岭，史称松山古道。关帝庙村是离分水关最近的自然村，因官道边的关帝庙而得名。在关帝庙路口，向东到五岱寮通五岱嘉同、蒋阳，向西去蔡垟山可到陈罗垟、小垟至大源铺，向南上分水岭约1里到关口。往关口的官道宽敞而平缓，遗存古道宽达2米。毫无疑问，关帝庙村是设置分水铺的最佳地点。据清康熙《平阳县志》记载：分水铺"东、西、北各十二弓，南十一

关帝庙往分水关的官道（宽2米余）

弓"。旧时每弓为5尺，可折算分水铺占地约为0.51亩。

关帝庙村，规模在旧时来说亦属可观。据现场考察，旧有街道遗址300多米长，其中两边都有房屋门店的是200多米，半边街百余米，共有百余间房子。据潘姓老人（83岁）说，他家就在关帝庙旁边，整条小街道一直延续到20世纪60年代。

关帝庙旁的街道遗址

关帝庙正殿及两厢

关帝庙正殿三间，两边建有厢房。古庙始建于何时已无从考证，因关帝灵验，有信众敬献石香炉，石香炉上刻有敬献的时间——清嘉庆十七年（1812），可见古庙很有年头。古戏台与正殿相对，有趣的是松山古道正好从关帝庙戏台的位置穿过，不演戏时，戏台如同路亭，驿道穿中而过；一旦要演戏，可临时搭架台板，构建戏台，驿道绕行台前，体现了古人的超群智慧。该庙于2004年7月被公布为县级文保单位。

四、现存古道及其开发利用

前节所说的明清县道（官道），在桥墩区域有两段干路、四条支路，这些年来因修建公路、康庄路大多已被毁坏，目前仅存以下部分路段。

一是西门干路中，（平阳北港）戈场经天井阳往（横坑）泰顺交界段；其支路自潮岩过腾垟阳半岭、莒溪市至水洋格岭（今称坡沙岭）为泰顺县界，今存自莒溪经柯岭、坡沙岭到大格（隔）段古道；或走白水漈、半岭炉经坡沙岭到大格，大格是莒溪入泰顺唯一路口。

二是南门干路的最南段中，桥墩陈树枫至关帝庙、分水关段；更早年代的（南）水头（象口铺）走象源内石狮宫方向，自南畚赤岭脚至凤岭段和大源坝至小垟、陈罗垟到蔡垟段；南门干路支路中，矴步头经棋盘岭至泰顺县界段；观美街经黄檀坑底上马家阳岭至粉坪，沿谢客岭至犁尾棋、虎啸亭去福鼎前歧，其中的马加阳岭、谢客岭路段。

桥墩域内明清民间古道共有五条，其中双屿门至前歧古道、五凤至矾山古道已经残缺无存，仅有以下三条古道还遗存部分路段。

一是《桥墩志》所记观美古道（从水头古港经观美即双溪、桃湖、黄檀口、黄檀底到五岱嘉同）中的黄檀底至八亩后路段，长三四里；黄檀底至凤村路段，长四五里。

二是桥墩至福鼎前歧古道（自桥墩经斩龙隔、五岱寮、埕内、蛤蟆石隔、上畚、嘉同、坑口、浦尾至黄仁、前歧）中的乌岩至斩龙隔路段，长四五里。

三是南山头古道（自桥墩石鼻头经发凤头、土地公坪、南山头至竹脚内）中的石鼻头至南山头路段，约十里。

还有一些史志未曾记载的民间古道，如后隆山兜墩至云迷山矴步古道（俗称后隆岭），坳下直坑岭脚至天井村古道等。

总之，现存的明清古道是难得的旅游资源，不少乡村都在积极谋划进行修整或者规划开发，以满足当地群众的健身需求；同时，这些古道路段仍可以车、步结合的方式开发古道特色游，并发掘其历史文化内涵，与现有景点统筹配套，最大限度地挖掘发展潜力，打造本地区的特色文化旅游线路。

（2018 年 8 月 23 日）

（本文载于 2018 年 8 月 29 日《今日苍南》）

桥墩双溪流历史初探

据民间传说，桥墩平原在历史上曾经是双溪围绕。果真是这样吗？根据相关史料和实地调查，本文作初浅探讨。

一、桥墩在古代曾是舟楫通行的水域，至宋代仍可自钱仓乘船直达桥墩

桥墩古称松山，西晋时松山人周凯治理"三江"水害有功，永康年间抗洪献身后，"邑长思其功，号其里曰平水里"，村前溪流即为平水溪。明弘治《温州府志》（《水利·平阳县·诸乡水道》）记载："平水至黄浦而达于江。"清乾隆《温州府志》（《山川·平阳》）也记载："平水溪在县西南归仁乡三十六都，合涧谷诸溪，经县西南八十里松山下，接泰顺与闽界之分水岭水，东北流合于钱仓江。"可见，平水溪就是现在的横阳支江。

何以证实平水溪在宋代时仍可通行舟楫、直达桥墩呢？

一是桥墩平原的自然地理与人文聚落状况，说明古时曾经是汪洋水域。

桥墩平原是冲积平原，平原中间的寨仔顶山自然成了"中流砥柱"，其上游形成的沙滩演变成如今的集镇，集镇上游的大玉沙青潭在20世纪中叶仍有数丈之深，下游的后隆溪滩尽是野地荒滩，两岸外的淤积地至明清时才陆续开发，或为人居村落，或为耕地良田。

平水溪畔的松山小玉沙（今仙堂村），是桥墩最早的迁徙聚落地，今为桥墩水库大坝所在地。始建于唐代的泗洲禅院原址就在大坝一侧的西山，位于溢洪道消力池旁发电洞口上方。最早入迁松山小玉

沙的黄氏于唐末宋初迁入，多数姓氏迁入时间都在明末清初。桥墩集市最初形成于明代，松山八角桥始建于明万历年间。

据民间传说，小玉沙对面的新村潭边，掩埋在砂砾下的岩壁刻有"玉沙潮落客停舟"的诗句。桥墩水库扩建加固工程开挖水平面至溪床岩基最大深度为47.03米，平均深度38.38米。当今南岸一带的官溪、南岙、柳庄、黄檀口等村，挖到水平面以下1至2米时便都是涂泥（俗称江泥）。所有这些情况，都印证桥墩古时曾是潮起潮落、舟楫通行的水域。

二是清代的地方史志和名人诗文中仍有平水"达萧家渡，可通舟楫"的记述。

清乾隆《平阳县志》（《卷二·地舆·分水山》）记载：分水山"在县西南百里，连松山，泉出陇上，东西分流，以限闽浙。……自福宁来者，由此水以达钱仓，名平水"。

清代林鹗（1793—1874，泰顺人）、林用霖编纂的《分疆录》（《卷一·舆地上·山川》）中，对分水山作如下记述："山左为平阳，右为福鼎，前为松山，后为八都诸村，山腰凹处为关……山下村名平水，达萧家渡，可通舟楫。"

清代黄式苏（1874-1947），乐清人，曾任福建泰宁、宁德等县知事。其诗《自平阳鳌江至桐山道中作》云："潮痕处处啮沙堤，烟树江南一望迷。夜雨孤舟村外路，疏疏灯影认灵溪。"记述了他往福鼎时乘船途经灵溪的情景。

《苍南县水利志·河道与治

清乾隆《平阳县志》中对分水山的记载

理》也记载："建国前，横阳支江与鳌江直通，东海潮汐到达桥墩平水溪口（今平水溪汇入横阳支江处，即后隆村），从鳌江候潮乘船可直达灵溪。"

三是宋代平阳仅设钱仓、泗洲两驿，南宋诗人陈与义、陆游等舟楫来往的经历是最直接的证据。

据陈彤、光明人家等研究，宋代之前，平阳无设驿记载。入宋以后，平阳始设钱仓、泗洲二驿。南宋诗人陈与义（1090—1138）在宋高宗即位后由广东、福建转至临安任吏部侍郎，绍兴元年（1131）由闽入浙北上，路经钱仓，留下《泛舟入前仓》（前仓即钱仓）诗："曾鼓盐田棹，前仓不足言。尽行江左路，初过浙东村。春去花无迹，潮归岸有痕。百年都几日，聊复信乾坤。"诗中记述的就是过浙东村（当指松山村）走水路乘船到钱仓的情景。

南宋著名爱国诗人陆游（1125—1210），越州山阴（今绍兴）人，初仕宁德主簿，于绍兴二十八年（1158）一二月间受命前往就任，由浙入闽走的也是这条路，沿途写了《戏题江心寺僧房壁》《泛瑞安江风涛贴然》《平阳驿舍梅花》三首诗，其中《平阳驿舍梅花》写于平阳驿舍。其诗云："江路轻阴未成雨，梅花欲落半沾泥。远来不负东君意，一绝清诗手自题。"已有学者撰文证实，陆游的《平阳驿舍梅花》诗是在松山的平阳泗洲驿所作。

宋代诗人林仰，长溪（今福建霞浦）人（一说侯官人），宋高宗绍兴十五年（1145）进士，曾知海盐县。其《松山》诗曰："梯尽瓯闽万叠山，山中喜见浙中天。好抛灵运崎岖屐，直上林宗散诞船。旷野夜收山柘雨，平湖晓浸芰荷烟。宦游惯作东吴客，相望何人立水边。"诗中的"散船""平湖""水边"诸多语词也都印证了当年桥墩临江的景致。

明代温州学者姜准编著的《岐海琐谈·温州路驿》载："（宋）温州在城曰待贤驿、来远驿；宜春门外、华盖山下曰容成驿。……瑞安县曰来安驿。平阳曰前仓驿、松山驿，皆自浙入闽之道也。"《温州邮电志》也记载："宋代，温州的驿馆有城内的待贤驿，……南路则经瑞安的来安驿、平阳的前仓驿和松山驿直达福建。"

宋梁克家纂《三山志》（《卷五·地理类·驿铺》）载："（福）州，南出莆田，北抵永嘉，西达延平……"此中的"北抵永嘉"一路，是从闽县至连江的温泉驿、陀岭驿，罗源的四明驿，宁德的飞泉驿，霞浦的盐田驿、温麻驿再经倒流溪驿，到福鼎的白林驿、桐山驿，最后过分水关到温州平阳北上。《三山志》曰："白林驿，县（指长溪县）东北百里，去桐山五十里，今废。只憩天王院。""桐山驿，去泗洲驿二十五里，今废。只憩栖林院。……过分水岭。"

以上两地史志所载宋代闽浙边界的驿站情况完全一致，且平阳只有钱仓驿、泗洲驿。泗洲驿即松山驿，设在松山小玉沙唐代所建泗洲禅院内，当时对路远驿少的驿道常在寺院辟舍以补驿之不足。再者，就两驿的距离而言，也符合宋代两驿间路程一般为五六十里的规定。后来的平阳至分水关陆路驿铺是明清时所建，宋代时平阳山区人烟极为稀少，钱仓驿至泗洲驿不可能有陆路驿道，水上交通是当时的唯一选择。

二、桥墩双溪状态大约始于元明，止于清初，官溪后隆大堤使桥墩平原溪流合二为一

桥墩双溪之说不仅口头流传，也见于本地诗文与史料。莒溪清代诗人刘眉锡（1749—1823）《平水桥》诗中有"双溪风缦缦，两岸柳阴阴"的文句，并有"旧有双溪今合为一"的原注。可见，桥墩确有过双溪历史，但其写诗时双溪情景已消失。

双溪历史的另一证据是建有双溪庵，地址在桥墩桥头山（又称蛇山）山脚往教堂道路的左侧（新村方向），已毁。在首修于清乾隆二十年（1755）的《丁氏回族宗谱》中，所载（横街）店基四至中有"左至双溪庵"的记述。该谱还记载："喜赠双溪庵田额""田二十亩，坐本都陈罗洋；田九亩半，坐本都关帝庙脚""园一亩，坐三十六都金山头""店基十九间，坐三十六都横街"等，足以证明桥墩曾建有双溪

庵，且规模不小。桥墩新村郑氏于乾隆四十四年（1779）所编《鹅峰郑氏族谱》载《新村祖厝、祠堂基图》中，画有"丁家墓""双溪庵"图形、文字及方位，同样是桥墩建有双溪庵的确凿证据。

1.双溪是怎样形成的

平水溪在桥墩上游有两条支流，北边一条源于九峰山，长达30余千米，今称莒溪；南边一条源于分水山，长约9千米，今称桂兰溪。自西晋永康间周凯故里被名平水里、平水溪，至明代松山初有集市，时间相距千余年。由于寨仔顶山在平水溪之中的阻拦，使上游冲积地连接到仙堂山，下游淤积至后隆、马渡，自然就将平水溪一分为二，演变成双溪。

明洪武年间迁入松山的曾氏，其祠堂在集镇中的小松山旁（面向鹅峰山），传说其风水是"七星落地，半月沉江"，描绘的是小松山前面（集镇西与西北向）有七个被水环绕的土（石）墩，西向水面可见月亮下山的倒影。这说明寨仔顶山西侧的冲积地当时还是片片荒滩显露在水域之中，平水溪水域已逐渐被冲积形成的滩涂所分割，这应是向双溪状态演变的实证。

如今，小松山西面的龟仔山、大路弯、荡底一带地势仍然低洼，一遇暴雨就先成一片汪洋，一直延伸到大龙九峰山下；九峰山脚至南山山脚一带的一些烂泥田，竹竿插下去也难探到底；下游的官溪、南峇山边以及集镇东向的柳庄山山前一带地势更低，这无疑是沿山脚而行的古河道遗址。

松山集市形成后，北边的莒溪成为明清时三十六都与三十七都的分界，并建有松山八角桥。百年前还称之"港仔头"的来水，流经集镇中间的天灯水闸头，在寨子顶山崖下向东南注入南边的桂兰溪。桂兰溪当是经九峰石鼻头下，顺南山山脚，经乌岩、峇底山边及柳庄山前，至黄檀口与黄檀溪汇合，在马渡、埔尾一带并入主河道。黄檀溪的部分水流，至今还是从黄檀口向南倒流至柳庄和尚河头后，再转向后隆与马渡村界浚沟折向东北汇入大溪。以上这些都证明桂兰溪古河道是沿南山、

后隆旗杆墓墩

柳庄山山脚而下的。

后隆村百姓至今还流传船穴风水说，称后隆、马渡是一条"船"，上游连接到九峰山的堤塘是"船缆"。有趣的是后隆村也有七星墩之说，七个墩分别是永国寺前的和尚墩、旗杆墓墩（墓前今存旗杆座）、大沟口墩、中头墩、后门陇墩、垟心墩及山兜墩等，全都分布在后隆、马渡两村朝柳庄山一侧。这些也都印证了桥墩平原双溪的演变过程。

2.两溪的汇合点在哪里

据清乾隆《温州府志》（《卷四·山川·平阳》）记载："桃湖，在县西七十里，当江，下入南港，上接松山平水。"可见，两溪的

桃湖古渡口

汇合点是在桃湖上游附近。

桃湖上游的瓦窑头与对岸的岩尾至柳垟地段，是两岸山体最窄处，也是桥墩平原与观美、水头平原的接合部，其形状就像葫芦的细腰。从自然地理看，该地段成为两溪汇合点是符合逻辑的；同时，两溪在此汇合才使桥墩平原呈现双溪状态。由于黄檀溪的汇入点就在柳垟对面的浦尾，这地段其实也是莒溪、桂兰溪和黄檀溪的三溪汇合点。如今，该处只有整治后的横阳支江与黄檀溪两溪汇合，但汇合处的河道仍宽达六七十米。

在这段柳垟到岩尾的大溪水底，过去曾有什么发现呢？这地段溪底全是石英砂，20世纪六七十年代时群众在柳垟石鼻头河床挖沙，挖沙深度达到八九米，终被政府禁止。浦尾的颜姓老人（84岁）和柳垟的陈姓老人回忆，年轻时在浦尾潭游泳、潜水，看见过水底有石坝、大树桩，20世纪70年代建埔尾石桥，曾采挖溪底大石条筑两岸的桥墩。民国时后隆村中头水碓的轮杠（水轮机大轴），是用后隆潭水底挖上来的古樟树做成的。前几年，桥墩又有人在瓦窑头大溪底下挖出直径2米、长

三溪汇合处河道

10米的古樟树。水头百姓世代流传一种说法：水头古港（汤家渡）埠头在宋代时是二埠，其下埠在今下埠村（因埠而得名），头埠则在桥墩的柳垟石鼻头。如此等等，都印证着这段河道的不平常历史。

3.双溪状态因何消失，何时消失

双溪消失的原因是桂兰溪筑了堤塘，使溪流自校场垟（原桥墩国营茶场）开始，经官埭头沿着后隆溪滩向北急转弯，至后隆中头处汇入大溪，此处在桥墩大桥目视范围内，相距仅四五百米。这条堤塘使桂兰溪南边与东边的上千亩耕地免遭洪水之害，并且沿用至今。

桂兰溪堤塘，民间又称"官埭头堤塘"。从称呼可以看出，堤塘是官府所倡修。始建时间，当在清初。据明隆庆《平阳县志》（清康熙增补本）记载，清康熙九年（1670）建"桥墩门新寨，系隘要险汛，左营千总一员，兵丁一百名防守"。寨址在寨仔顶山，山脚处的校场垟位于桂兰溪畔，范围自广坊到官埭头石桥。校场垟应是桥墩门新寨的练兵场，官府有建塘护场的必要；同时，校场垟东首的官埭头桥西通桥墩集镇，南接乌岩岭可到五岱、分水关，东过后隆岭往华阳、矾山，也可往

官埭头堤塘

北到观美、灵溪，是桥墩旧时交通要道。

再从周边村落居民入迁情况看，除后隆丁姓与雷姓、桥墩林姓、官溪许姓、黄檀口陈姓在明末迁入外，其余各姓都是清代迁入。桂兰溪南侧滩地的垦植开发应是清初方始，官埭头堤塘当是清康熙间所筑，最大可能是清康熙九年（1670年）置桥墩门新寨后，由驻寨官兵倡修。对于生活在乾隆年间的莒溪诗人刘眉锡来说，他写《平水桥》诗时，"双溪合一"的状态已经形成数十年了。

需要说明的是旧时所建官溪、后隆堤塘，质量不高。从民国遗留下的堤塘看，原本只修到后隆桥头下游几十米处。再往下游的后隆中头、官塘尾至马渡、浦尾等三四里长的地段，都是利用高坡水竹林挡水，任溪岸自然崩塌。这千百年遗存的数里长的奇特地貌，其实就是南北双溪冲积形成的水中高地，与前面所述民间的船穴风水说高度吻合。至20世纪七八十年代时，政府开始筑塘砌石，近年又建造溪岸公园。

4.莒溪与桂兰溪的溪名何来

作者推测，莒溪之名应出现于宋代，因为宋时才陆续有人聚落莒溪，包括北宋开宝年间名僧愿齐之徒建造普照寺，出过柳梦周（宋嘉定十年进士）等三进士的柳氏家族入迁居住等。莒溪之名的来源，或许是某个望族名人引用"勿忘在莒"的典故，取其不要忘本、卧薪尝胆的寓意而命名。桥墩出现双溪后，发源于泰顺与闽界分水岭之水被称为"桂兰溪"，应是因它位于莒溪之南而称"莒南溪"。桥墩是闽南语地域，闽南语中莒南溪与桂兰溪完全同音，因"桂兰"两字寓意更好便自然替换了。由于平水溪年代久远，称谓有所淡出，莒溪、桂兰溪的名称便逐渐成为今时的称谓。

三、观美水头的水道变迁与古迹遗存，印证了双溪合一的自然地理变迁

据桥墩柳垟村老人回忆，相传柳垟石鼻头旧有后江，是桥墩大溪一部分汇合柳垟溪之水，入冷水宫河（冷水宫为桥墩柳垟与观美岩尾交

界）、溪边河，过水头石佛寺前的大石桥后，至姜相公、水头街和象源溪来水汇合，于围内（小地名）入港（横阳支江），石佛寺前残留河道至今仍宽达30余米。

冷水宫河

在岩尾、溪边对面山脚下的桃湖，据民国《平阳县志·舆地志三》记载："为松山诸水所潴，湖水自桃林中东北流出奥口。"清乾隆《温州府志》（《山川·平阳》）也记载："桃湖，在县西七十里，当江，下入南港，上接松山平水。"1961年，380米长的柳垟分水坝建成后，又对横阳支江疏浚加固、裁弯取直。由于桃湖垟地势低洼，政府于1979年建成桃湖、观美机电排涝站，在汛期抽水排涝泄入横阳江。

从以上情况可见，观美平原也曾出现过南北两边都有溪流环绕的状态。

溪边河

公馆桥遗址河道（今宽30余米）

在水头街街后,历史上也曾建有双溪庵。民国《平阳县志》(《神教志二·寺观建置》)记载:"双溪庵,在水头街后,明弘治间建。"

观美、水头平原还有"五猪落槽"之说:水头的草田山、北山、秦岙山、岭前山和观美的西山,形同五头落槽争食的大猪,那猪槽便是大江水域。当地诸多带"岙""屿"的地名,如南岙、金岙、秦岙、双屿等,都是海边村落留下的印记。

近代的观美、水头仍是大面积水域的河网地。北山村黄姓老人(82岁)说,当地有俚语:"金山面前水三曲,葫芦烟包三把须。"说的是从水头象源内往外走要在金山埠头乘船,三条河如同烟袋(荷包)上的三把须:北山山边一条河,下坑源汇入沪山内河。中间一条河去水头(街),直下下埠、坝头,入灵溪龙船河通大江。他幼年时潮水涨到水头街,可乘船去鲸头,端午节祭江、划龙舟都在这条河上进行,河面宽约上百米。上首一条河,沿金山、苦竹下流至姜相公,与石佛寺前的大河合流到围内入大江。作者曾到姜相公亭边的旧河道观察,姜相公桥左桥头至今残存石板桥柱三档,每档跨度三四米,右桥头被土掩埋不明所处,可见古桥规模宏大。还传说石佛寺前的公馆桥,桥下可驶三桅杆大帆船。

清乾隆三十年(1765)任平阳知县的何子祥(1707—1771),将在石佛寺前所见的水道景观写入他的《南和书院记》(民国《平阳县

姜相公石桥残留的桥墩

志·学校志二·书院》），可谓是观美、水头平原河道状况的史证。其文曰："……水则仍从大玉仓汇桥墩各山涧诸水，波清澜紫，蜿蜒合流于伏鹰山前，初成璧而成珪，既如练而如带，将往欲流，已逝仍返，然后悠悠从大石桥入大河而达于海也。其关锁大河毋令一泻者，则为灵溪、黄浦、萧家渡、钱仓渡诸山，崖岸自雄、武夫介胄，守隘猛士戈矛厄险也。空冥离立，神人姑射，绰约帝子北渚愁予也。或则天马嘶风，烟霞蹴踏；或则巨鳌出海，岳峙动摇。客艇官舰，乘潮往来；风帆云樯，随湘隐现。千态万状，悉可从此而领略之。"

上述观美、水头平原的水道变迁与古迹遗存，进一步印证了桥墩平原双溪流的历史及其自然地理的变迁过程。

（2019 年 4 月 27 日）

（本文载于 2019 年 5 月 13 日《今日苍南》）

读志看图话松山

松山是桥墩地名的古称，同时又是五岱山脉的山名，且在不同朝代其地域范围、百姓户口、山峰称谓等有所不同。依据史志相关记载，对照《温州古旧地图集》，作如下探讨。

一、松山地名来源与地域范围

松山地名的来源，说法有二：一是传说桥墩黄氏先祖于唐末宋初自闽长溪迁入，因居地依山傍水、松林茂密而名"松山"，也有传说以黄氏老家松山地名号之。二是明弘治《温州府志》所载"松山……其土宜松。又曰五公山，俗传钱令公入闽，五子从行，尝宴于此"，清乾隆《平阳县志》记载"松山……又名五松山"，或是以五公山—五松山—松山为过程演变而来。两种说法，难分伯仲。

宋代始置松山驿，是松山地名最早出现于官方文献的时间。明代温州学者姜准编著的《岐海琐谈·温州路驿》记载："（宋）温州在城曰待贤驿、来远驿；宜春门外、华盖山下曰容成驿。……瑞安县曰来安驿。平阳曰前仓驿、松山驿，皆自浙入闽之道也。"宋代诗人许景衡（1072—1128）的《分水山》诗，有"平水松山入望来"之句。宋高宗绍兴十五年（1145）进士、海盐知县林仰，也曾写《松山》诗。明弘治《温州府志》记载"松山镇……为西镇，有松山市"，弘治前所建连接集镇两岸的石桥原名"松山八角桥"。由此可见，松山地名始于唐末宋初，宋代时已得官方认可，普遍使用。

松山地名延续到何时呢？清顺治三年（1646）设置"桥墩寨"，是桥墩地名最早见于官方文献的时间。清康熙九年（1670）设置桥墩门新寨，又现桥墩门地名。松山地名大致自宋代起到明代，历经600余年。自清初开始，桥墩、桥墩门地名逐渐取代松山地名。当然，地名的更替是个漫长的过程，直至清末时松山地名民间仍有使用。如清代莒溪诗人刘眉锡（1749—1823）所写《松山》诗，就有"我过松山下，相思道未亡"的诗句。有趣的是清康熙二十四年（1685）原刊本《温州府志》卷首图中，标有"桥陡门"字样，闽语中"桥陡门"与"桥墩门"同音，桥墩门地名来源是否还与陡门有关，现无从考证。

松山的地域范围有多大呢？地域范围在不同朝代是有变化的。明代设松山镇，跨三十六、三十七两都之地，可见宋末明初时松山的范围当为今桥墩、莒溪两镇及灵溪镇水头、观美社区部分地域，更早时候的地域范围应当还更大一些。

松山域内有多少户口呢？我国自古实行乡里制，秦汉时期乡里制已趋完善。至唐代，县以下地方基层组织为乡、里、邻保，每里百户，五里一乡；里之下设邻、保，四户为邻，五邻为保。宋初一乡一里，乡、里合一；宋熙宁新政时期行保甲制度，十家一小保，五十家一大保，十大保为一都保。元代改坊里制、村社制，农村五家为邻，五邻为保，五十家为一社。到了明代，建立乡、都、图（里）的地方基层组织，一百一十户为里，每里之下置有十甲，每甲十户。清代延续了宋、元、明时期的里社制与保甲制。

根据清乾隆《平阳县志》（《贡赋志·图里》）记载："明原额通县设隅一、都五十五、镇二、图二百五十二，每图立十甲，每甲储田三百亩充里一名。"明弘治《温州府志》（《邑里·乡都》）记载，"归仁乡……旧里名九：松山、桂岭、唐夏、玉峰、湖边、八丈、项岙、鹤程、高阳。"按照明代的乡、里规制推算，明初之前的旧松山作为归仁乡的一个里，户口当在百户上下。平阳县"弘治，户二万七千一十五，口八万六千一百六十二"（民国《平阳县志》载），如果按明原额二百五十二图平均计算，每图（里）仅107户、342人，而松山地处偏僻山区，聚落更小，丁口更少。

更早的宋代实行"一乡一里，乡、里合一"。宋绍圣年间，平阳县"主户一万一千二百六十，丁二万五千五百四十二；客户一万五百七十六，丁一万一千二百三十"。可以推测，宋代松山的民户、丁口还不及明初松山的百户人家。

到明代中期，编纂于弘治年间的《温州府志》记载："三十六都，平水、莒溪、浦口（民国县志称无考）、滕洋，一图。三十七都，松山、分水，一图。"此时，旧松山境内的三十六、三十七两都已有六个村庄，共编二图，民户当增至200余户。此时的松山村与分水村编为一图，共有百户上下，松山村也只有半百人家了。

根据民国《平阳县志》记载，归仁乡"三十七都：分水关（旧作分水）、矿步头、下阳、焦滩、小玉沙、桥墩（有市，旧设松山镇）、焦坑、蒋阳、五岱山、凤村、犁尾棋、黄壇底、黄檀口、马渡、陈罗阳、小沿、关帝庙（以上新增，旧志有松山村，今自桥墩以下至犁尾棋皆为松山地）"。这些记载告诉我们，明代中期的松山村地域在今桥墩镇的五凤、黄檀社区（片区）及松山社区范围，分水村则大体在大龙、碗窑社区一片。

二、平水地域与浦口地名

根据明洪武年间御史宋濂（1310—1381）的《横山仁济庙记》（明弘治《温州府志》卷十九）记载，周凯治理三江水患，于永康元年（300）殉难，"邑长思其功，号其里曰平水里，建祠尸祝之"。可见平水里地名出于晋时，早于松山地名。

最早的平水里范围有多大呢？明弘治《温州府志》（《山·泰顺县》）记载："分水山……与松山连。泉发岭上，东西分派以限闽浙。……自福建来者，困于陟岭。至此山下，地名平水，始通舟楫以达前仓江。"该志（《山·平阳县》）还记载："松山，其土宜松，又曰五公山……平水在岩麓。"可见，最早时松山、分水山山麓、山下区域通称平水，古平水的地域范围至少涵盖今桥墩镇、莒溪镇地区及灵溪镇部分地域。认为平水仅是横阳支江桥墩段北岸原三十六都地域是不对的，横阳支江古称平水溪，源于分水山、沿南山山脚流经官溪与后隆的桂兰溪至今仍称平水溪，就是这一带大溪两岸地域都属于平水的最好证明。

到了明代，古平水中的三十六都有平水、莒溪、浦口、滕洋等四村，三十七都有松山、分水等二村。此时的平水作为三十六都的一个村庄，地域仅包括民国《平阳县志》所载"桥墩（有市）、大玉沙、洪岭、金山头、柳阳及相公亭（作者疑属浦口）"而已。延至民国时，曾设平水乡。新中国成立后，是镇辖平水居（居民区），地域范围则变得更小了。如今百姓口中的松山，已变成桥墩电影院所在的那座海拔只有十几米的小山了。

这里需要探讨一下浦口村地名。明、清《温州府志》和各版《平阳县志》都将浦口作为平阳县三十六都的一个村庄来记载，民国《平阳县志》称"今桥墩北境称平水里，又有浦口村，今无考"。作者经查阅各志及实地了解，南港域内仅有凤奥浦口，今属灵溪镇五爱村，其地原属三十三都，与三十六都之间隔着一个三十五都，明、清各志在三十六都以外均无浦口村的记载。因此，浦口当是象口之误。根据有三：

一是象口之名历史悠久，且得官方认可。明弘治《温州府志》记载，平阳县三十六都设象口铺。民国《平阳县志》载称，象口铺岁久倾圮，官使无憩息之所，明嘉靖戊申年（1548）时，知县高灵湫捐俸在旧铺址建水头公馆。后废为寺，一名公馆寺，亦称石佛寺，旧铺址（即寺址）在南水头草田山脚。

二是明隆庆《平阳县志·山川》记载："桃湖在县南七十里，当江，下入南港，上接松山平水之处。"此记载印证桃湖对岸的岩尾、溪边及其下游的马路内、大埔（相公亭）等处，明代时不属平水村。再说平水村范围也已够大，自上游的凤岭、大玉沙到下游的柳阳冷水宫已有十余里路程；柳阳、岩尾处于桥墩平原与观美平原的交界处，也是横阳支江（即古平水溪）两岸山体最窄处，是天然的地理隔断。

三是旧时的都是按溪流划界的，水头象源溪（即状元溪）东侧的金奥、状元内（象源内）等为三十五都，象源溪西侧草田山周围的苦竹下、金山、南峃、翁家垟则与平水村同属三十六都，而地理位置与平水村隔着一座鹅峰山，客观上需要并且适宜单独建村，或是与相公亭（象口铺址）、马路内连片建村。地名自然是象口，因为山坳里头的地名是象源内，外头称象（源）口合乎逻辑。历代驿铺的称谓无不冠以地名，象口铺是象口村地名的最有力史证。

当然还有一种可能是三十六都仅有三个村，志书编纂者误添浦口而成四个村，这种可能性极小。在编纂史志中，一个都差错一个村的概率，比起村名差错一个字的概率，肯定要小得多。

三、松山通闽古道及其枢纽村落

松山与福鼎接壤，而福鼎县在清乾隆四年（1739）才建县。其地唐、宋时属长溪县，元、明时长溪县改称福宁州、福宁县，清雍正十二年（1734）升为福宁府，分设霞浦县，为霞浦辖地。乾隆四年，析霞浦县劝儒乡的望海、育仁、遥香、廉江四里置福鼎县，仍属福宁府。

翻开《温州古旧地图集》可以看到，松山地域有三条道路可入福宁（今福鼎）。

路程最短的一条是自水头街经岩尾、柳阳、桥墩门、陈流方（陈树枫）、关帝庙到分水关。据作者在分水关、大隔查询，当地李姓老人（81岁）等说桥墩至关帝庙、分水关这条路很迟才开辟，原先整条山沟都被各种藤、刺、树木包围，在"陈仓之乱"时（清顺治四年即1647）才砍出一条路。按此说法，该段官道当在清初所建。照常理，在省际的分水岭应尽早设置驿铺或公馆才是，但松山最早设置的驿铺是宋代的泗洲驿，在小玉沙泗洲禅院。明隆庆五年（1571）编纂、清康熙间增补的《平阳县志》记载的平阳县铺路，三十七都设有泗洲铺、大源铺、汾水铺，可见当时自小玉沙（泗州铺）往分水关要绕行大源坝、陈罗阳至汾水铺，这也印证了明代时经五里亭、陈树枫到分水关的官道尚未开

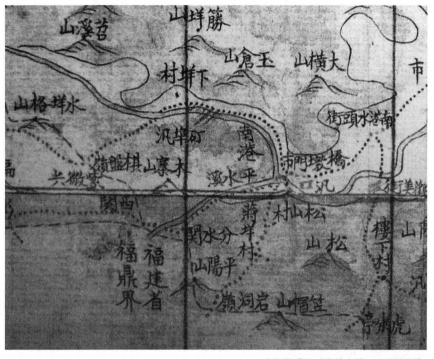

清光绪《温州府属全境二十里方图》

通；清康熙《平阳县志》记载三十七都设平水公馆、虎洋公馆（疑在罗垟），也是此段官道未通的证据。

那么，明代及更早时候自松山到福宁的古道从何走呢？古地图中路程较短的第二条路，是走乌岩岭，经焦坑、蒋阳、三十亩、岩洞岭往军营（地名）进入福宁；或在蒋阳分道到犁尾棋，入第三条路进福宁。

古地图中的第三条路，是从水头相公亭（象口铺）出发到观美街，（经横墙、坑底）上桐台岭（即马家阳岭）至粉坪村，经楼下村再至虎啸亭，或在粉坪沿谢客岭（在徐家山）到犁尾棋、虎啸亭往福宁。

根据《桥墩志》记载及实地调查，明、清时民间已在该三条官道干路或支线间修建若干连接线：有桥墩门经后隆岭至横墙（云迷山矸步古道口），观美街经桃湖、黄壇口至横墙，横墙经黄壇底到蒋阳，观美岭脚经长寨岭到粉坪，蒋阳经五岱山（嘉同）至分水关等，构成了三路连通的古道网。

在上述古道网中，除桥墩门市外，有两处并不显眼却很重要的村落，分别处于山下与山上道路的枢纽位置。

一处是山下的黄壇口村（今黄壇口、横墙一带，旧县志未见横墙村名）。自云迷（弥）山矴步古道口向西越后隆岭可往桥墩门市，或上乌岩岭到蒋阳、五岱山；向北至黄壇口分路，上去马渡、桥墩门，下往桃湖、观美；向南往黄壇底去蒋阳、凤村，也可在横墙分道上马家阳、粉坪。该村无疑是宋明间松山的重要交通隘口。根据清乾隆二十七年（1762）《温州县志》卷首《海防全图》、光绪五年（1879）《温州府海防营汛图》记载，曾设枫树湾口址，归属桥墩汛。枫树湾，今属黄檀村，毗邻横墙云迷（弥）山矴步古道口。当地留有古厝基、饮马池、万人冢等古迹，疑为民间所传杜一元帅剿灭大寨尾山寨的驻军之地。肖七、肖八带领民兵冲杀官军兵营（《桥墩志》载）而被百姓敬奉为神的故事，也源于枫树湾。

另一处是山上的蒋阳村（今属八亩后村）。蒋阳即今上岙隔邻近的前（钱）良，今之地名是蒋阳的谐音，其所处位置与周边的五岱山、黎阳、凤村、三十亩、枫树脚等村落位置，都与地图上所标位置相符合。苍南畲族钟姓梅源书阁支族始祖钟凤麟，于明末迁入“五岱中垟（蒋阳谐音）”结庐而居，始祖坟墓就在上岙靠焦坑方向的山边，也可印证蒋阳村所处位置。经陈树枫到分水关的官道未开通前，蒋阳无疑是通闽

清乾隆《温州府志》卷首所载《海防全图》

蒋阳村（今前良）

古道五岱山上的重要村落：向北往横墙、桥墩门或去桃湖、观美，向南往三十亩、岩洞岭去福宁，向东往凤村、犁尾棋合第三条入闽道路，向西经五岱山（嘉同）、金山（元设巡检司、明为镇守军营、清置桥墩寨）到分水关。明代入迁桥墩的居民，如后隆柳庄雷氏、黄檀口陈氏等支族，于万历年间自福建迁来，也是沿此道路进入黄檀口一带。

四、松山诸峰称谓辨析

关于松山诸峰称谓，民国《平阳县志·舆地志三》作了最为详细的记述，其文曰："分水山东为松山。松山（旧志在县西南八十里），高秀与玉苍山相亚（清《一统志》）。一名五公山（即五代山，旧志作五松山，今从省志、府志改正）。俗传钱令公入闽，五子同行宴此，故名。有镇西院（今在小玉沙），西壑（即小沿、陈罗阳诸山）之胜，俗传唐真人马湘与其徒王延叟炼丹于此，丹灶井臼尚存。山有巽峰（所在未详）、南峰（即南山一峰）、北峰（即黄壇底山）及莲花（在凤村北，今名莲花山）、覆釜、须弥诸峰（在处俱未详）。莲花峰上岩窦间有虎跑泉，仅一掬许；又有介泉（在畲客岭脚），其泉雨则缩、旱则溢，故名。其麓西北临平水（平水在西北），西南有金山（在分水关旁，为平阳、福鼎交界地），南有凝翠峰（吴承志云即自蒋洋村南至虎笑亭西之径）。高五里，绵亘十余里，跨平阳、福鼎二界，山顶平处曰南平（吴承志云即今犁头冈），西北有九峰山（即南山），上有烹茶井，泉水清美，吴越钱弘俶（钱俶）尝以中书令守永嘉，移镇闽中，与僧愿齐汲此井以瀹茗。又有一山若马鞍，曰文昌屿（在处未详），昔有吴僧庐此，能文，邑令沈悚呼之为文章师，因以名屿，或曰师即文莹也（旧志）"。

关于文中涉及的几座山峰，综合有关史志记载和实地查询情况，分述如下。

1.松山

史志记载"分水山东为松山（民国《平阳县志》）"，"松山，高秀与玉苍山相亚（清《一统志》）"，可见最初的松山是指分水山（分水关在处）以东、以南山头为主峰的五岱山山脉，其范围绵延至粉坪、马家阳。民国《平阳县志》（《建置志一·今乡都村庄表》）明确记载：归仁乡"三十七都……桥墩（有市，旧设松山镇）、焦坑、蒋阳、五岱山、凤村、犁尾棋……今自桥墩以下至犁尾棋皆为松山地"。

清代时的松山已与旧松山不同，范围明显缩小。清光绪十六年（1890）所绘《浙江省温州府总图》中同时标有五岱山、松山，同朝代的光绪十九年（1893）《平阳县图》所标"松山"的位置，在粉坪村西南、徐家山（谢客岭在处）之北、蒋阳村之东，东北毗邻马家阳山。民

清光绪十九年（1893）《平阳县图》

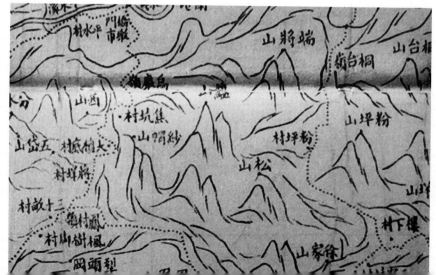

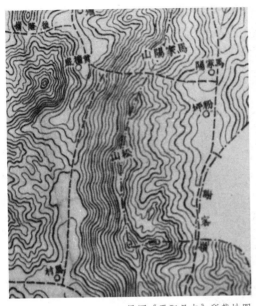

民国《平阳县志》所载地图

国《平阳县志》所载等高线地图的标识，与清光绪的《平阳县图》一致。

2.巽峰

民国《平阳县志》称："巽峰，所在未详。"然而，明弘治《温州府志》（《山·平阳县》）明确记载："松山，在县西南八十里，其土宜松。……平水在岩麓。金山，旧立镇守军营。巽峰，又名南峰。"该峰今称南峰寺尖。

3.南峰

民国《平阳县志》载："南峰，按即南山一峰。"该志所载等高线地图（民国四年即1915年编）也标识"南山"字样。此峰今称"南山""南山头"，主峰最高点在南山头大栏地方，20世纪70年代曾建民兵对空观察哨。

4.北峰

民国《平阳县志》载："北峰，按即黄壇底山。"五岱百姓称黄壇底村后山为黄壇底山，即今重（桐）台山，从古地图看在马家阳山与松山之间，处于此松山之东北。

5.莲花（山）

民国《平阳县志》载："莲花，在凤村北，今名莲花山。"作者实地查询时，据南山头箓匠王氏老人说，在谢客岭右侧山腰的九寮所地方，其左侧（华阳方向）与九寮所同山根的另一座山叫"莲花山"。

该志还记载："莲花峰上岩窦间有虎跑泉，仅一掬许；又有介泉（在畲客岭脚），其泉雨则缩、旱则溢，故名。"作者在粉坪请林氏九

谢客岭

谢客岭脚泉井（介泉）

旬老人实地指认介泉，泉井位于谢客岭脚（闽语中"谢"与"畲"同音），离粉坪至华阳公路约二三百米，至今常年不断流，仍可饮用。查看民国《平阳县志》卷一地图，此岭标注为谢客岭，山名为徐家山。此泉当是史志所载的介泉，但未访得该泉"雨缩、旱溢"现象。

又据清乾隆《平阳县志》（《舆地志下·山川》）记载："虎跑泉，在松山莲花岩窦间，仅一掬许。介泉，与虎跑泉共一山。"并附邑令赵天开《虎跑泉诗》。根据"两泉共一山"的记载，这里的山名、岭名与泉名可以互为印证、确定无疑，不过所载莲花峰上岩窦间的虎跑泉未曾访得。

6.覆釜、须弥诸峰

民国《平阳县志》载："覆釜、须弥诸峰。在处俱未详。"其实，覆釜即覆鼎。更早的清乾隆《平阳县志》（《舆地志下·山川》）记载："福鼎山，在县南百里，形如覆鼎，出群峰之上。有石基盘、仙人迹。"民国《平阳县志》（《舆地志下·山川》）记载："赤阳山东微南为覆鼎山，一名鹤顶山。新纂。按：旧志作福鼎山。"由此可知，覆釜即今之鹤顶山。

关于须弥峰，鲜为人知。"须弥"一词原是梵文音译，相传是古印度神话中的名山，须弥的意思是妙高、妙光、善积等，与佛教有关。作者推测须弥峰是与寺院密切关联的山峰。

据《桥墩志》记述："明弘治《温州府志》：圣寿禅院，在归仁乡嵩（松）山南峰（今称南峰寺尖——作者注），882年建（唐中和二年）。"宋元祐进士许景衡（1072—1128，瑞安人），高宗时官御史中丞，进尚书右丞。其《圣寿禅院》诗云："古寺重门里，四廊一径幽。水声常带雨，山色最宜秋。寓宿已多日，题诗更少留。此生随利禄，行路日悠悠。"他寓宿禅院多日，应是沿乌岩岭—焦坑—蒋阳官道步行来此，印证了南峰及建在南峰的圣寿禅院当时已有很大名气。就在南峰山麓离圣寿禅院（今南峰寺址）不远，有地名叫"云迷（弥）山"，百姓素来称此地山峰为"挂火山"，是民间斋醮神事取圣火之处。而且，附近有一处山头称"起祺尖"，善众于清道光辛丑年（1841）立"火德星君岩碑"。挂火山紧连南峰，如同须弥座（意为佛塔、佛殿的底座）托载着南峰，并且松山域内尚未发现他处有须弥峰，因此疑该处之山即为须弥峰。

起祺尖《火德星君岩碑》（林立谨摄）

挂火山疑为须弥峰

7.凝翠峰

民国《平阳县志》记载:"凝翠峰……吴承志云即自蒋洋村南至虎笑亭西之径。"按该志记述在地图上"对号入座"的话,当是凤村之南的林大寨山,今称"莲炉祭尾"。当地有斋醮神事大型活动时,都要到此山顶进行,是当地比较有名的山峰。疑此山为凝翠峰。

8.南平、钱王烹茶井

民国《平阳县志》记载:"松山……高五里,绵亘十余里,跨平阳福鼎二界,山顶平处曰南平。西北有九峰山(即南山)。上有烹茶井,泉水清美,吴越钱弘俶(钱俶)尝以中书令守永嘉,移镇闽中,与僧愿齐汲此井。"文中的"山顶"当然是南山山顶,因为只有南山头才高五里,与玉苍山相亚。山顶平坦是南山头的最大特征,别无他处。最平坦处的自然村今称"大坪",一处平地原有100余亩面积,加上后来平整土地发展茶园,二三百亩连成一片。

南山头大坪

史志所载松山之上"有（钱王）烹茶井，泉水清美"一说，虚实难考。不过，南山头确有两处泉水，当地百姓皆知。一处在大水洞地方，泉眼在顶后垟，水量充裕，今在下游坑沟建有饮用水工程（水库），向嘉同等村供水。另一处称"鲤鱼朝天"，在大坪南首一处小岩壁下，只一掬之水，但常年不枯。至于是否有史志所载的钱王烹茶井，今无从查证。

鲤鱼朝天

9.山若马鞍的文昌屿

作者考查认定该山是鹅峰山，为松山鹅峰书院所处。已撰《松山鹅峰书院考略》一文，不再赘述。

（2020年1月22日）

（本文载于2020年9月9日《今日苍南》）

桥墩糖蔗生产的历史与发展回眸

种蔗，是桥墩的传统产业之一，主要分布在原黄檀、水头、观美等乡镇的平原地带。蔗有果蔗与糖蔗之分。果蔗，俗称"甘蔗"，松脆可口，水分足，汁甜美，可作果品食用。糖蔗比果蔗坚硬，但蔗汁含糖量高，适合于榨汁煎糖。本地过去称之"爪洼"（闽语），只作为生产红糖的原料。

一、糖蔗生产和土糖加工的历史

根据季羡林先生的研究（著作《蔗糖史》），中国最早出现的糖并非蔗糖，饴、饧、锡、餹是中国糖族的最早成员。先秦时代，人工制造的甜品可分两类——饴和餹，多用米（包括糯米）和小麦、大麦等做成。其性湿、软的称"饴"或"锡"，其性稠、硬而较干的称"锡"，或写作"餹"。现今普遍使用的糖字，则相对晚出现。甘蔗饧的制作，不会晚于三国。甘蔗作为植物，历史记载一直不少，唯"蔗"字始见于汉，而先秦所用是"柘"字。这种植物最初是从外国引

桥墩后隆的甘蔗

种的，作为名贵品种，长期不见于寻常百姓家。到南北朝时，甘蔗的种植明显普遍起来，但限于南方。

中国本土蔗糖的制造始于何时，曾有汉代和唐代二说。季先生在广泛征引农书和各异物志乃至汉译佛经的基础上，指出蔗糖的产生时间当在三国至唐之间的某一时代，其中南北朝时期尤为可能。唐代经济文化繁荣昌盛，制糖业获得了蓬勃发展。

桥墩的糖蔗生产始于何时呢？清光绪《永嘉县志》记载："唐土贡蔗，皮色青紫，一种黄色者可煮汁为糖，名糖蔗。"可见，温州种植糖蔗已有上千年历史。而桥墩种植糖蔗的历史，始于清初。《桥墩志》记述："本地产芦蔗（竹枝蔗）、爪洼、福州青三种。芦蔗，清初随移民从闽泉州传入，粗似竹枝又名竹枝蔗……此种至道光间，作为生产红糖原料，因产量低今已失传。爪洼，糖蔗，多年生。1914年，王志靖从杭嘉湖地区引进，又称大竹蔗，枝高2.5米，围宽7-10厘米，生长快，含糖量高。……福建青，食用果蔗，松脆可口。何时传入无考，……产量只作本地食用。"

观美是桥墩糖蔗的主产区，也是温州糖蔗的主要产区之一。观美开始种植甘蔗始于明末，清初时大都栽种从福建泉州传入的芦蔗。后来，果蔗被水分多、质地松的青皮蔗取代，芦蔗成为制糖原料。观美的制糖业出现于清道光年间，据传当时桃湖有一村民，入赘赣南，学制糖手艺，后携妻儿回乡，发现观美普遍种蔗，于是从江西请来师傅搭寮制糖。从此，观美开始生产红糖，是桥墩制糖业之始。

民国三年（1914），观美人王志靖（号经珊）从杭嘉湖地区引进一批高产糖蔗——大竹蔗（俗称"爪洼"），枝杆粗，生长快，含糖量高。在观美试种，亩产竟高达6000多斤，于是大竹蔗得到推广。当时，每担蔗可售时币八角至一元，每亩收入48至60元，除种植费用（包括田租）大约30元，净利润达20余元，经济效益首屈一指。

民国五年（1916）春，以观美为中心，其西南沿横阳支江发展至桥墩后隆、官溪、马渡、黄檀、柳垟；其东北顺柳阳溪延伸至马路内、南水头、古港、象源内、坝头、坑元，形成大面积的糖蔗种植区。同年，王志靖筛选部分上等红糖参加温州农货展览会，因质地精细，甜度醇厚，深得各界赞誉。

民国六年（1917），王志靖在观美上街头创办温州改良精制糖厂。厂房落址观美郑氏宗祠右侧，占地约1000平方米，时工人20余人。生产的糖产品有白糖、黄糖、冰糖和赤砂糖。

民国十一年（1922），浙江省省长张载阳委派从日本东京早稻田大学政治经济科毕业归来的尤廷立，任温州改良精制糖厂厂长。民国二十二年（1933），该厂生产的平阳青上品糖名闻全省。故民间俗云："桥墩的烟茶，观美的蔗糖。" 该厂最终于1946年停业。

二、20 世纪 70 年代发展糖蔗生产的机缘

20世纪五六十年代农村合作化之前，桥墩区域虽无像样的糖厂，但民间种蔗绞糖之事仍在延续。作者儿时所见本地的后隆、官埭头、马渡等村庄，冬至时节都会搭建一两座糖埠绞糖（闽南语），那种绞糖所用的石碾，在后隆、马渡一带至今还可一见。根据1978年间的调查，糖蔗生产鼎盛时期，仅观美就有18座糖埠，年产量（加工）在20万斤（成品糖）以上。不过，终究是零星分布、自生自灭。农村集体化后，土地归集体耕作管理，因缺失政府的计划与引导，基层自然少有种蔗绞糖的条件和积极性，但也有个别大队、生产队尝试恢复糖蔗生产。

20世纪70年代，农业学大寨运动掀起，农村大搞农田水利基本建设，广大农民向荒山杂地要粮、要钱，给糖蔗生产创造了发展空间。而且，国家也急于扭转"吃进口糖"的局面（原平阳当时年吃进口糖1695吨），出台发展集体多种经营、鼓励糖蔗生产的奖售政策。

糖蔗生产奖售政策自1961年开始实行，而后层层加码。1978年的奖售政策是：发展糖蔗每亩每年补助生产化肥30斤，3年不变；鲜蔗每担收购价1.82元，自留成品糖10%，每千斤鲜蔗奖售化肥22斤；蔗尾留种每担1.5元（每亩约有30担），享受相同奖售政策待遇；利用蔗

渣制酒，免税3年。到1982年时规定：收购基数以内交售百公斤红糖，
奖售化肥22公斤，省定超基数收购部分，增奖氮肥10公斤，县定再加
化肥10公斤，供应乙级香烟30包；同时规定"购九留一"政策，收购
土红糖减税10%，社员自留糖可到市场买卖（国家实行计划经济体制
时粮油成品不允许自由上市买卖）。

作者当年的工作笔记记录：观美公社平原的桃湖、岭脚、观美、
凤山、河口、北岸6个大队（村），1978年间平整土地（挖高填低、
小坵并大坵、便于机耕）1310亩，杂荒地还田（还园）202亩。其中，
最突出的马路大队，202户，970人口，耕地500亩，人均只有半亩地。
可是三片杂荒地就有220亩，大多是社员的扩种地和古房基。1977年至
1978年的冬春间，全大队230个劳力奋战16天，投入3148工，挖填土石
方1万多方，清除15处80间古房基和约20亩竹木头，平整成70亩耕地。
计划10亩改田，60亩种蔗。如实现亩产糖蔗超万斤，当年就可提供5.4
万斤商品糖，增加财政收入6000元，集体可得补助和奖售化肥1.5万
斤，以1万斤用于粮食生产可增产5万斤，当年摘掉自给队吃返销粮的帽
子。全大队可增加收入1.5万元，平均每户增加净收入40元以上，每户
还有自留糖20斤。通过讲政策、算细账，群众拥护，种蔗积极性高。

1978年，观美公社计划种植糖蔗400亩，分布平原9个大队，主要
利用沙质旱地、新平整的杂荒地种植，包括标准蔗园、老头移植、菜
畦（套入）等方式。按土地类别分，三包地177亩，杂地45亩，溪滩
166亩。

同年，在县烟糖公司支持下，通过集资与投劳相结合的方式创办
了观美糖酒综合厂，设计规模为日榨蔗60吨，"一根烟囱两条灶"，
当年先装备30吨压榨机加一部小机，日可榨蔗45吨；同时利用蔗渣
制酒，预计综合利用制酒可收回万元，以弥补糖业加工；总造价6.5
万元，作为社办企业，当年投产，独立核算，并为周边公社提供糖蔗
加工服务。该厂因农村体制变动、经营方式变更和市场需求变化等原
因，数年后停办。

1982年，桥墩供销社收购红糖110.8吨，收购量占全县总量的25.5%。

三、糖蔗生产与加工技术的发展

任何农产品的生产与加工技术都会随着社会的发展而不断进步，糖蔗的生产与加工也不例外。

1.科学种蔗，糖蔗亩产已经超万斤

20世纪初，观美王志靖从杭嘉湖引种的大竹蔗，亩产鲜蔗达到6000多斤。到20世纪70年代，大搞科学种蔗，大面积亩产超万斤也已实现。如平阳宋埠万斤蔗园320亩，亩均产量达到1.6万斤。

如何培育"万斤蔗"呢？据经验介绍及实践，其主要生产环节包括：①播种——"双龙出海"（一畦双行），合理密植。一般8000~10000芽，出苗5000，发苗10000。②前期管理——早施、勤施促分蘖。及时除草、松土、施肥、除虫促发苗，适时补苗、控苗，达到苗齐、苗壮、苗匀、苗足。③中期管理——足肥、足水夺高产。多施肥，勤灌水，高培土。肥料要求是每亩总施肥量为标准肥90担至150担，换算比例是人粪1担抵1担，饼肥10斤抵1担，化肥2斤抵1担，但化肥以用80斤为限。宋埠万斤蔗园亩均加客土200担、施化肥30斤、栏肥3000斤。灌水要求是1周左右灌1次。④后期管理——防风、防虫保丰收。防风，要适度深植，高培土、湿培土、扎尾。防虫，防棉蚜虫危害。

糖蔗高产单位总结的"万斤蔗群体结构"是：立夏齐苗五千株，芒种盛发一万苗；夏至拔节两节肉，八千蔗头有保证；近看似乌云压顶，一绿到底霜降过；霜降以后不缩尾，十级叶层保后劲。

1978年是观美公社恢复糖蔗生产的第一年，平原9个大队实际种植面积266.5亩，糖厂收购该9大队糖蔗154.88万斤，亩产平均5810多斤。其中，产量较高的河口大队实种29亩，总产190504斤，平均亩产6569斤。

2.以机械压榨与综合利用替代畜力石碾的棚埠绞糖

20世纪五六十年代之前，制糖绞（榨）汁用的是石碾。石碾有12

齿、14齿、16齿等不同样式，后隆村吴氏祠堂路边就遗存着一个12齿石碾。该石碾为青石（墨绿岩）圆柱体，高65厘米，圆柱周长210.5厘米（直径67厘米），有一个等边八角形的孔从圆柱中心贯通（用来安装竖轴）。在石碾上下端六七厘米处，各有一个直径5.5厘米的圆孔垂直交叉横穿石碾（用来碶入横栓固定石碾于竖轴）。碾体上部凿有12个安装木齿的孔，孔呈碶形，深6厘米。

后隆村路边的糖埠石碾

用石碾榨蔗汁，是事先把两个石碾并排安装在固定架上，一根数米长的硬木固定在作为主动轮石碾的轴上，当牛在硬木末端拉着硬木以石碾为圆心转圈时，这个作为

蔗区随处可见的石蔗碾

主动轮的石碾就转圈，并通过石碾上部的齿轮撬动另一个石碾相向转动。糖蔗被塞进两个石碾中间的缝隙时，因受石碾挤压而榨出蔗汁。用石碾榨糖蔗一般要榨压3遍，榨第3遍时还要调小缝隙，以便把糖蔗榨得更干。

糖埠使牛榨汁只能在露天，而煮糖打沙（粉）则在糖埠棚寮内。棚寮先用竹木扎好棚架，再盖上稻草或者蔗壳（叶），尤其是棚寮顶处西高东低相互错开，留出一条朝东的排气口，水汽由此排空，结构独特。锅灶按品字形或者梅花形布局，煮糖用薪柴作燃料。一般是一座糖埠一条灶，日加工糖蔗最多只

旧时糖埠（图片复制于《图读湛江》）

广西蔗区的木蔗碾

两吨、产糖三四百斤而已。

到了20世纪70年代后期，糖蔗加工手段及综合利用已经今非昔比。一是牛拉、石碾的状况，已经变为柴油机或电力带动，机械压榨；二是煮糖灶已从品字形、梅花形改为八九个锅一字形，用煤作燃料，一条灶日产糖可达三四千斤以上；三是利用糖皮（泡沫）、蔗渣制酒，进行综合利用。

按照当年的技术规范操作，机械压榨，改灶节煤，提高生产效益，降低加工成本，出糖率最高可达11%，煤耗低至1比1.1左右，蔗渣制酒出酒率可达6%至7%。

观美公社糖酒综合厂1978年创办投产时，除煤耗较高外，基本达到上述要求。1978年11月16日糖厂试产现场记录：榨蔗9463斤，品种"纳印310"，出渣率30%，蔗汁糖稠度16.7，产成品红糖884斤，冷灶全煤耗每斤成品糖耗煤2.12斤。截取中间一个时段：10时30分至11时24分的54分钟里，产糖161.5斤，耗煤194斤，煤耗1：1.2。平均每分钟产糖3斤，每小时产糖180斤，不停火时日产可达4000斤以上。同年11月21

日，全县在观美召开糖蔗生产现场会时，现场截测糖厂生产数据：①出糖时间，下午1时07分至2时38分，历时91分钟，产糖429.5斤，每小时产量282斤。②煤耗，1小时288斤，比率1（糖）比1.02（煤）。③出酒，51度162斤，出酒率6%。如按此推算，日产糖可达6000斤以上。

该厂1978年全年加工糖蔗1732868.5斤，产糖总计190121.5斤，平均出糖率10.97%，糖质一等。国家收购171244斤，平均价每担25.7元。总均煤耗1比1.315。综合利用制酒，试制蔗酒万余斤。精打细算，糖季财务结算盈利5千元。

因是老蔗区，能很好把握制糖工艺的关键流程，在提高产量的同时也保证质量。比如：①压榨。关键是搞好"三七比"，前一根蔗喂进30%时紧接喂进第二根，蔗梢头先进。②澄清。砺灰中和好，清混分明；产出粉糖晶粒好，松散，味道清。③汽化。比例85.7%，出糖越快，质量越好。

尤其一些传统生产工艺，老师傅能精确把关，熟练应用。比如：加油脚，促进锅内糖液气泡破裂、下坐。温度在128摄氏度至131摄氏度时出锅。出锅后铲搅促凉，打沙，约90摄氏度至70摄氏度时压、推。又比如：何时加灰为宜？先期、中期都可以，但以先期为好。天冷时，少加灰。加灰办法多种，有斗池加灰、冷加灰（入锅时）、热加灰（100摄氏度）、分次加灰，以分次加灰为最佳。还要注意防酸败，定期清理机口、汁池、汁塔等，把传统制糖工艺与现代生产条件结合得完美极致。

回眸桥墩糖蔗生产与加工的历史，凝视前辈流传下来的制糖传统工艺，我们似乎已经感受到糖埠榨汁煮糖的古法风韵，品尝到可口香甜的糖粉、糖螺和那别有风味的糖酥、糖碗。在发展乡村全域旅游的今天，哪些古风值得观摩欣赏，哪些古法应当传承开发，需要我们后来者进一步探讨研究。

（2019年8月7日）

（本文载于2019年8月30日《今日苍南》）

桥墩茶业百年史话

　　桥墩，位于浙闽交界的山区、半山区，海拔一般在300米至500米，清早雾气浓重，白天日照充足，适宜茶树生长。百姓以农耕为生，种茶历史久远。如从民国四年（1915）桥墩茶叶参加美国旧金山世博会获金奖算起，时间也已经过去百余年。本文对桥墩百年茶业作简略回眸。

　　一、茶叶是桥墩的传统产业，明清间开始发展，民国时有相当规模，渐成浙南主要产区与购销地

　　桥墩有着茶叶生产、加工和销售的良好基础与历史传统。百姓利用山园梯地套作丛栽，虽然管理粗放、产量不高，但不失为主要副业收入而乐种不疲。桥墩古称松山，明弘治《温州府志》记载："松山镇在（平阳）县西南九十里，为西镇，有松山市。"驿道（温州至福州）穿过全境，又有水路可达鳌江，北上、南下交通都很便利。因此，明清间茶叶随集镇形成、扩展而逐渐发展，伴贸易兴起而进入更大市场。清代时，桥墩已有商行、商会。

　　桥墩历史上首个商行出现于清康熙年间。福建汀州连城巫氏兄弟率乡亲江氏、余氏、华氏返松山焦滩，重建先祖巫人公弃置的碗窑作坊，立商号"巫元生"，并和闽籍同乡沈氏、矴步的谢氏、温州东门的陈氏等八姓，在松山三十七都（桥墩）下街建天妃宫，以宫之两廊芜作为会址和栈房（仓库），成立汀州会馆，贩运茶叶、烟草、瓷碗等货物，开辟南路商道，雇工挑运至福宁府（今霞浦县）、福州等地销售，并载回南货，转售本地商铺，往返获利。其中矴步茶商谢氏，经营南路茶叶生意发家致富，广置田产，大兴土木，建造了规模宏大的谢广昌大宅。

清末，沿海口岸开通后，南下商道告停，转为北上。五凤李秉中（别号心亭）于清光绪初年随父贾于桥墩，常运茶至苏杭间，易其丝绸以归，懋迁有无，利市辄数倍，是能于商战中独树一帜者。

民国期间，桥墩的茶叶生产已有相当规模，烟茶行栈多达20余家，茶叶远销海内外。其中，吴源发茶行一年需购茶青五六千担之多。域内茶青供不应求，便在福鼎、泰顺等县的乡村设点收购，或委托代理商收购。民国十三年（1924），上海至鳌江航道开通，茶叶商贸拓展至宁波、杭州、上海、苏州、天津、营口、秦皇岛等各大商埠。据民国《平阳县志》载："民国初，（平阳县）出口茶约一万担。"

民国《平阳县志》中关于茶产业的记载

民国二十二年（1933），桥墩人吴经甫被推为温州茶业同业公会会长，创办温州中茶公司（私营），地址在温州花柳塘巷，自任经理。并在上海设办事处，租用上海永兴隆茶行栈房，开辟经营地盘，直接与外商交易，茶叶销往地中海沿岸国家，远至英国。沪、杭、甬等地客商，也委托桥墩当地代理商收购茶叶，约定数量、质量、价格和交货期限，由代理商收购茶青，就地粗加工后运往客商所在地交货。

茶叶生产的发展，自然会催生名品、名牌。据中国农科院茶叶研究所原所长、中国国际茶文化研究会学术委员会主任程启坤教授研究，清乾隆时桥墩出产的温州黄汤和温红功夫茶已成为贡品。民国四年（1915），洪锦春商号茶叶参加美国旧金山世博会获金奖。民国十八年

（1929），吴源发商号茶叶参加首届杭州西湖国际博览会，展出的明前白毛峰绿茶获优等奖（据市档案馆资料）。

抗日战争期间，因温州沦陷，茶叶大量积压，温州中茶公司破产，茶叶产量随之锐减。据相关资料显示，平阳县茶产销量1940年是2000担，1941年是1800担，1942年是1500担，1943年是1200担，1944年是5000担，1945年是2000担。至抗战胜利后，茶叶生产才逐步恢复。

二、新中国实行扶持茶叶生产的政策，发展专业茶园、速生茶和初制厂，使茶产业突飞猛进，茶场成为山区村级集体经济的主要支柱

新中国成立后，广大茶农迸发出更高的生产积极性，政府采取一系列措施为茶农提供服务和支持。1950年，中国茶叶公司所属的温州国营茶厂开始在桥墩设立收茶站，地点在1930年所建的平阳农业推广区（后易名第八农业推广区）。1952年，成功引种云南大叶茶50亩。1953年起，温州茶厂委托桥墩供销合作社代收购，设供销社收茶站。1954年，开始推行茶叶预购合同制，通过发放预定金和补助粮，扶助茶农发展茶叶生产。1955年，建茶叶良种试验场。1956年，推广区由温州中茶公司接收。1957年后，茶叶划归供销社统一经营。1958年，创办红茶初制厂。1959年，推广区改为地方国营桥墩茶场，合生产、制作、销售为一体。1961年开始，实行奖售政策达40年之久。

改革开放以来，尤其在1978年召开的中共十一届三中全会之后，茶叶生产有了新的生机与活力。为了调动茶农生产积极性，1981年供销社按预购合同发放预定金外，还根据改造老茶园、开辟新茶园以及增加茶叶烘焙设备、兴建精制茶厂之需，向产茶单位发放贷款，供应计划外化肥、煤炭。1982年，按发展速生茶园面积，每亩给予贷款100元、供应化肥100斤的奖励。同年，桥墩茶干收购量达307吨，占全县总收购量的36%，创历史新纪录。此后，由于茶叶市场销路不佳，改为合同收购，对完成95%以上的产茶单位和个人，给予某些物资奖售，以保证茶农利益。1983年，又着力开拓茶叶市场，实行多渠道经营。1987年，

推行个人承包经营。此后的茶叶生产面临诸多新情况、新问题，也出现不少波折。

桥墩茶产业的发展大体经历了扩大种植面积、提高产量质量、综合经营发展三个阶段。

1.大力扩大种植面积，提高产量

1970年，几乎所有的农村大队都成立茶叶（或林业）专业队，利用集体的土地资源、劳动力优势，发展村级专业茶园，有条件的生产队也搞专业茶园。

社队发展茶叶最早的是桥墩公社古树大队，1964年开始种茶，70元钱起家，1965年组织12人的专业队。黄檀公社南湖大队温荣顺生产队，收回社员的扩种地，发展生产队专业茶园9亩。

发展茶叶最多的是五凤公社前垟大队（后易名为"八亩后"）。1964年时仅有10亩。1969年，大队茶场发展了70亩，1970年发展了100亩，1971年发展了202亩，1978年又增加50亩（其中速生茶10亩），大队茶场共有专业茶园412亩，生产队另有80亩。1970年，茶叶产量仅1555斤，到1977年大队茶场产茶14120斤，生产队产茶7000斤，合计

五凤香茗品牌雕塑

八亩后茶场一角

21120斤。1982年后的6年，茶叶产量、质量逐年提高，其中，1982年茶叶总产478担，每担平均价190元；1983年总产664担；1984年总产713担，平均价152元；1985年平均价196元；1986年总产829担，平均价260元；1987年总产1050担，平均价280元。至1989年时，前垟大队集体茶场已拥有650亩茶园，年产干茶1500担，成为温州地区发展茶叶生产最突出的典型。

据1978年桥墩全区域普查，有成片专业茶园3689亩，间作茶园2684亩（按600丛折算一亩），零星茶园5978亩，合计12351亩。茶园分级统计，村（大队）级3429.4亩，生产队8921.9亩。通过淘汰老式茶园，实际约剩10000亩。

从1978年开始，推广密植速生栽培法，俗称"速生茶"。大行距1.5米，小行距33厘米，丛距（穴距）40厘米，亩植6000株左右，要求做到"梯田化、良种化、专业化"，达到保水、保土、保肥，实现"一年生，二年产，三年超200（斤）"，四年进入丰产期（亩产干茶300斤以上）。至1982年，共发展速生茶1949.28亩，1982年以后估计发展100亩，合计2049.28亩。1988年时，速生茶实际面积约1800亩。

桥墩是全县茶叶重点产区，茶叶是桥墩的拳头产品。1988年时，茶园面积15399亩，其中采摘面积11034亩，速生茶2049亩（实存1800亩）。茶叶总产量1970年是2970担，1978年是4730担，1982年是7540

担，1987年是8680担，面积与产量都占全县二分之一以上。茶叶收购量1987年是11900担，占全县的60%。茶叶税收90万元，占桥墩区域税收的三分之一。至21世纪初（2005年），桥墩区域（不含划归灵溪镇的原水头乡）的茶园面积发展到19426亩，占全县茶园总面积32680亩的59%；总产量565吨，占全县总产量700吨的81%。

2.倡导和支持创办茶叶初制厂，提高生产效益，壮大集体经济

20世纪70年代初，茶叶产区各级政府都十分重视和支持发展茶叶初制加工，这是提高生产效益、增加社员收入的最佳途径，也是巩固和发展村级茶场的有效措施。

莒溪青山茶叶初制厂于1959年开办，水轮机动力；1973年改为柴油机动力，是最早创办的初制厂之一。至1978年，桥墩区域已有17个茶厂装备初制加工机械，其中包括玉苍林区茶厂（属县林场），加工茶叶达总产量的60%。当时，初制茶叶每担利润在50元以上。

在发展和巩固集体经济的年代，大队茶场是山区村级经济的支柱。1988年时，虽然茶叶已经走下坡路，但桥墩区域139个大队（村）仍有73个大队茶场，茶园面积7295亩，占茶园总面积的50%，产量约6000担，占总产量的75%。其中重点茶场30个。

桥墩区域重点茶场统计表

乡镇名称		重点茶场个数及分布	茶场茶叶总面积（亩）	茶场茶叶总产量（担）	建有茶叶初制厂（个）
桥墩	4	古树、凤岭、新官、金星与墓安	500	500	4
黄壇	4	天星、马渡、横墙、云星	200	200	2
大龙	3	四亩、发凤、蔡垟	200	200	2
观美	3	岭脚、凤岳、福清与九甲、岩尾	500	550	4
水头	2	南岙、金岙	300	300	2
五凤	6	前垟、浦尾、南山头、思居、黎春、水沟	2000	2000	5
碗窑	1	矴步	150	150	
莒溪	4	青山、西厅、上村、官外	1500	1500	8
腾垟	3	山墩、后车、垟心	200	200	3
天井			50	50	1
合计	30		5600	5600	31

其中，五凤公社对大队集体茶场的发展、管理与经营工作，走在全县前列。五凤辖15个大队和1个茶场，建有14个集体茶场，面积合计1422亩，有4个茶叶初制厂。茶场也养猪、养牛，搞"茶畜合一"，14个场存栏98头。其中，前垟大队茶场1970年至1975年以副养茶、以茶养农，茶场办畜牧场，养牛1头、猪5头、兔210只，下放猪仔21头到户里养，茶园套种草籽、白豆370斤（种子），科学种茶546亩，并精心统筹社、队劳力使用，搞好队、场经济核算，取得良好效益。茶叶生产中，生产资料成本、劳动工资、纯利润大约各占三分之一。

3.着力精加工、创名品，实行公司化运作，拓展销售市场

自20世纪80年代以来，桥墩域内先后创办了三家茶叶精制厂和四家公司，使茶叶的加工与销售跨上新台阶。

一是地方国营桥墩茶场。1975年整合为生产、制作、销售一体化的茶叶精制厂，1976年经省计委批准出口精制茶。国营茶场茶园270亩，1981年平均亩产200斤。其中，高产茶园平均亩产455斤，最高的21亩地块亩产800多斤。1984年，获省优质产品。1986年，获第25届国际食品金质奖。至1990年，出口眉茶1342吨，创汇265万美元，税利220万元，1994年停办。

二是1980年间桥墩供销社与各乡股份联营创办的桥墩茶厂。1992年时，拥有固定资产168万元，流动资金150万元，年产值1000万元，实现税利150万元，出口创汇130万美元，1994年倒闭。

三是五凤乡八亩后茶厂。创办于1992年的股份企业，建成初制茶厂、精制茶厂各一座，月产量达7万斤（茶干）。拥有厂房、办公楼、宿舍楼5300平方米，固定工170人，临时工400余人，实现了初、精制联合加工全程机械化，形成产、供、销一条龙的商品茶基地。

20世纪末，桥墩茶产业曾遭遇体制变动、市场震荡、产销大起大落等困难局面。但以五凤八亩后为代表的茶场在社会主义市场经济中继续创新发展，走出新的发展路子。至2005年，该茶场有茶园1万余亩，茶品年产量427吨，年收益1800万元，成为浙南最大的茶叶生产基地之

一。先后创办浙江绿剑茶业、浙江银奥茶业、苍南绿信茶业和苍南南山农副产品开发公司等四家规范茶厂（公司），以"公司经营+基地+农户"方式进行无公害茶叶生产，形成采摘、生产、加工、包装的系列性操作体系，名优产品比例逐年上升，同时不失时机地扩展营销网络，同温州茶厂联营合作，走国际化市场路子。

创茶叶名品工作也硕果累累。2001年，五凤生产的翠龙香茗获浙江省一类名茶国际博览会金奖。2002年，五凤翠龙香茗又获在杭州举办的国际精品名茶博览会金奖。2003年，八亩后茶场通过了省级无公害农产品基地认证，绿信牌五凤香茗获国家和省级无公害农产品认证。2005年，绿信牌五凤香茗获在山东济南举办的第三届国际茶博会金奖。2006年，绿信珠茶又获北京马连道第六届茶叶节金奖。八亩后村以发展茶叶生产闯出了一条山区脱贫致富的路子，其经验入选国务院扶贫开发整村推进百例典型案例精选，被评为国内茶界十件大事之一。

三、新时代的桥墩茶产业在传承与创新中发展，发掘文化底蕴，弘扬优良传统，进入打造生态旅游、茶旅融合发展的新阶段

20世纪70年代，五凤八亩后在李孔宗等五人带动下，凭着五把锄头、五件蓑衣和50元钱起家，村民苦干两年，372亩荒山变茶园，实现第一次蝶变。1975年间创办茶叶初制厂，1992年再建精制厂，实现从卖

前垟茶场帮扶发展的坑口茶园

茶青到卖茶干的二次蝶变。尤其可贵的是通过共同开发荒山、结对帮扶贫困村，使相邻的漈底村坑口自然村彻底改变面貌：仅5年时间让该村70多户270余人拥有335亩茶园，仅此一项人均收入增加310元，村民建新房32间。而结对扶贫前该村集体经济年收入仅1000元，人均收入仅230元。近年来，八亩后村发挥茶园生态优势，发展"观茶海、品香茗、农家乐"为一体的休闲观光旅游，开始实现从卖茶叶到卖风景的第三次蝶变。

八亩后村是浙南地区发展山区经济的一面红旗：过去，创建茶基地、发展精加工，还结对帮扶邻村脱贫致富；现在，开发茶旅游、发掘茶文化，走一条"产、销、游"融合发展、富民兴村之路。他们靠的是艰苦创业的精神、与时俱进的理念和为民造福的信念，这与五凤革命根据地红色文化一脉相承，是新时代党建文化的成果体现，是八亩后这个精品景点的灵魂所在。在新时代，桥墩茶产业面临新的问题、困难与新的挑战，要继续保持创新与发展，仍然需要传承和弘扬这些精神与信念。

当前，八亩后村正按照"茶基地+茶旅游+茶文化"的主线，以"观茶、采茶、制茶、品茶、购茶"为主题开发茶园休闲旅游，以"茶舞、茶歌、茶琴、茶艺"等唯美形态诠释茶文化的内涵，并以"茶饮、茶膳、茶浴"为方式探索茶园健康养生体验，规划打造集生态产业、休闲观光、农事体验和生活方式为一体的茶乡田园综合体，努力实现从"卖风光"到"卖生活"的第四次蝶变。

（2019 年 7 月 3 日）

桥墩五岱山的红色记忆

桥墩原是平阳（今属苍南）西部的一个行政区，地处鼎、平、泰、苍四县交界处，县内与灵溪、藻溪、矾山三区毗连。在革命战争年代，曾经有福鼎、鼎平、泰顺、平阳、瑞平泰5个县委所辖的下东、五岱、藻溪、鼎泰、泰平、平西、平南（南港）、南鹤等八个区委在桥墩区域开展革命活动，创建革命根据地。其中，五岱山是桥墩域内开辟最早、影响最大的老革命根据地。

一、土地革命时期的政治背景和党在五岱山开展活动的始端

1924年10月，中共中央派谢文锦（1894—1927，永嘉县人）来温州传播马列主义，发展党组织。同年冬，成立中共温州独立支部。

1926年秋，在杭州、上海等地加入共产党的游侠等人，先后回平阳开展党的工作。10月，在广州农民运动讲习所（第六期）结业的王国桢（1900—1931，马站蒲城人）、张培农（1902—1939，马站南坪人）回来，以江南为中心组织开展农民运动。

1927年1月上旬，平阳县农民协会成立，张培农被推选为主任。接着，马站、万全、南北港等地农民协会纷纷成立。4月12日，以蒋介石为首的国民党右派，在上海发动反对国民党左派和共产党的反革命政变，中共温州独立支部遭受破坏，平阳的政权落入国民党右派手里。他们改组国民党县总部，通缉共产党员，使共产党员被迫转入农村秘密活动。

1928年1月，浙江省委派郑馨（1901—1932，瑞安县人）到温州贯彻"八七"会议精神，整顿党组织，开展武装斗争。2月，建立中共平

阳县委，游侠任书记。3月，成立了平阳县第一个党支部——（宜山）四岱党支部。6月，平阳县委率领农民武装攻打平阳县城，失利，游侠离开平阳。

1928年清明节间，中共（宜山）四岱中心支部党员林瑞龙（灵溪张家山人，烈士），受书记林珍（1905—1930，云岩四岱人）派遣，到桥墩五岱（今五凤）陈家峤地方，秘密进行革命活动。这是桥墩区域革命活动的开端。

1929年4月，林瑞龙带领农民赤卫队队员罗纯仗等人，与陈有端、陈合和、庄其鸽在陈家峤以设立拳坛为掩护，半年里吸收门徒100余人，目的为组建农民武装。之后，成立五岱农民赤卫队，队长庄其鸽，有队员30多人。

1930年1月间，中共中央特派员金贯真（1902—1930，永嘉县人）巡视浙南，召开中共永嘉中心县委第二次扩大会议，提出了党的工作以组织红军游击队和武装暴动为中心，并决定吴信直（1893—1931，海城乡人）任平阳县委书记。同年3月，成立浙南红军游击队，总指挥部在永嘉白岩。5月上旬，浙南红军游击队编为中国工农红军第十三军，军长胡公冕，政委金贯真，军部设在永嘉。5月24日，红十三军主力一团同瑞安农民赤卫队共1000余人，吴信直、张培农等组织平阳农民赤卫队600多人配合，攻打平阳县城失利，牺牲192人。6月，决定成立中共浙南特委，王国桢任书记。同月，吴信直被捕。

1930年9月13日夜，林瑞龙率队50多人袭击国民党桥墩警察所，打死书记员1人，打伤副所长及巡士2人，缴获警所所有枪支弹药及物资。还捕获1人，杀死在玉苍山龙船湖地方。9月间，国民党增派省保安团及陆战队来温州，有3个连的兵力驻守平阳。敌人多次到五岱山"围剿"，烧毁陈家峤瓦房52间、茅房12间，南山头茅房3间，又在鸡冠岩、嘉隆拆烧瓦房各1间，并洗劫群众的牲畜、粮食等物资，致使数百农民无家可归。此后，林瑞龙带领武装队伍70余人到玉苍山开展游击战争，在腾垟北田寮、东湖埔、后坑、湾底、渔山头、山墩、后车、大田后等地活动。11月，浙南特委召开扩大会议，贯彻党的六届三中全会精神，并派朱绍玉任平阳县委书记。

1931年春，国民党军警对玉苍山进行"围剿"，林瑞龙带领游击队进入泰顺板山一带活动。之后，林瑞龙和陈有端南下厦门（林于1933年在福建晋江被捕牺牲），庄其鸽带领队伍继续在鼎平边界活动。9月，王国桢、朱绍玉被捕。同年冬，王国桢、吴信直先后牺牲。浙南革命斗争处于低潮，平阳县委停止活动。

二、五岱发展首位中共党员和首批党支部，革命低潮时坚持隐蔽斗争，开展游击活动

在共产党人惨遭镇压、党员与组织失去联系的关键时刻，叶廷鹏、陈阜、陈卓如（中共温州独立支部成员）、张培农等经过商议，于1932年2月5日成立中共浙南委员会，由叶廷鹏任书记，继续领导革命斗争。3月，浙南红军游击队在北港麻步渔塘凤山头成立，叶廷鹏任队长。同年，五岱十三亩人（今属嘉隆村）陈廷亩（陈铁君），追随叶廷鹏等进行革命活动。

1933年3月，五岱黎阳人陈朝美，由李筱山（闽东地下党）、林勤羡吸收加入中国共产党，为桥墩区域第一位中共党员。入伍后，任鼎平县游击队交通员，于1936年3月不幸被捕牺牲于黎阳。

在中共平阳县委活动处于低潮期间，闽东地区的革命运动逐渐向鼎平泰边区发展。1933年冬，中共福鼎县委成立。1934年2月，闽东特委决定建立中共福鼎县上东区、下东区区委（书记王宏文）。4月间，王宏文、王忠党等人深入五岱山进行革命活动。同月，蒲门陈昌会、矾山林辉山等与福鼎县委取得联系，福鼎县委决定成立中共平阳支部，归属福鼎县委领导。

1934年9月，王宏文等在五岱五福山窟底宫（今属嘉隆村）召开成立贫农团会议，后改称五岱山抗租反霸委员会，陈定滔任会长（后叛变）。同年，闽东地下党周建生、郑丹甫（祖籍桥墩新村，移居福鼎前

偏僻山沟里的五福山窟底宫

岐）等也在闽浙交界一带活动，先后有五岱人陈辉（乳名廷艂，水沟村人）、潘世雅（白坑人，烈士）等数十人入伍或入党参加革命。

1935年春，李筱山在鼎平地区积极活动的同时，闽东特委派阮英平率红五团（后称鼎平独立团）和罗烈生（原名罗纯绸，渎浦张家山人）率闽东游击队相继进抵五岱山开展游击活动。先后又有五岱人苏希营（烈士）、观美马加垟人胡诸吴（烈士）以及黄檀底人陈朝桃（烈士）等投身革命行列。

1935年3月，福鼎县委以平阳支部为基础成立平阳中心区委（书记陈昌会），并决定扩大革命武装，建立肃反队，发展党员与党支部，组织抗租团体，进行"五抗"（抗租、抗债、抗粮、抗捐、抗税）斗争。同时，福鼎县委领导的上东区委和下东区委活动范围也扩大到桥墩五岱山一带。4月，八亩后人陈春英，由李筱山介绍入伍（后任鼎平县下东区妇女会主任）；五岱兔仔园人（今属水沟村）陈春兰，由林勤盒介绍入伍（后任五岱区妇女会主任）。八亩后村妇女陈春英、张秀英、谢月英、林玉英、阙金英、张兰英、郭云英一起参加革命活动，人称"七英会"。

同年4月，下东区肃反队队长叛变投敌，五岱潘世雅担任下东区肃反队队长。由于五岱山区这年水灾，上年旱灾，土豪劣绅乘机囤积粮食，群众处在饥寒交迫之中。潘世雅带领肃反队队员和部分群众强令地主开仓济贫。

1935年6月，中共闽东特委决定成立中共鼎平县委（书记郭定玉），辖上东区委、下东区委和平阳中心区委，开始在山区开展游击战争，开辟革命根据地。8月，又将鼎平县委改为鼎平中心县委，谢作霖任书记，辖上东、下东、平阳中心、藻溪（划出平阳中心区的华阳、昌禅、藻溪、灵溪的部分地区组成）、鼎泰5个区（后鼎泰区划归瑞平泰县）。平阳中心区的肃反队也扩大为游击队。鼎平中心县委的活动中心从福鼎周佳山、点下一带转移到桥亭、五岱山一带，并以五岱山为驻地。根据地和游击区，除原属福鼎的地区外，还包括今苍南境内的华阳和桥墩区的南水头、观美、五凤、桥墩、黄檀等地。

同年10月，浙南红军游击队江南支队成立，陈铁君任队长，积极活动于江南、南北港和五岱山等地。其中，一次奇袭宜山八岱宫的战斗发生在1936年除夕夜。陈铁君率游击队回到一年前驻扎过的江南云头垟，在云头垟地下党支部配合下，摸清敌情，于年初二晚转移到护法寺隐蔽，初四清早智取国民党平阳县保卫团宜山保卫队据点八岱宫，半个小时结束战斗，击毙敌队长等2人，缴获步枪44支、短枪2支、子弹6箱。

1935年10月5日，刘英、粟裕率领红军挺进师与闽东特委书记叶飞率领的闽东独立师一部会师，而后挺进师200余人进入泰顺开展游击战争。11月7日，在泰顺九峰乡白柯湾村成立中共闽浙边临时省委和闽浙边临时省军区，原由闽东特委管辖的福鼎、鼎平地区划归临时省委直接领导。临时省委以鼎平中心县所辖的鼎泰区（大龙、矴埠一带）为基地，作为省委直属区；在挺进师和省委驻地（九峰、峰文一带）成立泰平区（含天井、莒溪一带）；成立瑞平泰县委，辖鼎泰、泰平两区。这是挺进师进入浙南创建的第一块根据地。

1936年3月，中共浙南特委在泰顺峰文小南山成立，领导瑞平泰县（书记周建生）、福鼎县（书记林则诵）和鼎平中心县（书记黄固生），发展党组织，支持挺进师作战。根据临时省委的决定，粟裕率挺进师主力部队转战浙西南和闽东北地区，掩护省委在浙南开展工作。刘英带警卫班连同省委机关工作人员仅20多人，在泰顺、福鼎、鼎平（今苍南）3县开展活动。

同年4月间，刘英率挺进师第一次进抵五岱山活动，群众重新被发动起来。5月，中共鼎平县委建立了黎阳（书记潘孔辉）、南山头（书记许必赫）、凤村（书记陈朝畔）3个党支部，这是桥墩区域首批成立的中共党支部。

三、挺进师进抵五岱山，发展党组织，成立苏维埃，进行反"围剿"斗争

1936年6月，"两广事变"爆发，国民党军队主力调离闽浙边区。临时省委利用这一大好时机，以扩大平阳中心区成立平阳县委（书记周建生）。鼎平中心县委（书记龙跃）领导福鼎、平阳两县，下辖上东、前矾、下东、五岱4个区委，并将藻溪肃反队扩编为鼎平游击队，3个班70多人，潘世雅任队长兼指导员。五岱区委由陈道款（烈士）任书记，建立以李孔缴（烈士，思居垟人，1936年12月牺牲）为队长的五岱区肃反队（锄奸队）。五岱区委又发展了水沟党支部（书记陈玉生），使五岱区的党支部增加到4个。

同时，临时省委转移到鼎泰区（大龙、碗窑一带）活动。同年7月，粟裕率领挺进师主力返回闽浙边，根据地内的武装力量如虎添翼。8月，浙南特委成立浙南军分区。9月、10月，先后取得福鼎李佳山、仓边两次反"围剿"战斗的重大胜利。

1936年8月，浙南人民革命委员会成立，继而鼎平中心县人民革命委员会成立。

红军挺进师在五岱山活动纪念碑

9月间，鼎平中心县委在福鼎黄仁高家山召开五岱等区革命骨干会议，决定创建苏维埃政权。同月，五岱区成立人民革命委员会（主席李孔曾），之后又成立黎阳（主席潘孔辉）、水沟（主席陈玉生）、南山头（主席许必赫）、嘉隆（主席洪仲悄）、八亩后（主席吴明旺）、凤村（主席吴邦椆）等村民委员会，还成立五岱妇女会（主任陈春兰）和儿童团（团长陈廷脸）。

此后，鼎平中心县辖区内的矾山埔坪、华阳和桥墩五岱等几十个村，开展了分青苗斗争。村民委员会和贫农团组织了调查组、宣传组，进行土地调查、人口登记和青苗估产（20%上交红军游击队，80%按人口平均分配给贫苦农民），宣传分青苗、分土地的政策，将分配数量计算到户，一般每人可分粮食100~150斤（五凤乡的八亩后村每人分稻谷100斤。华阳乡的牛角湾村，每人分稻谷150斤）。在分青苗斗争的同时，收缴地主的账簿、田契，当场烧毁。

同年10月，鼎平县五岱区锄奸队60多人，在苏希营队长带领下，配合江如枝率领的鼎平县委机关，在水沟村陈家岙地方伏击到五岱山抢粮的福鼎敌军。苏希营队长不幸牺牲。

1936年11月以后，国民党设立闽浙皖赣四省边区绥靖公署，调集43个团约10万兵力，对闽浙皖赣边区革命根据地进行长达8个月的疯狂"围剿"。国民党驻福建的第八十师一个团进驻福鼎，第十九师两个团和唐伯寅旅旅部驻灵溪。敌人在桥墩、矴步、莒溪、碗窑、五岱等地大造碉堡，仅五岱山一地就建了5个碉堡。还在各乡设立"清乡委员会"，利用叛徒为鹰犬，大肆搜捕、烧杀，实行惨无人道的血腥镇压。

挺进师与游击队全面开展反"围剿"斗争。1936年12月，刘英率临时省委机关和挺进师主力拔掉福鼎"剿共"搜查队的桥亭据点。下旬，浙南特委书记谢文清率挺进师120余人，攻打碗窑矴埠头敌碉堡，拔掉鼎平至泰顺交通线上的"钉子"。

县区武装同样经受严酷斗争的生死考验。鼎平独立四团参加峰文大战（1937年2月5—7日）后，在五岱八亩后村遭敌人包围，政委廖照质在突围时中弹牺牲。鼎平县游击队在峰文阻击战中损失惨重，队伍只剩17人，返回五岱山、华阳一带活动。在敌军"追剿"下，又有吴如钳（凤村人，排长）等几个队员牺牲，队长潘世雅、交通员王玉英及队员等7人突出重围，隐蔽在马站下关南关岛的石洞里。1937年2月19日，因叛徒出卖被捕，7人被押到福鼎县桥亭保安分队驻地刑讯。

王玉英从1935年春开始担任肃反队交通员，她的丈夫吴班砣（烈士，凤村人）因叛徒出卖被捕，遭杀害后还被悬头示众。儿子吴绥善被敌人抓去惨杀在华阳，12岁的女儿不得已给人做童养媳。她自己一人风餐露宿找到游击队，竟被同母异父的弟弟出卖。王玉英遭敌严刑拷打，始终不屈服。为防止敌人再次刑讯时泄密，她在牢房找到一把锈剪刀，强忍剧痛剪断自己的舌头。

潘世雅于1934年在福鼎黄仁加入赤卫队，曾任交通员、下东区肃反队队长，被捕后遭多次刑讯，仍坚贞不屈。敌人竟然剥掉他的衣服，用锯子在他背上锯来锯去，锯开一条条血肉模糊的口子，鲜血渗透全身。敌人还残忍地在伤口上泼酸醋，直至潘世雅昏死过去，酷刑令人发指。2月28日，潘世雅被刽子手用铁丝绑在桥墩大桥（一说桂兰溪桥）桥柱上，再用麻绳捆缚，浇上煤油，被惨无人道地活活烧死。

由于国民党反动派"围剿"升级，鼎平地区党组织遭到严重破坏，各级人民革命委员会被迫停止活动。3月下旬，鼎平县委书记江如枝随浙南特委书记龙跃等转移到平阳北港，与郑海啸为书记的平阳县委会合。至此，鼎平县委停止活动。

鼎平县人民革命委员会主席李少山，五岱区人民革命委员会主席李孔曾（五岱思居垟人），藻溪区委书记卢兴曹、胡诸吴（粉坪人）和上东区委书记陈六挈等，均先后被捕牺牲。仅五岱山地方，在敌人的"围剿"中，就牺牲了干部50多人，革命群众数十人。敌人用十指埋针、坐老虎凳、灌辣椒水、"天门吊"、用火烫背等酷刑逼供，但他们宁死不屈。如上东区委书记陈六挈（五岱嘉隆人），隐藏在埔坪王门坑地方，被叛徒出卖被捕，押到桐山受尽酷刑，壮烈牺牲。游击队员陈上市（五岱水沟人）被捕后，被捆关在猪笼里抬至黎阳村，最后被刺死。

在上述第二次革命战争时期（1927.8—1937.7，即土地革命战争时期），桥墩区域先后被敌人烧毁房屋250多间，遇害共产党员和革命群众200余人，其中革命烈士有110人，五岱区占78人。除本文记有姓名的领导骨干、游击队员外，还有一大批没人知晓的无名英雄。

四、从"隐蔽精干"到游击战争，全面恢复和发展党组织，建立新政权

"七七事变"爆发后，国共进行第二次合作。1937年8月24日，中共闽浙边临时省委代表吴毓、黄耕夫、陈铁君与国民党第十集团军总司令刘建绪的代表邓㓜达成"停止内战、一致抗日"的协议。南方八省红军游击队改编为国民革命军新编第四军，挺进师改编为国民革命军闽浙边抗日游击总队，粟裕任队长，刘英任政委。

1938年2月，陈铁君在五岱山活动一个多月后，率队开往北港山门待命，后编入新四军，开往抗日前线。由于作战英勇，屡建战功，陈铁君历任闽浙边抗日游击总队副队长兼参谋长、某旅副参谋长、参谋长，苏浙军区第一纵队参谋长，华东军政大学教育长等职，1955年授少将军衔。

1938年5月，闽浙边区临时省委撤销，成立浙江临时省委。浙南特委派郑丹甫、陈辉等人到闽浙边区一带恢复和发展党组织。党组织的活动地区扩大到桥墩、水头、观美、腾垟等地。

抗日战争期间，国民党还继续搜捕、杀害共产党员和革命群众。1939年前后，五岱凤村的张志居、莒溪石岘的刘开松、天井黄畲的林声元等人被捕遭杀害。后来临时省委决定，党组织实行"隐蔽精干"政策。1941年1月"皖南事变"后，国民党网罗叛徒和社会渣滓组成"平阳南港清乡巡回工作队"，其中王琯便衣队专对革命老区进行"清剿"。五岱纪时须曾任凤村党支部书记，被捕后叛变，出卖了凤村党支部，党支部老书记陈朝畔（五岱凤村人）因此被捕牺牲。同年6、7月

间，鼎平县委两任书记——陈百弓、欧阳宽（代理书记）相继被捕牺牲，鼎平县委停止活动。

抗日战争胜利后，中共闽浙边区委于1946年11月恢复，郑丹甫任书记（后任浙南特委书记、浙南游击纵队副司令员、温州前线司令部司令员，中华人民共和国成立后历任福安地委书记、福建省高级人民法院院长、福建省政协副主席等职），所辖鼎平（书记郑衍宗）、泰顺（书记陈辉）、福鼎（书记王烈评）3县县委同时恢复。同年，鼎平县委郑衍宗与陈朝九等在五岱山、桥墩一带活动，恢复和建立下东、矾山（后更名南鹤）、上东、蒲门4个区委，并大力发展党支部。自1946年至1948年，桥墩区域内的6个区委先后共恢复与建立29个党支部，党员216名。其中，有下东区委所辖五岱的关爷庙、水沟、黎阳、凤村、发凤头、大隔、后垅7个党支部，南山头、竹脚内2个党小组，党员62名。

1947年7月22日，中共浙南特委将所辖三县的武工队合并整编，在莒溪石岘的红军寮成立浙南游击纵队第三县队，王烈评（人称"石柱"）为队长，陈辉任政委（曾任浙闽边区中心县委书记、泰顺县人民政府县长，中华人民共和国后历任中共泰顺县委书记、温州市委常委、温州市副市长等职）。8月，鼎平县委派出武装人员，先后抓获并处决了四大王、蒲城、五凤等乡的反动乡长。

1948年10月24日，浙南游击队第三县队队长王烈评和温德奎率领30多名队员，由鼎泰区委书记刘开磊（中华人民共和国成立后历任福鼎县副县长、福鼎县委常委组织部部长、福鼎县政协副主席等职）带领蔡垟山等村30多名民兵配合，一举攻破桥墩碉堡，毙敌3人，俘虏29人，缴获长短枪31支，拔掉国民党灵溪自卫中队在浙闽交通要道上的反动据点。

1949年2月4日，下东区委书记陈朝九带领30多名游击队员，在五岱山党员、群众的配合下，枪决了桥墩、焦坑、五岱山等地的特务、叛徒4人，为恢复五岱山根据地扫除了障碍。同年5月8日，根据县委指示，发起解放灵溪的战斗。各区地下党和民兵组织2000余人，攻打灵溪伪区署，敌人闻风丧胆、连夜溃逃。

1949年5月13日，解放大军南下，桥墩宣告解放。1949年7月29日，浙南地委改为中共浙江省第五地委，鼎平县委机关并入福鼎县委。南鹤区委和下东区委所辖五岱山等地的党组织，划属平阳县委领导。1949年9月1日，平阳县人民政府成立。9月中旬，南港区人民政府成立。桥墩区域各乡镇人民政府相继成立，标志着人民当家做主的新政权胜利诞生。

回眸闽浙边区的革命斗争，刘英、粟裕及其率领的挺进师创建了红色根据地，培育了陈铁君、郑丹甫、陈辉等一批本土英才，而更多的是前仆后继、为革命献身的英雄战士。边区的山山水水留存着他们不朽的脚印，根据地的百姓铭记着他们英勇斗争的事迹。根据地的红色文化，诠释着革命者的崇高信仰与革命气节，丰富和发展了中华民族优秀文化的璀璨精神，值得千秋传承、万代敬仰。

（2019 年 7 月 20 日）

（本文载于 2019 年 7 月 26 日《今日苍南》）

探寻桥墩的历史之最

　　桥墩是浙南边陲古镇，域内的仙堂山文化遗址，证实商周时期已有先民在此生息。西晋的周凯治水，唐宋的佛、道传入，彰显了地方历史人文的悠久与不俗。明清时期，随着集镇形成、各业兴起，百姓勤耕细作、生齿益增，推进着农耕文明的发展与进步。纵观桥墩历史，充满艰难与曲折，其中的重大历史事件值得发掘研究，以丰富乡土文化，助力当地发展。本文尝试探寻桥墩的历史之最。

周凯射潮画像（叶圣劝画）

一、松山平水里的周凯是浙南最著名的古代治水英雄

　　据民国《平阳县志》（《卷四十七·神教志三》）记载："周凯，字公武，世居临海郡之横阳。生而雄伟，身长八尺余，发垂至地。善击剑，能左右射，博文而强记，家贫，躬耕养父母。……时临海属邑，曰永宁，曰安固，曰横阳，地皆濒海，海水沸腾，蛇龙杂居之，民惧其毒。神（指周凯——作者注）还自洛，乃白于邑长：随其地形，凿壅塞而疏之。遂使三江东注于海。水性既顺，其土作乂。永康中，三江逆流，飓风挟怒潮为孽，邑将陆沉。神奋然

曰：吾将以身平之！即援弓发矢，大呼，冲潮而入。水忽裂开，电光中见凯乘白龙东去。但闻海门有声如雷，而神莫知所在矣。俄而水势平，江祸乃绝。邑长思其功，号其里曰平水里，建祠尸祝之。"

该志（《卷四十五·神教志一》）还记载："横山周公庙，一名平水王庙。一在十二都蓝田（县西十五里，属慕贤西乡），一在十都黄家洞（县南三十里，属江南镇慕贤东乡），一在二十二都项家桥（属金舟乡）。神西晋人，姓周名凯，或谓邑松山人。"

以上记载中虽含某些神化的语词，但明确记述周凯世居横阳县松山平水里，在永康年间的飓风灾害中奋勇抗洪而献身的史实。历代以来，周凯治水除害的事迹深得百姓景仰，朝廷也屡加封赐。明洪武年间御史宋濂所著《横山仁济庙记》记述："神初封于唐，为'平水显应公'。寻升王爵，赐衮冕赤舄。宋累加'通天''护国''仁济'之号。从祀郊坛，兼赐'仁济'（以）为庙额。元复加以'威惠'，进号'大和冲圣帝'。"明朝"定议为'横山周公之神'，仍命守土臣岁修祀事"。

桥墩古称"松山"，松山、平水（溪）及平水村、平水桥、平水宫等屡见于地方史志与名人诗文，常人所知的已可溯至唐宋之时，而且这些山水地名沿用至今，桥墩镇仍有平水溪、平水居、平水宫等称谓。

桥墩平原东面的柳庄山，正面遥对桥墩集镇，半山腰有座平水宫，约建于清光绪壬寅年（1902）。再往山顶200余米处，还有一座人神共葬墓，为清时居住半山的丁姓老人在近山巅处的岩壁下按神示寻得遗骸而葬于祖坟上圹。虽然此说听起来有点离奇，但是挖出遗物的神穴、筑墓安葬的过程和建宫奉祀的故事相传至今，各处遗存都是真实存在的。

因民间崇拜平水王威灵显赫、有求必应，平水宫香火甚为兴旺。柳庄山周边百姓每月初一、十五上香膜拜，每年二月二、九月九等日祭祀祈福，此俗延续至今。显然，周凯这位浙南最著名的古代治水英雄，已被广大百姓奉为地方保护神。

二、松山泗洲禅院是桥墩最早建造的唐代寺院

泗洲禅院，又名感应寺，在松山小玉沙（今桥墩镇仙堂村）。世人称泗洲佛为弥勒菩萨，以佛名寺，"泗洲"寓意佛法普化天下四大部洲，利益众生。

该寺始建于唐代，清乾隆间僧普范、道光甲辰年（1844）俱重修，顺治、康熙及之后的《平阳县志》均有记载。原寺址在桥墩水库溢洪道消力池旁发电洞口上方，建库时毁。1990年，移寺于附近的墓林山腰，2005年重建，现有大雄宝殿、藏经楼、功德殿、延生堂及大门楼，建筑面积1000平方米。镇寺之宝为明代泗洲石佛、青石水缸等。石缸镌刻"大明崇祯甲戌年南昆月吉旦泗洲庵右婆僧明源制"。现任住持法号释品圣，字心玄。

宋代时，官府常利用官道沿途寺院设置驿馆，故泗洲禅院内设松山驿，亦称泗洲驿。平阳县在宋代始设钱仓、松山两驿，置于温州至福州的官道主路上。南宋诗人陈与义由广东、福建转至临安任吏部侍郎，于绍兴元年（1131）自闽入浙由此道北上，经钱仓留下《泛舟入前仓》（前仓即钱仓）的诗篇。南宋著名爱国诗人陆游初仕宁德主簿，于绍兴二十八年（1158）一二月间由浙入闽，走的也是这条路，并在松山驿舍写下《平阳驿舍梅花》诗。

泗洲禅院的明代佛像

泗洲禅院延至清道光时，仍显古朴岿然。山间石蹬迂回，竹影摇曳，涧泉潺流不息。旁有闲云亭，看似荒野人稀，其实不乏幽深景象。清贡生朱凤辉（1778—1843，松山人）于道光三年（1823）时和友人游览此寺，写下的《偕王翼汝游泗洲古寺》诗足以为证。

松山在唐代建有四座寺院，其中

泗洲禅院、镇西院延续至今。镇西院也在小玉沙，《桥墩志》记载其建于唐天佑间，已是唐末。故泗洲禅院当早于镇西院，且更为著名。

三、马湘在松山西壑炼丹是道教传入平阳的最早故事

道教传入平阳，始于马湘在松山西壑炼丹的故事，有说其时在唐末。据清乾隆《温州府志》记载："马湘，（万历志载）号自然，杭之盐官人，隐于商，至安固卜居西岘山下，每有紫霞覆其居。一日，与其徒王延叟炼丹于松山西壑，时有双鹤翔舞，遂跨鹤上升，今丹灶井白存焉。"清顺治《平阳县志》（《卷七·外传》）记载："唐马湘结庐松山之巅，与其徒王延叟炼丹，常有双鹤翔其旁。一日鹤去，湘亦南游霍桐（即霍桐山洞，名霍林洞天，在宁德长溪县，今宁德霍童山）。大中祥符十一年飞升于东州，丹灶井白存焉。"这是道教最早传入桥墩，也是最早传入平阳的历史记载。

苍南道教有全真、正一、闾山三大派。宋乾道三年（1167），王重阳所创全真派道教的弟子"修职郎兴化司尹参军林任真归隐苏湖（今钱库望里），研习水南家学，并于莒溪修岩真观（已废）"。全真派尊王重阳为始祖，主张全形保真，性命双修，住宫观，不婚娶，以阐教、诵诗、礼忏、炼丹内养为主。

正一派即天师道，受牒于龙虎山张真人，俗称"襈公"，亦称"俗家道士"。不出家，可婚娶，主要从事斋醮道场仪式活动。

苍南道教的闾山派亦属正一道，尊陈靖姑（陈十四娘娘）为始祖，俗

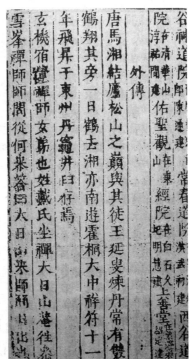

清顺治《平阳县志》中关于马湘的记载

称"尪师"，其科仪以武场著称。民间的扫风、打尪等，都请尪师主持法事。

苍南早在唐代有马湘与其徒王延叟炼丹求仙于松山，宋代先后出现以当地道士林灵真为领袖的水南派及传自闽南以陈靖姑为教主的闾山派，元代除水南家学外尚有金丹派南宗的流行，明代又有传自江西龙虎山的天师道正一派大盛，清代及民国以后还有全真道龙门派中兴，苍南实可谓道教之乡。

四、桥墩分水关是浙闽边界最早设立的关隘

分水关，地处浙闽边界，在平阳（今苍南）、福鼎、泰顺三县交界处。民国《平阳县志》（《卷三·舆地志三》）记载："分水山……与松山相连，泉出陇上，东西分流，以限闽浙。五代吴越战守于此。其岭曰分水岭，水名平水溪，东北流合南港以达钱仓。山腰凹处为关，曰分水关。"

据《福鼎县志》记载："（分水关）始建于五代十国，闽为御吴入侵，闽王命长溪县构筑分水关、叠石关、后溪关（在柘荣）、营头关（在霞浦）。明嘉靖间，福宁知州黄良材造隘房并派福宁卫军防守。""崇祯十七年，福安进士刘仲藻为抵御清兵入闽，征召民工重修分水关，并扩建关口左右城垣数百米。"清乾隆年间，福宁知府李拔在关上题书"分水雄关"。

《桥墩志》记述："（分水关）今故迹是明正德十五年（1520）与天启初年（1621）建筑。整个关城城垣周长3900多米，高5.6米，设有东、西、北三座城门，关城内建有炮台一座，左右营房两间，还有后来建造的观音堂、石碑坊和四角亭。在距分水关不远处，有一名曰'军营'之地，相传是古代闽国屯兵之所。"

1956年，闽浙公路在关庙村一侧顺分水岭回旋而上，从关口贯穿南北，遂将分水关切为两段，仅存长500多米、高2至3.5米、宽约0.9米的残墙一段。20世纪80年代，公路改线从蔡垟山一侧到分水关上方分

分水关全景

道，左往福鼎，右去泰顺，分水岭一侧属浙江，关内的分关村属福建，其间还有泰顺的插花地。后平息属地争议，苍、鼎、泰三县共同拨款，在分水关公路三岔口合建一座友谊亭作为纪念。1989年，福鼎县将分水关列为县级文物保护单位。2000年，苍南县在旧址上修复部分古迹及关墙下的花坛，辟为公园。

在封建割据时代，分水关为兵家必争之地，历代多有战事。如梁陈后主至德三年（585），丰州（福州）刺史章大宝反，攻分水岭。宋景炎二年（1277），元军南下，平阳失守，宋行军司马陈自中，随秀王赵舆柈入闽，提兵据守分水关，兵败不屈而死。明嘉靖四十一年（1562）六月中旬，戚继光率兵6000名，从金华义乌出发，经松山入闽，过分水关。清咸丰十一年（1861）十月间，金钱会起义军在谢公达率领下，奔袭分水关，杀死烽火营外围张振彪等清兵近百名，长驱入闽，攻占桐山城等。

同时，分水关隘也是重要的交通驿站。自宋代起，这里便是温州至福州的官府驿道，诸多名士文人留下了美丽诗篇。如北宋元祐进士、瑞安人许景衡的《分水关》诗："再岁闽中多险阻，却寻归路思悠哉。三江九岭都行尽，平水松山入望来。"南宋绍兴进士、莆田人黄公度的《分水岭》诗："呜咽泉流万仞峰，断肠从此各西东。谁知不作多时别，依旧相逢沧海中。"明朝开国功臣刘基《过闽关》诗："关头雾露白蒙蒙，关下斜阳照树红。过了秋风浑未觉，满山粳稻入闽中。"清代盘江逋客的《分水岭》诗："一道泉分两道泉，层层松栝翠参天。鹧鸪声里山无数，合向谁家草阁眠？"如此等等，不一而足。

五、松山鹅峰书院是宋代温州地区创办最早的书院

书院是古代一种自由研究学问、讲求身心修养的学术研究机构和教书育人的场所。书院之名最早出于唐代，原为藏书和修书之地，五代后成为教学场所，但有别于府学、县学，属于私办或半官办性质。

平阳县的书院始于宋代，史载曾有八处书院：南雁荡山的会文书院建于北宋崇宁三年（1104），原称其为平阳县最早书院。还有万全的交川书院、岭门的昆阳书院、松山的鹅峰书院、云岩的朝阳书院、灵溪的吾南书院、宜山的星岩书院和金乡的狮山书院等。鹅峰书院因在松山偏僻之处，史志记述不详。

鹅峰书院因何而建，建于何处呢？据明弘治《温州府志》（《卷三·山·平阳县》）记载："初，吴越钱王与僧愿齐同参韶国法师于天台，愿齐游永嘉……闻平阳有雁荡山，杖锡寻访……结茅其间。居二岁，钱氏命郡守建普照道场，尽以平阳一乡之赋赡之。……齐之从者百余人，分建十八庵与之处。"1997年版《苍南县志·大事记》记载："后晋乾祐年间，吴越王钱俶于江南设库司，征收盐、茶、绢、棉等税，赡养南雁荡十八道场愿齐师徒百余人。"

据黄正瑞著《松山钱王陵与鹅峰书院》论证，钱俶在967年时，借巡视温州与福州之机，带着儿子惟治（时约19岁）、惟浚、惟灌、惟演、惟灏（第五子，时约3岁）等到愿齐所在的南雁朝圣，继而遂有史志所载"钱令公入闽，五子从行"之事。其间，商议建钱王陵事宜，并

根据旧时子女守孝三年的规制，谋划创办书院以供守孝子孙就读。因此，认为"可能忠懿王钱俶墓在松山，鹅峰书院为王家书院"。明弘治《温州府志》（《卷十五·丘墓》）也记载："钱王墓在平阳归仁乡松山。世传曰钱王冢。"又据《温州市志》记载："鹅峰书院……创办于宋咸平年间。"

关于松山鹅峰书院的院址，据民国《平阳县志》记载：松山"高五里，绵亘十余里，跨平阳福鼎二界。山顶平处曰南平，西北有九峰山（即南山），上有烹茶井，泉水清美，吴越钱弘俶（钱俶）尝以中书令守永嘉，移镇闽中，与僧愿齐汲此井以瀹茗。又有一山若马鞍，曰文章屿（在处未详）。昔有吴僧庐此，能文，邑令沈悚呼之为文章师，因以名屿，或曰师，即文莹也（旧志）"。宋哲宗元祐七年（1092），平阳县令沈悚称吴僧为"文章师"，后人误传为"文章屿"，再传为"文昌屿"，把院址误导至有"屿"之特征的寨仔顶和小松山。其实，鹅峰书院院址就在松山鹅峰山麓。拙文《松山鹅峰书院考略》已作考查，不再赘述。

就鹅峰书院的创办时间而言，比始建于北宋皇祐年间的温州东山书院早50年以上，比永嘉书院（宋淳祐壬子即1252年立）早200多年，

水库三岔路口看鹅峰山（山形仍酷似马鞍）

也早于平阳南雁荡山的回文书院100余年，是宋代温州地区创办最早的书院。

六、松山泗洲驿是平阳县最早设置的宋代官驿

宋代之前，平阳无设驿记载。入宋以后，平阳始设钱仓、泗洲二驿。据明代温州学者姜准编著的《岐海琐谈·温州路驿》记载：宋代"温州（路驿）在城曰待贤驿、来远驿；宜春门外、华盖山下曰容成驿。……瑞安县曰来安驿。平阳曰前仓（即钱仓）驿、松山驿，皆自浙入闽之道也"。《温州邮电志》也记载："宋代，温州的驿馆有城内的待贤驿……南路则经瑞安的来安驿、平阳的前仓（今钱仓）驿和松山驿直达福建。"

宋梁克家纂《三山志》（《卷五地理类·驿铺》）载："（福）州，南出莆田，北抵永嘉，西达延平……"此中的"北抵永嘉"一路，是从闽县至连江的温泉驿、陀岭驿，罗源的四明驿，宁德的飞泉驿，霞浦的盐田驿、温麻驿再经倒流溪驿，到福鼎的白林驿、桐山驿，最后过分水关到平阳北上。《三山志》曰："白林驿，县（指长溪县）东北百里，去桐山五十里，今废。只憩天王院（在白琳）。""桐山驿，去泗洲驿二十五里，今废。只憩栖林院（在桐城柯岭）。……过分水岭。"

以上两地所记路驿情况完全一致，都证实处于浙闽边界的松山设有泗洲驿。

泗洲驿亦称"松山驿"，设在松山小玉沙泗洲禅院内。当时，对于路远驿少的驿道，常在寺院辟舍以补驿之不足。泗洲禅院，又名感应寺，始建于唐代，原寺址在桥墩水库溢洪道消力池旁发电洞口上方，建库时毁移址于数百米外的墓林，是松山最早建造的唐代寺院。

南宋著名爱国诗人陆游，初仕宁德主簿，于绍兴二十八年（1158）一二月间受命前往就任，由浙入闽，途经温州、瑞安，在平阳写了《平阳驿舍梅花》诗。其诗云："江路轻阴未成雨，梅花欲落半沾泥。远来不负东君意，一绝清诗手自题。"诗中"梅花欲落半沾泥"

句，说明诗人是近距离观赏驿舍边的梅花，然而标题中"平阳驿舍"所指何处并不清楚。是指平阳钱仓驿，还是指平阳松山驿呢？

有学者撰文认为，此诗是在平阳钱仓驿舍写的，其依据是：当时的钱仓已是温州名镇之一，无论从诗意还是宋代驿站制度而言，都符合钱仓驿舍的情景，但未能举出其他旁证。

其实，松山泗洲驿的人文环境、梅林溪景更胜一筹，陆游在此赋诗的证据更多：同为平阳地方官驿，两者均可冠以平阳驿舍，诗名中平阳驿舍并非特指钱仓驿舍，这是其一。其二是宋代时钱仓唯乘船方可达松山，与诗中来时的"江路"之说相吻合，而瑞安至钱仓则是水陆两道可通。其三，唐通议大夫黄晟唐末由闽长溪迁松山，居小玉沙且为望族。宋代时，有黄石、黄中及林湜、林介等一批名士文人居此，与泗洲禅院同处一村而近在咫尺。加上作为泗洲驿的泗洲禅院始建于唐代，位于平水溪畔，不乏梅林溪景与文化氛围。松山本地的莒溪诗人刘眉锡、夏庆良等，曾因此而著咏梅诗多篇。尤其是林英才《陆游"平阳驿舍梅

小玉沙（今仙堂村）泗洲禅院

花"诗作地之探考》一文，引证了清代平阳著名大学者叶嘉棆专程到沿沙（即玉沙）拜谒宋代文探花黄中的直谏堂和宋代大学士林湜的安居宅时，写了著名的《访林正甫居》诗，其诗云："沿沙陌上绿莓苔，直谏堂前土作堆。旧有梅花邻驿舍，几多山色护松台……"诗中特意用了"旧有"两字，当是点明宋时泗洲驿舍旁植梅花而致陆游吟诗的故事。"沿沙"是桥墩民间对小玉沙、大玉沙地名的统称。"旧有驿舍"无疑就是泗洲驿舍。陆游所标"驿舍梅花"当是在驿舍边近距离看到的梅花，而非远望梅浦、梅岙之意。可见，陆游《平阳驿舍梅花》诗当是在松山的平阳泗洲驿所作。

七、桃湖徐俨夫、松山黄褒然是苍南境内最著名的宋代文、武状元

状元是对科举考试中殿试第一甲第一名的称谓，别称殿元、鼎元。科举制选状元肇基于隋，确立于唐，完备于宋。从唐高祖武德五年（622）开始，直到清光绪三十一年（1905）废除，历经近1300年。历代王朝共选拔了文状元654名，武状元185名（有姓名记载者）。

据有关史料记载，自北宋政和二年（1112）至南宋咸淳七年（1271）的159年中，苍南境内的文武状元共8人，其名单是文状元徐俨夫，武状元陈鳌、陈鹗、黄褒然、林管、项桂发、章梦飞、林时中。其中，徐俨夫是苍南境内唯一的文状元，黄褒然当是苍南境内最著名的武状元。

徐俨夫（1200—1260），字公望，号南洲，松山桃湖（今观美桃湖）人，高才博学，以文章名世，宋理宗淳祐元年（1241）辛丑科廷对第一。据民国《平阳县志》（《卷三十五·人物志四》）记载，徐俨夫状元及第后，"签书某军节度使判官厅公事，秩满添差绍兴通判。（淳祐）九年，除校书郎，转秘书郎著作佐郎兼沂王府教授，权刑部员外郎，迁著作郎兼礼部员外郎。（淳祐）十二年，除秘书丞，再迁礼部郎中"。宝祐间，因得罪丁大全，退职回乡。景定元年（1260），得以起知抚州，未赴。又招为礼部侍郎，未几，卒于任。

桥墩民间对徐俨夫状元的传说多有神奇色彩，说他在岭前村白岩寺求学使山岩变色，往桃湖村孤云岭夜读有祥云护身。对其身世，有说出生于观美桃湖，也有说是水头状元内。《苍南状元》所载陈文苞《徐俨夫》一文，引证隆庆、顺治及民国《平阳县志》记载和名士诗文证实，徐俨夫是桃湖本地嘉定七年（1217）甲午袁甫榜进士徐昕之子，并非民间所传出于樵夫之家。

徐俨夫状元坊在旧桃湖渡口，民国《平阳县志·舆地志三》载："松山……昔有湖，曰桃湖，松山诸水所潴，湖水自桃林中东北流出奥口，春时两岸芳菲袭人，称为胜景，渡口有状元坊，宋徐俨夫故宅在焉。清道光间，里人于其遗址挖得铜剑，朱铭作歌诗以纪之。"同邑林景熙《过徐礼郎状元坊》诗也可为证："名坊临野渡，曾此产魁豪。湖带诗书润，山增科第高。劫灰遗断础，鬼火山深蒿。东海扬尘久，无人钓六鳌。" 林景熙（1242—1310）为南宋咸淳七年（1271）太学上舍释褐进士，林坳人（今藻溪繁枝），寻访徐俨夫故居时只见一片废墟，感慨之中写下此诗。徐俨夫状元墓在桃湖山边，古墓尚存，已做修缮，现为县级文物保护单位。

徐俨夫为人谦逊。同科有庐陵欧阳守道，在对策中论及国事成败与人才消长等问题，辞意深切，徐俨夫自愧勿如。唱名时，徐俨夫却居第一，便当场起立，歉然其道手，曰："吾愧出君上矣。"徐俨夫受人尊崇还因为他刚直不阿。丁大全与阎贵妃、马天骥等在朝廷里应外合，狼狈为奸。宝祐年间，丁大全被擢拔为右丞相。徐俨夫与丁大全不合，毅然辞官回到故里。虽家境清贫，三餐不继，仍然抱膝长吟，出声如击金石。有

建在桃湖村的徐俨夫状元墓

人劝其向丁大全谢过，委曲求全以存活。徐俨夫书对联一副贴于大门：
"一任证龟成白鳖，那能拜狗作乌龙。"显见其忠良气节。知县陈容敬
重徐俨夫的为人，来访桃湖，写了一首《桃湖》诗，后来还拜谒徐俨夫
墓，又写下《谒徐侍郎墓》诗。

南宋武状元黄褒然，松山人（今桥墩镇）。幼时聪颖，天资绝
伦，勤奋练武，喜研兵法，于南宋淳熙十四年（1187）丁未中右科进
士，廷对第一，中武状元。绍熙中为武学教儒，续迁博士。宋代苍南境
内的7名武状元中，仅黄褒然为武学博士，可谓最著名者。

黄褒然性刚直精明，有政绩，《止斋集·外制》评："博士与范
仲任并为时所称重。"清教谕吴承志曰："惜无如文忠者采贤士大夫之
评论而传之。"其名录入编明万历《温州府志·选举志》，明隆庆、清
乾隆、民国《平阳县志·选举志》等书。

八、桥墩天井垟银场是苍南境内唯一的明代官办银场

清康熙《平阳县志》（《卷一·物产》）记载：平阳"银矿三，
其一归仁乡四十都焦溪山；其一崇政乡五十一都天井洋山，俱永乐七
年采；其一宰清乡四十二都赤岩山，永乐十一年采，今皆封禁。盖以
愚民趋利，易聚难散，得不偿本，不乱不止，故窒其源也"。1993年版
《平阳县志·大事记》也记载："洪武三十一年（1398），设场局，陆
续在焦溪、天井垟、赤岩诸山开采银矿，岁课2000余两。永乐时增至8
万余两，宣德时又增至9万余两。"

明景泰三年（1452），平阳县归仁乡三都（三十八都至四十都）
六里和瑞安县义翔乡五都（五十六都至六十都）十二里之地，析出置泰
顺县。归仁乡的龟伏银坑群（今属泰顺龟湖乡，含龟伏、石闩下、净水
三处银坑）和焦溪银坑（今属泰顺三魁镇，在刘宅），成为泰顺史上的
"明时四坑（四大名坑）"，朝廷设太监府监管开采。宰清乡的赤岩银
坑，即今腾蛟湖窦村银坑，仍在平阳县域内。崇政乡天井洋（垟），自
明代至清乾隆年间，均属平阳县崇政乡五十一都，民国初年为北港镇天

井阳村，民国二十九年（1940）改水头区天井乡。新中国成立后一直保留乡建制，20世纪60年代初划入桥墩区域，1981年分县归苍南县管辖，今属莒溪镇。

明代的浙江银场，主要在处州（今丽水）、温州两地，温州主要分布在旧平阳县、瑞安县。由于银矿主要分布在西部山区，明景泰三年（1452）时已大部分划归泰顺县，所以明清之后的《平阳县志》对银矿之事记载甚少，县人对桥墩天井银场也近无知晓。根据相关史料，结合实地调查，天井垟至今仍遗存多处银冶遗迹，且规模可观。

一是坳下银坑。坳下溪在坳下村下游四五百米处的右侧山沟，人称"大银坑沟"。从大银坑沟沟口顺坳下溪往下游一二里处的溪边山坡上，有一幢木楼房处叫"大杉地"。后山的上银坑、下银坑和里塆的大银坑沟很早时开过银矿。山上面有两个银洞，靠近坑口与坳下溪的汇合处，还有2个小银洞。大银洞的洞口有五六尺见方，10多米深，已被泥石堆积。大杉地对面山崖上有个畲族自然村为"梅人岗"，相传最早地名就叫"天井阳坳下银坑"。上述上、下银坑与大银坑沟同处于一个山体，无疑是同一坑场，即坳下银坑。

二是天井阳（垟）银洞坑。在直坑岭头即天井岭头的下山道路右侧一二里范围和左侧四五里范围，遗存数十个银洞遗址，是乡间世代所称的"天井阳（垟）银洞坑"。近年，从直坑岭头沿左侧山腰开了一条施工便道，道路旁边多处暴露着过去开挖的小银洞，多是顺着岩层开挖，形状狭长，仅容一人劳作。距离岭头1里处的山湾，在便道下侧数十米处有两个银洞，一称"七格洞"，有说因洞有七层而名，洞里还供有采宝三郎；另一个叫"通天洞"，在七格洞对侧。据苍南县博物馆文物普查资料记载：银洞"遗址占地面积约为0.5平方千米，共有矿洞50多个，面东而凿，以横坑居多，少数为竖井，洞壁清楚可见矿脉线层。遗址内尚遗留当年挖掘矿洞时留下的矿石堆积层厚约1米，多呈碎石状。天井山龙船坞（湖）银矿矿洞开采始于明代，已有数百年历史，且遗矿洞较多，保存完整，为研究明代银矿业史提供了实物资料"。有

天井阳银洞坑遗存的矿洞

记者著文说："从有关资料的数据显示，这片矿区总面积约2.29平方千米。文物部门称，窿洞多呈上下二洞垂直分布。据称上层主要用于透气排风，下层为主矿洞口。浅者为探井窿洞，深度2~3米；深者为采矿窿洞，深达数百米。从这些遗留矿洞的采矿技术层面来看，已会运用排风通风技术，而且在洞内作业的深度已达数百米。这些表明了当时的相关技术也已达到一定水平。"普查资料记载的龙船湖银洞，其实就是本文记述的天井阳（垟）银洞坑。

天井垟银场于明永乐七年（1409）开采，弘治五年（1492）封禁。与矾山明矾生产始于明洪武八年（1375）堪为同期，两者当是老平阳明代最著名的矿场。

九、桥墩门大桥是平阳（今苍南）境内最具地标特性与文化内涵的古石桥

桥墩在明代时称松山镇，有松山市。清康熙《平阳县志》卷一所

清咸丰三年（1853）修建的桥墩门桥（陈超供图）

载《平阳县舆境图》中，有"桥墩门"字样。清光绪间又称"桥墩门市"。史上的平水溪今称横阳支江，乡人俗称"桥墩大溪"。大溪两岸旧时分属三十六都、三十七都，桥墩门大桥连接两岸构成集镇，大桥屡毁屡建而延续500余年。

1997版《苍南县志》记载：桥墩门大桥原名上元桥，又名（旧名）松山八角桥。明万历年间建，系石板结构，计18间，长100余丈，宽4.5尺，高6米。清康熙年间重修，改名平水桥。乾隆三十年（1765）秋，增筑石墩3座，改名丰安桥。咸丰三年（1853）被洪水冲塌，九年（1859）拆修改建，更名"桥墩门桥"。清光绪九年（1883）、民国二年（1913）先后又两次重修。1960年被洪水冲毁，1985年当地群众自筹资金重建，为钢筋混凝土双曲拱桥，全长80米，3孔，桥宽5米，高6米。其实，1960年后还有一次建造简易桥的历史。

1960年，桥墩水库垮坝，冲毁桥墩门大石桥和1955年间所建混凝土基座、木结构公路大桥，断绝大溪两岸的所有交通。因此，利用若干原石桥桥墩架设钢筋混凝土构件及工字梁，作为公路及人行简易桥。1975年，104国道石砌合墩平板公路大桥建成后，简易桥则作人行桥，直至1985年重建桥墩集镇时才自筹资金建造双曲拱桥，简易桥历时达20多年。

在1955年温分公路桥墩大桥建成前，桥墩门大桥是大溪两岸唯一的人行桥，也是明清时平阳至福鼎驿道南门干路中的陆路通道。桥墩门大桥屡毁屡建，从松山八角桥到桥墩门桥延至民国，有文字明确记载的重建重修就达7次，至今共重建重修10次。从中可见这条桥对于集镇形成与发展是何等重要，可想而知它在桥墩百姓心目中的地位，也让我们真切地看到捐建者的诚心善意和百姓们不屈不挠的奋斗精神。最近这次的第十次修建不同以往，改为观光廊桥，作为桥墩"溪山画廊"的主体工程，汇聚了政府、地方和乡贤、乡亲的心血与智慧。24幅木雕故事阐释千年古镇的人文底蕴，24帧乡土景观展现"醉美桥墩"的绝世风华，更有名家撰书的廊柱楹联，并且连通景区游客集散中心、碗窑瓷韵小镇，正一步步走向新的辉煌。

有形的变迁在延续，无形的文脉在传承。桥墩门大桥原桥有桥屋、栏杆，清乾嘉间莒溪诗人刘眉锡（1749—1823）《平水桥》诗的引言说："平水桥屋三十五楹，康熙丁亥年八月大水圯。乾隆壬午年四月桥成，三十七楹，癸末年七月风水又圯。"清光绪时的平阳知县汤肇熙所写《吾南书院记》记述了后续情况："桥墩门石桥长数十丈，上有屋，屋以杉木架。乾隆三十年洪涨桥圯，木汛至水头不散。居民争欲取。适李长春至，亟止之，谓宋代鹅峰书院成，南港人文遂盛，遗址即松山之文昌屿是也。今木远流不散，或天有意斯文乎！于水头之古营基石佛亭旁构书院，额曰'南和'。三十二年，邑令何子祥取'吾道南欤'义，易额'吾南'"。后在光绪八年（1882）移建于灵溪街后，光绪二十九年（1903）改为吾南初等小学堂。汤肇熙在文中感叹："天下事成与败，岂不存乎人哉？语曰：'有志者事竟成。'吾南书院自成而败，复自败而成。其成也，其志也。……吾望人成其成书院之志，则人文复盛，今之吾南且如见宋之鹅峰矣。"

纵观桥墩几百年来的兴衰变故，正是这种文脉的传承、人心的聚合，使桥墩人在历遭劫难、数度兴衰中，仍不屈不挠地奋然前行。

十、桥墩畲族雷念之族是最早入迁平阳县（今苍南）的畲族支族

畲族是温州地区人口最多且迁入较早的少数民族，大多是明清时自福建闽东迁入。主要迁徙路线是由广东潮汕地区迁入闽东，再自罗源、福安、霞浦、福鼎等地迁入温州地区，而后从温州各地分迁丽、金、衢地区，有的又回迁闽东。迁徙形式是以家族为单位，或者几个家族结伴同行。

桥墩畲族有蓝、雷、钟、李、吴、罗6姓20个支族，最早入迁苍南县（原平阳）的是文成桐油垄支族之祖先雷玉。该支族上祖雷江自福建连江迁居浙江云和三都，雷江之子雷玉于明弘治十三年（1499）自云和转徙桥墩莒溪十八家（今属上村村），距今500余年，应该是最早入迁温州地区的畲族支族。

桥墩畲族女装上的手工绣花

后雷玉之曾孙雷念（1524—？）于明嘉靖庚申年（1560）前后，自莒溪移居福建罗源县黄重上里东山头（今属中房乡），而后转徙处州景云包凤（今属景宁县鹤溪镇），旋偕子迁居青田八都二源养源头（今属文成县西坑镇旁边垟村）。雷念之孙启秋、启新、启光为桐油垄支族一世祖。衍至五世时，世卿迁入莒溪黄硐山脚，宗显（1687—1762）或许宗显父世祖自三甲垟山迁入华阳牛角湾，这是该支族第二次入迁苍南县。

十一、桥墩碗窑是浙南乃至浙江最具乡土产业特色与多元文化魅力的古村落

"碗窑"二字，其本意是对烧制碗瓷器窑口的通称，但在桥墩却

又成为地名，并出现于清光绪十九年（1893）绘制的《浙江全省舆图并水陆道里记》所载《平阳县图》之中。民国《平阳县志》（《食货志三·烧造》）记载："烧造之业最早者，为南港三十七都焦滩。清雍正间，夏、施、巫三姓首创为之，现有十二窑，产值约银元八万。"

碗窑古村落

据《桥墩志》记述："《巫氏宗谱》载，明万历乙亥闽汀州连城姑田里瓷工窑匠巫人公（传称巫人公）徙上窑田腰，凿渠引水，伐木建窑，烧瓷为生。"可见碗窑村落始于明末，距今400余年。据传，清代碗窑鼎盛时期有18条窑，约有工匠4000人。碗窑古村融民居、古陶瓷生产线、古庙古戏台于一体，成为清代浙南地区烧制民用青花瓷的主要基地，无处不展现着与众不同的产业特色与文化魅力。

初始的碗窑，从巫人老、六份寮单家独姓的碓仔和小型蛇仔窑（小龙窑）烧制，发展到共同开渠引流、家族联合烧造的手工制瓷实体。村落先后聚集了50个姓氏的碗民，和睦相处，合力创业。前期建窑烧瓷为巫、夏、施、胡等姓首创，继而江、华、余、陈、朱等姓人口大量入迁，余氏的技艺优势在中期承前启后，朱氏则于中后期的发展中起了主导作用。中华人民共和国成立后，碗窑曾创办瓷器初级社、高级合作社，成立碗窑日用瓷车间等，手工制瓷传统工艺在艰难曲折中延续至20世纪80年代末。数百年来的窑口增减、家族兴衰以及村落演进，无不以顺天时、用地利、筑人和的理念贯穿其中。

碗窑作为明清时期生产日用瓷的古村落，其村庄结构与建筑风格独树一帜。依山临水，坐北朝南，有利于圳、碓、窑、道布局，充分利用风、水、日照，满足瓷窑生产要求。房屋依山就势，临崖而筑，民宅院落、厂房作坊密集而有序，三官宫、古戏台等民间信俗与文化设施一应俱全。这个浙南山地瓦厝文化古建筑群，现存房屋35栋327间，其中民宅244间，原始厂房作坊83间，还完整保留着龙窑（阶级窑）、圆窑、三官宫、古戏台等。1987年进行风景区总体规划时，华靭秋教授称："古村落完整保留着商品经济萌芽时期陶瓷手工业作坊，并且还在运转，全国少见，堪称一绝。"近年的景区开发中，又被权威专家称为"明清时期手工制瓷的活博物馆"。

碗窑对水资源的开发、水能的利用，通过"一溪一谷两坑沟"的水系做到了极致。依靠莒溪与外界通衢，排筏运输经济便利；从腾垟溪谷凿渠引流，保障充足水源。"两坑沟"是长圳分流的后垟坑沟和棋盘山自然坑沟，联成水网，环绕布局，多级设碓，保证生产、生活和消防用水需要。一个小山头上构筑了十多座窑、二三十个碓房以及一大批漂洗沉淀池，仅靠沟、渠、斗门、水隙便实现水能自流利用，日复一日、年复一年地运转，展现着碗窑人的智慧与精妙。1991年来访的"中日民俗文化考察团"中的专家学者，对碗窑的建筑布局与窑风瓷韵赞叹不已。

碗窑古村的灵魂是手工制瓷，烧造作坊的原始设施，如圳道、轮碓、厂房、窑床、拌土坑、淘洗池等完整保存固然重要，而古陶瓷生产工艺传承至今才是最宝贵的。一堆普通的陶土，到了碗窑人的手里就被赋予新的生命。每一个成品，要经过备料、粉碎、搅拌、制作、晒干、修坯、绘花、上釉、入窑、装窑、烧窑、出窑、分级等十几道工序，全凭手工操作。更有一条完整的阶级窑延续至今，使碗窑的日用青花瓷古法制作工艺的传承完美无缺。

传承之中会有创新，创新才能更好传承。碗窑瓷器手工制作工艺中就有碗窑人的创新，如男子手工制碗，女子手绘画花，有别于官窑产品成型不分工序皆一人独立完成。某些关键工序，如上釉，有的家族商号也有独门绝技。最具碗窑特色的鹅斗与双鲤鱼盘，碗花随性创作，似鹅非鹅，似凤非凤，独显地方风格与碗窑元素。经营模式的创新，同样有碗窑人的贡献。清代时，碗窑五大制碗家族都创立各自的商号（瓷号），其中巫氏为"元生"，朱氏为"德兴"，陈氏为"茂盛"，江氏为"永和"，余氏为"顺生"。正是碗窑人的品牌意识与竞争态势，推动碗窑瓷器烧造进入鼎盛时期。

有形的景物遗存美不胜收，而无形的乡土文化同样丰富多彩。源于闽、赣的崇拜陈十四娘娘的信俗带入浙南，与五显大帝、福德正神一起被供于碗民住宅的厅堂神龛；伴随建窑烧造而崇拜窑公爹，敬畏火神，村落"四年两醮"举办法事道场；村民上窑揭瓦、扑火救灾功夫非常，一呼百应，不分老少，逐渐衍成村风乡俗；三官宫相向戏台，八角楼临坡而建，既供节庆文化活动之需，又有演戏媚神之用，还能挽留外来经商提货之客。

更有古戏台藻井彩绘52幅《白蛇传》戏曲人物故事图案，其描述的情节竟然不同于传统的《白蛇传》。杨树著文《那年，小青还是一条鱼》，指出"碗窑这部《白蛇传》，是一部独创性糅合型的《白蛇传》。它应该是两百年前温州版的《白蛇传》，也是当时最新潮的《白蛇传》。"

碗窑独特的地理状况、村庄结构和村民自给自足的生活方式，构筑了诸多不同的发展空间与家族文化。例如余氏族人惯于择工而作，重技艺传承于世。朱氏家族则以制瓷为主、农耕为辅，设立私塾，倡导耕读，践行诗礼传家。为了"留住碗窑"，前些年又筹巨资创办碗窑博物馆。

如今，碗窑又着手建设"瓷韵小镇"，多家文化研究机构或专家工作室入住。近年来先后被命名为"中国传统村落""中国历史文化名村"和"浙江省最美乡村"，给碗窑古村增光添彩。碗窑独有的产业特色与文化魅力，以实力名冠浙南，无愧于浙江之最。

十二、"桥墩"地名最早出现的时间是清朝设置桥墩寨

桥墩集镇形成于明代。明弘治《温州府志》（《卷三·山·平阳县》）记载："松山在县西南八十里，其土宜松。"该志（《卷六·邑里·平阳·乡都》）街巷市镇条目下记载："松山镇在县西南九十里，为西镇，有松山市。"

平水溪，乡人俗称"桥墩大溪"，大桥始建于明弘治间或稍前。明弘治《温州府志》（《卷五·桥梁·平阳县》）记载："松山八角桥，在三十七都。"民国《平阳县志》（《卷四·舆地志四》）记载："上元桥，旧名松山八角桥，明万历间建。"可见，明代时未见"桥墩"地名的出现。

"桥墩"地名源于何处，最早出现于何时呢？在104国道桥墩大桥南侧桥头有座小山，桥墩人称它"寨仔顶"。寨仔顶的地名源于清初官府设置的桥墩门新寨。据清康熙《平阳县志》（《城池·卫所·江南岸》）记载："皇清（康熙）九年奉旨展界，即金乡卫旧城修筑设名金乡寨。金乡寨，

清顺治《平阳县志》记载设置桥墩寨

镇标左营游击，兵一千名，汛守自分水至江口并新寨共二所，台二十所，俱属左营汛防。桥墩门新寨，系隘要险汛，左营千总一员，兵丁一百名防守。离（海）七十里。"

该志明确记载清康熙九年（1670）建立桥墩门新寨。既然称之"新寨"，必定还有旧寨。清乾隆《温州府志》（《兵制·平阳协》）记载："温州（设）镇总兵官，隶浙江提督，驻扎府城，辖乐清、瑞安、平阳、大荆、磐石、玉环各协营。顺治三年设副将，至十三年改设总镇，兼管处、金、衢三协。……""驻防金乡寨城，右营都司一员，千总一员，外委把总一员，马步战兵丁共一百六十二名。""分防汛地五：一曰桥墩寨，右营把总一员，外委一员，马步战守兵丁六十六名。一曰巴曹汛……。一曰北港汛……。一曰沙园汛……。一曰矾埠头汛，右营把总一员，马步战守兵丁五十名。"

以上志书明确记述清顺治三年（1646）时温州设副将，辖六县各协营；至顺治十三年（1656）时改设镇总兵官，兼管处、金、衢三协。可见六县各协营驻防、分防之寨城汛地，是在顺治三年时所设。因此可以得出结论，桥墩寨、矾埠头汛建于清顺治三年，这是"桥墩"地名最早出现于官方文献的时间。

（2019 年 9 月 1 日）

（本文删节稿载于 2019 年 10 月 25 日《今日苍南》）

简述桥墩的"百年第一"

松山古镇形成于明代。明弘治《温州府志》载："松山镇在县西南九十里，为西镇，有松山市。"清顺治年间，始称"桥墩"。清康熙《平阳县志》卷一所载《平阳县舆境图》中，有"桥墩门"字样。可见，桥墩历史悠久，人文底蕴深厚。文脉传承至近代、现代，不乏仁人志士为翻身解放前仆后继，更有广大百姓为民富国强勤劳耕耘。在近代以来百余年的奋斗与发展中，涌现出众多的开拓者、创造者。本文记录其中若干个桥墩百年来的"第一"。

一、松山学堂是桥墩创办百年的第一所国民小学

清光绪三十三年（1907年）正月（一说清光绪三十二年即1906年），李心亭、钟莲溪先生借桥墩仙堂李福泰宅创办松山学堂，首任校长李心亭。

桥墩小学相公爷本部

清末，政府颁布教育章程，称教育机构及场所为学堂。章程规定小学教育分初等、高等两级，初等小学堂学制五年，高等小学学制四年，并规定每百家以上之村应设一所初等小学堂。民国时，政府颁布《普通教育暂行办法》，改学堂为学校，但民间仍习惯称学校为学堂。1923年起施行新学制，小学初等四年，高等二年，学校经费来自自筹及上级补助。据老人回忆，松山学堂筹资由鱼行、茶行代收，每担货物加收一个铜板作为办学经费。

松山学堂是今苍南县桥墩小学的前身，1913年筹资于寨仔顶建校舍，取名平阳县桥墩松山初级小学。1936年，因故迁相公爷庙。1940，年增设高小，改校名为平阳县桥墩镇中心国民学校。1950年，因行政区域调整，更名为平阳县桥墩区中心小学。2007年间曾举办百年校庆活动。

二、桥墩茶叶在民国四年（1915）获得第一个世博会金奖

桥墩有着茶叶生产、加工和销售的良好基础与历史传统，明清间开始发展，民国时形成规模，逐渐成为浙南茶叶的主要产区与购销地。由于桥墩有明清驿道（温州至福州）穿过全境，还有水路可达鳌江，北上、南下交通都很便利。因此，茶叶随集镇形成、扩展而不断发展，茶市伴贸易兴起而开拓了更大市场。

民国期间，桥墩的茶叶生产已有相当规模，烟茶行栈多达20余家，茶叶远销海内外。也有外地客商委托桥墩代理商收购茶叶，或由代理商收购茶青，就地

民国《平阳县志》关于茶叶的记载

加工后送货交易。据民国《平阳县志》载："民国初，（平阳县）出口茶约一万担。"民国四年（1915），桥墩洪锦春商号茶叶参加美国旧金山世博会获金奖，这是桥墩茶叶获得的第一个世博会金奖。

三、五岱黎阳村陈朝美是桥墩第一位中共党员

平阳县中共地下党的活动始于1926年秋。1928年2月，建立中共平阳县委。3月，成立了平阳县第一个党支部——（宜山）四岱党支部。同年清明节间，四岱支部党员林瑞龙（灵溪张家山人，烈士），受书记林珍（1905—1930，云岩四岱人）派遣，到桥墩五岱（今五凤）陈家呇地方，秘密进行革命活动。这是桥墩区域革命活动的开端。

1930年5月24日，红十三军主力一团同平阳县委、县农民协会组织的农民赤卫队攻打平阳县城失利。1931年春，中共地下党遭国民党军警"围剿"。9月，中共浙南特委书记王国桢、县委书记朱绍玉先后被捕，浙南革命斗争处于低潮，平阳县委停止活动。

1933年3月，五岱黎阳人陈朝美（烈士），由李筱山（闽东地下党）、林勤羡吸收加入中国共产党，为桥墩区域第一位中共党员。后陈朝美入伍，任鼎平县游击队交通员，1936年3月不幸被捕牺牲于黎阳村。

1936年4月间，刘英率挺进师第一次进抵五岱山活动。5月，中共鼎平县委建立了黎阳（书记潘孔辉）、南山头（书记许必赫）、凤村（书记陈朝畔）三个党支部，这是桥墩区域首批成立的中共党支部。

中共苍南县桥墩区组织史资料（1929—1987）

四、桥墩推广区是原平阳县（今苍南）第一所官办农技推广机构

位于桥墩鹅峰山脚的推广区，原名是平阳农业推广区，设于民国二十九年（1940）。民国三十年（1941），易名第八农业推广区。

推广区旧址

1950年间，温州国营茶厂在桥墩推广区设立收茶站。1952年，引种云南大叶茶50亩。1955年，建立茶叶良种试验场。1956年，推广区由温州中茶公司接收。1958年，创办红茶初制厂。1959年，推广区改为地方国营桥墩茶场，为全民农垦企业。1975年，整合为生产、制作、销售一体化的茶叶精制厂，并恢复了中断25年的出口茶叶生产。至1990年，出口眉茶1342吨，创汇265万美元，税利达220万元。全场职工最多时达1150人，于1994年停办。

推广区对桥墩区域的茶叶生产发展起到了积极的推动作用，包括引进与推广茶叶良种，培育、供应茶苗，推广栽培技术，提供茶叶加工服务等。

五、五岱陈铁君是原平阳县（今苍南）第一位开国将军

陈铁君（1917—1961），原名陈廷亩，五凤同平（今嘉同村）人，1933年考入南京国民党军政部学兵队。1934年，他回到故乡，与叶

陈铁君将军纪念馆台门

挺鹏等8人组成武装队伍，开展游击活动。1935年，成立浙南红军游击队，陈铁君任队长。1937年，他率领游击队袭击国民党驻北港区署保卫团、驻八岱宫宜山团防局，战绩赫然。同年5月，中共闽浙临时省委书记刘英同意与国民党闽浙皖赣边区公署主任刘建绪进行和平谈判，陈铁君为和谈代表之一。后和平谈判中辍，陈铁君在青田战斗中负伤被俘。七七事变后，刘建绪同意恢复谈判，便释放陈铁君作为谈判接洽人。8月，谈判达成协议。10月，陈铁君由刘英、粟裕介绍加入中国共产党。

抗日战争期间，挺进师改称闽浙抗日游击总队，陈铁君任副队长兼参谋长。后历任教导总队教员、军部参谋处科长、一师二旅副参谋长、十六旅参谋长、苏浙军区第一纵队参谋长等职。解放战争时期，任华东军政大学教育长、山东兵团副参谋长、第七兵团副参谋长。中华人民共和国成立后，历任第十兵团及福建军区参谋长、中革委军训部组织计划处处长、军训计划局代局长等。1955年，任训练总监部计划和检察部副部长，同年被授予少将军衔。

六、桥墩水库是原平阳县（今苍南）最大的一座中型水库

桥墩水库是一座以防洪灌溉为主、结合发电的综合利用工程。水库的工程建设经历了三个历史时期，在30年的时间里经过3次施工，方告全面建成。始建于"大跃进"时期，于1958年8月开工，因连续遭受3次台风暴雨袭击，于1960年8月10日凌晨垮坝。复建工程在"文化大革命"期间进行，1969年12月正式上马，1973年底基本完工。因大坝存在质量隐患，在改革开放时期又进行扩建加固。扩建加固工程于1981年11月动工，1989年6月投入试蓄水，1997年3月通过竣工验收。

扩建加固后的桥墩水库，坝高66米（高程），总库容量8420万立方米，正常水位54米（高程），总装机2500千瓦电机组。防洪标准5年一遇，防洪库容1909万立方米，防洪保护农田约16万亩，灌区灌溉总面积43万亩，是原平阳县最大的一座中型水库。

20世纪50年代桥墩水库建设工地

七、莒溪林场职工吴加盛是原平阳县（今苍南）第一个为抢救国家财产而牺牲的英雄人物

吴加盛是国营平阳县第一林场（桥墩莒溪林场）工人。1969年12月3日，莒溪干坑炉发生特大山火，已经59岁的吴加盛临危不惧，舍身救火，带头开辟防火线，整整与山火搏斗4个小时，为抢救国家万亩森林英勇牺牲。

温州地区革命委员会于1970年3月9日作出《关于学习无产阶级革命战士吴加盛同志的决定》。《浙南大众报》刊登了吴加盛英雄事迹的长篇通讯，还发表《无限忠于毛主席，一心为公干革命》的社论。温州地区革委会政工组编印了学习资料，收录了上述文件、报道和吴加盛生前的学习笔记、豪言壮语等，并配发了31幅记述吴加盛贫苦出身、翻身解放、勤学苦干、艰苦护林、勤俭节约等事迹的连环图画。

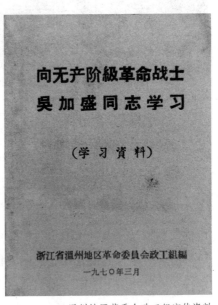

温州地区革委会政工组宣传资料

八、桥墩啤酒厂制订了全国第一个股份合作企业示范章程

1985年，桥墩吴祖忠、陈绍准、张西番等人集资100余万元创办三千吨级的桥墩啤酒厂，办厂之初就碰到没法找到主管部门、没法登记经济性质等问题。

1987年上半年，苍南县农民合股企业发展到600家，年产值占全县工业产值的一半，税收占全县财政收入的三分之一。7月，县委组织调查组对全县股份经济发展情况进行调查，提出股份经济应定名为股份合作经济，建议温州市制定暂行规定。11月，温州市人民政府颁布了《关

桥墩啤酒厂

于农村股份合作企业若干问题的暂行规定》。

1988年7月，县委又组织调查组进行跟踪调查，发现不少股份合作企业已经破产。同年9月，县委周方权书记带领县体改委黄正瑞副主任等在桥墩啤酒厂进行股份合作企业规范化试点。黄正瑞参考国外农业合作社的章程、《温州市股份合作企业若干问题的暂行规定》及国家有关政策法规，结合股份合作企业的共性问题与桥墩啤酒厂的实际，草拟了章程，经过"三上三下"得以通过。

该章程七章二十一条，是全国第一个比较规范的股份合作企业章程。第一章为总则，规定企业性质为股份合作企业。第二章为股份与分配，规定股东不能退股，但可以向第三方转让；税后利润50%以上作为生产发展基金记入股东名下，25%以下用于股份分红，公共积累提取10%。第三至六章规定了股东大会、董事会、厂长和职工的权利与义务，其中职工的权利包括要签订劳动合同、提供养老保险、八小时工作制和参加工会的自由等。

1990年2月12日，农业部第14号令发布了《农民股份合作企业暂行规定》，并附《农民股份合作企业示范章程》。4月25日，农业部政策法规司致函浙江省苍南县人民政府称：我部1989年起草《农民股份合作企业暂行规定》及其附件《农民股份合作企业示范章程》过程中，参考了贵县体改委周方权、胡永乐、黄正瑞同志撰写的《苍南县股份制企业存在的问题和对策》一文，借鉴了苍南县股份合作企业示范章程。

2008年11月，桥墩啤酒厂制订全国第一份股份合作企业示范章程被评为"苍南改革开放30周年最有影响十大事件"之一。

九、国营桥墩茶场茶叶丰产片单产800斤创全国第一

桥墩种植茶叶有着得天独厚的自然地理条件，加上县国营桥墩茶场技术力量雄厚，茶叶产量不断提高。1977年间，校场垟有270亩茶园，平均亩产达到455斤。其中，产量最高的21亩地块亩产平均高达800余斤，创造了全国之最，引来外省区对口单位到桥墩茶场参观学习。

八亩后这样的集体茶场，实行科学种茶后茶叶产量也有不俗的表现。八亩后茶场1978年种植的3.7亩速生茶，到1981年时平均亩产达到403斤；1979年种植的61亩速生茶，到1981年时平均亩产达到了163斤。

桂兰溪畔的校场垟原桥墩菜场

十、玉苍山风景区是苍南县第一个由政府规划开发的风景名胜区

桥墩玉苍山风景区的开发，始于1987年冬。桥墩区委和桥墩公社党委，通过县建委邀请马站籍学者、武汉城市建设学院风景园林系主任华轫秋教授，对玉苍山、碗窑和莒溪的自然人文景观进行考察，继而聘请他作玉苍山风景区总体规划提纲。

1988年3月4日，桥墩区公所举行华轫秋教授关于玉苍山风景区开发的学术报告，阐述玉苍山风景区总体规划提纲。拟分为玉苍山、苍龙湖、莒溪峡谷三大景区进行规划设计，尤其提出碗窑古村落完整保留着商品经济萌芽时期陶瓷手工业作坊，全国少见，堪称一绝。县政府黄德余县长，县委办、县府办、计经委、交通、建设、林业和宣传、文化等部门，以及桥墩区、镇、桥墩水库等单位领导参加了报告会。黄德余县长充分肯定玉苍山景观的开发价值，强调保护风景资源，要精心规划、分期开发，要求各部门给予必要支持。

县四套班子领导及桥墩区负责人参加玉苍山风景区总体规划报告会合影（摄于1988年3月）

1988年3月15日，桥墩区公所、桥墩水库扩建加固工程指挥部、桥墩镇人民政府、苍南县林场联合行文，向县人民政府报送《关于开发玉苍山风景区的报告》。3月间，省建设厅胡理琛副厅长、市建委胡葆

富主任等领导到玉苍山实地考察，认为玉苍山风景资源丰富且别具特色，提出可以先作市级风景区，而后再报批升级为省级风景名胜区。

同年6月，陈诒昆副县长带领县有关部门到玉苍山进行实地考察。桥墩区建立相应领导班子，抓紧对景区内自然人文景观的状况进行调查，划定景区范围、封山育林，联合发布《关于旅游区资源保护和管理的公告》，以集资为主修建玉苍山法云寺，报请县府规划建设桥墩至玉苍山旅游公路等各项基础工作。

1989年冬，委托温州市规划设计处完善玉苍山风景区总体规划，苍南县人民政府以苍政发〔1989〕245号文件向浙江省城乡建设厅发出《关于要求将玉苍风景区列为省级风景区的请示》。1991年6月10日，浙江省人民政府批准玉苍风景区为省级风景名胜区。

1993年5月，县政府决定扩展风景旅游区建设规划。由苍南县城乡建设委员会、江西省城规院风景环境设计所，共同完成浙江省滨海—玉苍山风景名胜区总体规划。确定风景名胜区的性质是：以陆岸金沙、山巅石海、古窑村寨为主要风景特色，以度假观光为主的综合型省级风景名胜。风景区由滨海与玉苍山两个部分，渔寮、炎亭、玉龙湖、玉苍山、莒溪等五个景区和矴步、蒲壮所城两个独立景点组成，其中渔寮、炎亭、玉苍山是国家AAA级旅游区，另有石聚堂、鲸头、燕窠硐三个县级风景区，构成以灵溪镇和龙港镇为依托的风景旅游体系。同年，玉苍山森林公园（原县林场玉苍林区）总体规划也获得浙江省有关部门批准。

十一、八亩后村前垟茶场"结对帮扶、联手开荒种茶"是温州地区名列第一的山区扶贫先进典型

1987年12月10日，八亩后村前垟茶场为帮助邻村脱贫致富，与相邻的漈底村坑口自然村签订协议，联手开发漈底村300亩面积的荒山。

前垟茶场承包坑口荒山150亩，期限38年（1988年至2026年）。前20年每年每亩承包费25元，总计75000元，在前3年分期给付，用于坑口

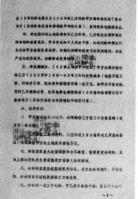

合同原件

村另外150亩的开荒种茶，并给予技术与管理方面的指导。考虑到茶叶价格的波动，后18年的承包费按每年每亩10斤茶干计价，逐年付清。协议期满后，前垟茶场承包开发的150亩茶园，由坑口村按茶园开发3年的工本价（9万元）购回。

漈底村以此为契机，发展茶叶生产。5年后，坑口自然村70多户274人口，拥有335亩茶园，仅此一项就使人均收入增加了310元；全村建了新房32间，坑口茶场有固定资产120万元。谁能料想该村5年前村集体经济年收入仅1000元，人均收入仅230元。

富村结对扶持穷村、共同开发山区资源的尝试取得成功，给贫困村脱贫致富注入生机。随着观念的转变、信心的增强，不断探索走依靠科技、提高效益的路子。八亩后、坑口两个茶场应用薄膜覆盖技术，使春茶开采期提前一个月，每亩产值由2000元增至5000元。

八亩后村结对帮扶的先进典型彰显了八亩后人的勤劳智慧和思想品格，在20世纪八九十年代就成为温州地区发展山区经济的一面红旗。

十二、五凤白玉尖移民是苍南第一个"异地脱贫"搬迁工程

白玉尖村是五凤乡的特困村，位于白玉尖峰，海拔700米，多年扶贫难脱贫，1994年人均收入仅242元。县政协于1995年先后两次组织调

查，与乡党委统一认识，提出"异地脱贫才是唯一出路"。

同年10月19日，县政协邀请与五凤乡挂钩的县纪委、农业局、民政局、扶贫办及县电视台等单位召开异地脱贫现场会，先后集资10多万元支持异地脱贫工程。五凤乡政府积极落实移民计划，嘉隆村大力支持，划出一块生活用地供移民建房。至1997年，全村25户192人搬入新居。此工程为苍南县异地脱贫工作之首创，浙江《联谊报》专门派记者采访，并在头版做了详细报道。

白玉尖移民在嘉隆村的房屋

（2019年9月6日）

桥墩畲族概况

　　畲族，总人口70余万（2010年），分布在福建、浙江、江西、广东和安徽等省。畲族是一个古老的民族，隋唐时期已聚居于闽、粤、赣三省交界地区。唐宋以来不断迁徙，由一个聚居的民族演变成"大分散、小聚居"的散居民族。

一、畲族族称由来

　　畲族自称'山哈'，'哈'畲语意为'客人'。'山哈'即指山里人或居住在山里的客人，这个名称不见史书记载，但在畲族民间却普遍流传，与畲族聚居于山区且不断迁徙的状况相符合。

　　畲族在历史上被称为"畲民"，南宋末年刘克庄的《漳州谕畲》，称当时居住在漳州一带的少数民族为"畲民"，并曰："畲，刀耕火种也""畲民不悦（役），畲田不税，其来久矣"。明末清初的著名思想家、史学家顾炎武在《天下郡国利病书》中云："潮州府畲瑶，民有山峯（峯通畲）""粤人以山林中结竹木障覆居息为峯"。唐代刘锡禹《竹枝词》云："山上层层桃李花，云间烟火是人家。银钏金钗来负水，长刀短笠去烧畲。"记述了当时畲民的生产、生活场景。福建师范大学谢重光教授著文提出：以"畲"作为一个耕山烧畲、不断迁徙的特殊族群的族称，应始于唐末或五代；南宋中叶《舆地纪胜》使用的"山客峯"，则是正式作为后世畲族族称的最早史例。

　　"畲"字来源于"畲"，《说文解字》曰："畲，三岁治田也。"指的是刚开垦三年的新田地。宋代范大成《劳畲耕》亦云："畲田，峡中刀耕火种之地也。"可见，古时畲民含有"刀耕火种的民族"

之意。

浙南畲族谱牒载有《释明畲字义》文，文中称："高山无水之处，栽种山苗。山苗，我们所谓'畲禾'（畲语），该地邻人因我们业种畲禾遂称呼我们畲客，如今人之采茶俱称茶客一类。"

畲族族称的确认，是在中华人民共和国成立之后。国家先后于1953年、1955年组织专家、学者和民族工作者，对浙、闽、粤等省的畲民进行认真、慎重、稳妥的民族识别调查。1956年8月，中央统战部要求相关省再征求畲民意见上报。1956年10月，浙江省人民委员会民族事务处在杭州召开畲民代表座谈会，与会代表46人，其中温州地区代表有13人，具体为平阳县6人（含今苍南的蓝国璋、蓝响经、李绍侃），泰顺县4人，文成县2人，温州市区1人。全体与会代表经过讨论，一致同意以"畲族"为族称。1956年12月，国家正式认定畲族为单一少数民族，确定统一的族称为"畲族"。

二、迁徙与人口分布

畲族是一个不断迁徙的民族。畲族各姓宗谱，大都记载了祖先自广东向福建沿海迁徙之事："唐光启二年，盘蓝雷钟李有三百六十余丁口，从闽王王审知为乡导官，由海来闽，至连江马鼻道登岸，时徙罗源大坝（应为淢）头居焉。"

畲族是温州地区人口最多、迁入较早的少数民族。据1953年全国第一次人口普查，温州畲族人口26086人。

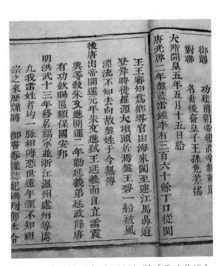

清同治丙寅（1866）版《雷氏族谱》

到2002年底，温州畲族人口增至7.5万人，约占全国畲族人口的10%，有民族乡（镇）7个，是全国仅次于宁德和丽水的畲族主要分布区。畲族人口在万人以上的县有苍南、泰顺、文成、平阳，四县的畲族人口占全市畲族人口的94%。畲族人口在500人以上的乡镇有39个，其中苍南县占13个为最多。畲族人口最多的乡镇是苍南县莒溪镇，达4034人。全市有畲族分布的乡镇街道达249个，占全市乡镇街道总数的85%。而畲族民族村（即畲族人口占总人口30%以上的行政村）仅有132个，畲族人口在100人以上但人口比例在30%以下的行政村有65个。这些数据表明，"大分散、小聚居"是畲族居住分布的主要特征。

根据2005年的调查，桥墩区域的畲族自然村或居住点现有92处（不包括自然村内有小地名的居住点20处），分布于莒溪镇（43处）、桥墩镇（28处）、腾垟乡（9处）、观美镇（6处）、五凤乡（3处）和灵溪镇南水头社区（3处）。

苍南畲族的人口分布状况，据2006年底统计：全县畲族人口500人以上的乡镇有13个，其中桥墩区域有4个乡镇及1个办事处，即莒溪镇（4424人）、腾垟乡（1169人）、桥墩镇（2479人）、观美镇（961人）、灵溪镇南水头社区（663人）。畲族人口在100人以上的村（居）全县有51个，桥墩区域占有24个，即莒溪镇的溪东村（626人）、桥南村（715人）、上村村（743人）、大山村（476人）、大坪村（590人）、天井村（246人）、坳下村（123人）、莒溪村（425人）、王洞村（160人）、大俄村（320人）；桥墩镇的高山村（338人）、小沿村（474人）、小源村（232人）、下垟村（175人）、四亩村（186人）、龙井村（195人）、黄檀村（160人）、树枫村（101人）；腾垟乡的兴庆村（497人）、苍北村（325人）、东山村（290人）；观美镇的东阳村（659人）、三联村（302人）；灵溪镇南水头的五亩村（663人）。

三、姓氏源流概述

畲族的原始姓氏只有盘、蓝、雷、钟四姓。按照畲族世代相传的说法，四姓来源于"高辛赐姓"故事。畲族《高皇歌》中唱道：

"大儿坐盘便姓盘，二儿姓蓝篮来装。""第三小儿正一岁，皇帝殿上讨姓来，雷公云头一声响，御笔题落就姓雷。""招得志深为女婿，女婿原本是姓钟。"

桥墩畲族有蓝、雷、钟、李、吴、罗6姓20个支族，占苍南畲族6姓25个支族的多数，其中李、吴、罗三姓由汉族演变而来。李姓畲族源于福建安溪县湖头人李廷玉，于明天顺年间因寇乱逃难至福州汤岭（今连江潘渡乡贵安村），被蓝姓招婿始成畲族。吴姓畲族始祖吴知几（1479—1560），原籍泰顺县九堡大路边（今玉溪乡大路边村），妻彭氏、蓝氏，有九子。七子法东是彭氏所生，由蓝氏抚养，八子法传为蓝氏所生，法东、法传后裔均与畲族联姻而成为畲族。罗氏畲族始祖罗子其，于清

传说畲族姓氏源于"殿前赐姓"

福州汤岭（今连江贵安村）

泰顺大路边村

灵溪浦口坑内

康熙四十一年（1702）间迁入平阳三十二都凤岙大坑内（今灵溪镇浦口坑内），后世曾开挖祖辈坟墓，证实一世祖配畲族蓝氏而承认畲族。

莒溪洋尾

在桥墩域内，就畲族各姓入迁而言，蓝姓有6个支族，最早迁入的是莒溪垟尾支族，距今380余年；其次是莒溪乌岩内支族、观美钟鼓蓝氏（属岱岭坑门支族）、莒溪水碓头蓝氏（属福鼎浮柳垟支族），距今都在300年以上；入迁最迟的文成水坑支族、福鼎双华支族畲民，分别迁入莒溪柳垟坪、莒溪郑家山（内洋）的时间，也都超过230年。蓝氏畲族分布于域内4个乡镇及南水头社区，共有39个自然村（或居住点），2002年时总户数为347户。

雷姓有7个支族，最早入迁的是华阳牛角湾水尾雷氏（属文成桐油垄支族）。其上祖雷江自福建连江迁居浙江省云和三都，子雷玉于明弘治十三年（1499）自云和转徙莒溪十八家（今属上村村），黄檀柳庄雷氏，于明万历八年（1580）自罗源大坝头（今属霍口乡）迁入（属青街章山支族），已经430多年，县域内有430多户。还有莒溪郑家山雷氏（属昌禅岙底支族）、桥墩徐家宅雷氏（属福鼎菁寮支族）、四亩村三十亩雷氏（属闹村凤岭脚支族）、下垟东坑雷氏（属青街黄家坑支族）、陈树枫雷氏、腾垟后坑雷氏（同属闹村田寮支族）等。雷氏畲族分布于域内5个乡镇，共有51个自然村（或居住点），2002年总户数为733户。

钟氏畲族，有南水头金岙钟氏（属福鼎单桥支族）、莒溪高垅口、五凤瓦窑坪钟氏（同属朝阳凤池溪边支族）、桥墩小沿内（底）钟氏（属昌禅中岙支族），分布于域内3个乡镇和南水头共15个自然村（或居住点），2002年总户数为179户。

李姓畲族自福州汤岭移居霞浦四都雁落垟（今属水门乡半岭村），后转徙福鼎白琳白岩，共有2个支族，即华阳牛角湾支族和福鼎深垄支族。域内分布于桥墩、莒溪、腾垟、观美4个乡镇和南水头，共12个自然村或居住点，2002年总户数为394户。

雷永祥支族宗祠（建于咸丰二年，即1852年）

吴姓畲族五世文罡，于清康熙年间迁入莒溪十八家，2002年时总户数为48户。后裔分居于上村水碓头、柳垟坪外寮、天井洋枫树岭等处。

罗氏畲族，五世雷生（1770—1811）、雷友（1777—1854）自凤岙分迁桥墩丹树峰大山（今陈树枫照北山）。

福鼎单桥（佳阳）

2002年，总户数为10户，其中灵溪镇浦口坑内仅有2户。

四、民族团结融合

在旧社会，畲族受尽剥削阶级的阶级压迫与民族歧视。中华人民共和国成立后，畲族人民得到政治上的翻身解放，经济和文化上的长足发展，逐步融入民族大家庭。畲族人民与各民族人民一样，成为国家的主人，参加管理国家和社会事务。

据不完全统计，自中华人民共和国成立至2010年，桥墩区域少数民族（畲、回）人士担任国家公务员的共有44人，其中担任过县处级以上职务的有6人，科（局）级职务的有20人；在国有企业、事业单位工作的有90人，其中有教师69人、医师7人。

自1981年建县以来，桥墩区域的少数民族人士共有3人次当选浙江省人大代表，3人次当选温州市党代会代表，9人次当选温州市人大代表；当选苍南县第一次至第七次党代会代表的有34人次，当选县委候补委员1人次，县委委员5人次，其中当选县委常委2人（届）次；当选苍南县第一届至第八届人大代表的有45人次，其中当选县人大常委2人（届）次。自1983年4月苍南县政协成立以来，本区域少数民族人士被聘为省政协委员1人次，市政协委员9人次；被聘为苍南县政协第一届至第八届委员的有40人次，其中担任县政协主席2人（届）次，县政协常委1人（届）次。

中华人民共和国成立后，实现了各民族平等，畲族的政治地位、生产方式和生活环境都发生深刻变化。近年来，政府又加大扶持力度，贫困山区下山脱贫步伐加快，很多畲民走出大山，走进城镇，必然会加速各民族的交流交往交融。某些延续畲族传统习俗的客观条件已经发生变化或者不复存在，一些传统的风俗习惯正在改变乃至消失，新习俗、新风尚也在新的社会环境中逐步形成。可以说，各民族交流交往交融是我国经济、社会、文化、政治发展的必然结果。

畲族是一个勤劳智慧的民族，创造了灿烂的民族文化，畲族文化是祖国优秀传统文化的一部分。但分析苍南县畲族文化传承的现状，并不乐观：文化人才缺乏，保护和传承民族文化的思想意识薄弱；传统服饰几乎绝迹，畲医濒临失传；畲族青少年绝大多数不会唱畲歌，很多畲民还不会讲畲语。一些传承民族文化的基础条件在消失，亟待抢救性地发掘与研究。我们必须积极行动起来，保护和发掘畲族文化遗存，同时解放思想、大胆创新，与时俱进地传承和发展活态畲族文化。

独具特色的民族服装

（2019 年 10 月 10 日）

桥墩畲族风情

一、信俗——多神崇拜，虔诚敬祀祖灵

桥墩畲族的民间信俗，既有畲族原始崇拜的传承，又有居地民间信仰的融合，是与其生产方式、生活环境、迁徙历程和传统意识紧密联系的。从崇拜的神祇看，普遍信仰福德正神、陈十四娘娘、盘古帝王、看牛大王、灶君、檐神、栏神、厕神和观音菩萨等。

1.畲民普遍在自家厅堂上供奉陈十四娘娘塑像

陈十四娘娘是民间传说中的一位神性英雄，能除妖、解厄、医病、解难、救产、保胎等，这些惩恶扬善、护国佑民行为的传说能极大地满足畲族民众的心理需求。陈十四娘娘的故事在发生的时间和空间上，与桥墩畲族的迁徙发展有着特别密切的联系。桥墩畲族祖先自广东迁闽中、闽东后曾居住数百年，这期间正是古田县民众为陈十四娘娘立庙祭祀的时期，况且罗源县又与古田县相邻。相传，古田陈靖姑曾学道于闾山，并收罗源飞竹林氏之女九娘和县城孝巷李氏三娘为师姐妹，人称陈、林、李为三夫人。罗源是桥墩畲族的主要迁出地，桥墩现有20个畲族支族中的12个支族迁自罗源，其中从林九娘故乡（飞竹）及其附近地方迁入的就有6个支族。桥墩畲族多数支族的祖先，在入迁前就生活在信仰陈十四娘娘的环境之中。

2.信仰与山地农耕有关的神祇，如福德正神、栏神、厕

老屋厅堂敬祀土地公和陈十四娘娘神像

神、看牛大王等

福德正神俗称"土地公"，是畲族民间最普遍信仰的神祇。畲族是农耕民族，与土地的关系特别密切，土地崇拜在生产、生活之中无处不见。在畲民聚居的山村中，凡建有宫庙殿堂的，一定供有土

山间搭石敬祀土地公

地公神像，有的村落还专门建土地庙供祀。在畲家老屋的厅堂神龛内，除了供有本房先人牌位、香炉外，必供奉土地公。畲家坟墓的左首，也设有"后土"神位。在一些偏僻山湾里耕种一片梯田，主家会在山湾上首浚头处摆三块石头，顶上再盖一块构成小屋状，并烧上三炷香，在此供奉土地公。来此处干活时，也会随时上上香。在收获这片田地的作物"尝新"和过年时，还会来简单地祭祀一下，烧些大金纸致谢。

饲养母猪、母牛的畲民家庭，除了在农历初一、十五日早晚两次在猪、牛的栏头上香外，还要在母猪、母牛分娩后哺育幼崽期间祭请栏神，俗称作"猪（牛）仔三消"。时间一般在母猪、母牛分娩后一个月内择日进行，于傍晚猪、牛回栏之后，在猪、牛的栏寮里摆上三杯茶、五杯酒以及牲礼若干。并且，一定要用年糕做成猪仔形状，有多少只猪仔，就要做多少个猪仔状年糕。如果是祭请牛栏神，则把年糕做成牛仔形状。点烛燃香，通辞敬拜，祈求神灵护佑，以使猪（牛）仔无病无灾，家里六畜兴旺。

畲村每年在本村宫庙举行的祈福活动，大多是农历二月初二的"土地公福"，三月半或四月初一的"开垟福"，十月十五的"交冬福"等，也都是紧扣农耕季节进行。

畲族酷爱耕牛成俗，至今仍然举行"歇牛节"。在农历四月初八这一天，耕牛解缰卸犁不耕田。畲民还在凌晨时就牵牛上山吃露水草，

四月初八"歇牛节"，畲民给耕牛灌食蛋酒

洗刷牛身，用米粥或番薯丝粥等精细饲料喂养，并以鸡蛋拌米酒灌喂耕牛，酬谢其耕作之劳。

3.尊祖敬宗，敬拜尤加，称祖灵为"祖宗神"

20世纪七八十年代前，畲民崇拜祖灵异常虔诚，盛行年节祭请祖先，祭祖仪式也显得更为传统与隆重。年节时在祖屋厅堂举行家祭，清明节祭坟即墓祭，宗祠里举行的祭祖活动则称祠祭，祠祭包括春秋两祭和"完谱醮"。

年节家祭通常在祖屋厅堂进行。先在厅堂上首横向摆放八仙桌（桌面木板呈横向），这是与平常宴请凡人时竖向摆放八仙桌相区别。"牲礼"摆放有一定规制：上首第一排摆茶三杯（只放茶叶），第二排摆黄酒五杯，第三排摆"冥斋"三个，第四排摆素菜若干盆，如香菇、木耳、黄花菜、豆腐干、饼干、笋干等；第五排摆荤菜，如猪肉、鸡、鱼（鱼鲞）、蛋（熟）、蛏干、蛤肉等，但忌用鸭子。荤、素菜总数不少于12盘。供桌上首还摆烛台一对、年糕做的寿桃一只（作香座）、酒壶（带酒）。祭请时要先净手，再点烛、燃香、上香，通辞就席，完毕退席，祈求保佑，最后燃化金银纸。先祭厅堂所供之神，后祭先人。祭请诸神时点一对蜡烛，祭请先人只点一支蜡烛。从祭神到祭人的转换，只是把八仙桌稍作挪动，将三个"冥斋"翻倒，重新上茶斟酒即可。祭诸神在供桌左侧燃奉"大金"，祭先人则在供桌右侧燃奉"大银"。

清明扫墓，墓祭之俗与当地汉族相同，但畲语称之为"祭坟"，与本地方言所说的"上坟""扫墓"不同，仅从语言表达上就可感受到畲民敬拜祖先的浓烈情感。

祖先神主牌

桥墩畲族传统的祭坟仪式，也要置办牲礼。牲礼一般与家祭牲礼大体相同，有三茶五酒、荤素供品、金银、香烛。尤其要带上一刀白纸，备办足量的糕饼糖果。到了坟山，在清扫坟墓、往坟山挂纸的同时，摆上牲礼，点烛燃香。一般在"后土"处，点红烛一支、上香三炷；圹前点红烛一支、上香三炷；坟埕"兜金"处上香三炷。如有"红圹"（未葬的空圹），在"红圹"上压张红纸条。首先要祭请"后土"即坟头土地公。上香叩拜、通辞，当然通辞不是照搬家祭的那一套，而是焚香拜请各方山隍土地与神明。继而向神灵通报居住地址，言明何时何节、牲礼名目，叩请众圣神明领受，还要祈求列圣庇佑。有趣的是要特地请求神灵开启墓门，让受祭先人能降赴宴中。最后要说："祈保祖考祖妣魂全魄聚，超生乐园，恩流后代，福荫子孙。"在散筵时，还要特意关照祖先灵神："燃化白银（纸），各各领受，多则多分，少则少分。灵神安在本穴地，安居乐业保太平。"此种祭坟旧俗已不再流行，逐渐被文明扫墓所代替。

祠堂祭祖是畲族最隆重的敬拜祖灵活动，族谱记载："祭期定元宵、中秋二节，陈器具馈，行三献礼。"大多数祠堂都供奉着畲族始祖

祠堂祭祖

祭祖米塑

或者本姓始祖公、婆的神主，有的祠堂还供奉盘蓝雷钟四姓始祖以及自迁入祖起的历代祖先牌位。各姓都以迁入祖为支族始族建祠，祠内按某世（代）时的房派立祖先牌位，此后各代的亡者都在本房派祖先牌位下合炉供奉。传统的祭祖活动除了通常的茶、酒、粿、果和三牲礼供外，一般都要供奉"猪头肝"，有的还有"米塑花粿"。祭祀时特聘礼生主持，鼓乐队吹奏。由族长诵读祭文，族内人丁（或代表）逐批祭拜。仪式结束后在祠堂聚餐。

二、节俗——年节循照汉俗　节会欢歌会亲

1.桥墩畲族的传统年节与当地汉族已经没有大的差别，只是在过节的细节上及个别畲村与汉族有所不同

桥墩畲族素来以清明、端午、七月半、过年（春节）四个传统节日为大节，届时都会在自家厅堂祭祀祖先，全家聚餐过节。但对于元宵、冬至以及被汉族称为四大传统节日之一的中秋节，畲民只以普通节日看待，早晚为天地神灵与祖先上香，中秋赏月、吃芋头，冬至吃汤圆而已。

汉族的传统春节节庆延续到正月十五，要过元宵节，但绝大多数畲村没有过元宵节的习惯。由于畲族祭祖的日期定在每年正月十五与八月十五，元宵这一天各支族都会在祠堂举行祭祖活动。而桥墩小沿村的畲民却有闹元宵的习俗，其方式颇为奇特，酷似"百家宴"。元宵节掌灯时分，祖厝厅堂排起连桌，点烛燃香。无论有无客人，每户人家都端来酒菜，饮酒、对歌，至午夜方散。届时凡有客人来，不论是畲族还是汉族，也不论认识与否，皆可入席，逐户敬酒一杯，无不酣醉。当晚户户炒爆米花，祈望新年吉祥、发达。这种方式过元宵节，苍南畲族独此一家。

端午节，桥墩畲族称之"五月节"，习俗与当地汉族基本相同，包粽子、挂艾草菖蒲、煮红蛋、喝雄黄酒是主要内容。畲民一般用粽叶竹的叶子包粽子，但有毛竹林的人家会用毛竹笋壳包粽子，因为它有一种特有的竹壳清香。给小孩煮红蛋用的是一种叫"蛋草"的野生植物，与鸡蛋一起放在锅里煮，蛋壳会自然变成红色。大人用些雄黄加入烧酒作成雄黄酒，说喝此酒能消暑祛邪。在小孩脸上涂些雄黄（用酒调制），房前屋后洒些雄黄酒，用来驱虫祛秽等。

虽说七月半是农历七月十五，但各地畲村做七月半的时间，却是十三、十四、十五日各有不同。如腾垟王湾等山区畲村多在十三日做，莒溪等地畲族在十四日做，临近集镇的地方如桥墩柳庄、小沿畲村则在十五日做。据了解，并没有什么特殊的典故，主要是因为处于台风多发地区，七月十五日常常发大水，过去山区交通又十分不便，因恐风雨来袭就早一两天把节过了。只有集镇居民因为十三、十四日要做生意，到十五日才过节，临近集镇的畲民也大多跟着在十五日过节。

以前畲民过年时，除夕守岁"煨（焚）年猪"是一个世代传承的风俗。畲民把事先准备的一个硕大的干燥树头放在灶炉内，先架小柴将树头的一端烧着，再把树头埋在火星未灭的炉灰里，让树头焚烧着但无明火，这样做能使树头的余火延续到年初一以后而不灭，俗称"煨年猪"，有的畲村称之"留隔年火种"。由于现在用柴灶烧饭的畲民越来越少，过年"煨年猪"的习俗已渐消失，只有极少数上了年纪仍住在山区的畲族老人，依然会"煨年猪"。

2.畲族的特色节会有二月二会亲节与三月三歌会，桥墩畲族也不例外

（1）二月二会亲节

会亲节是浙南、闽东畲族独特的传统节日，起源于苍南畲族祖先迁移时"送蛇放生，盖宫祀神"的故事。

石板宫

夜间抬神巡垟

会亲节盘歌

会亲节的起源地是福鼎市佳阳乡双华村，双华村的蓝姓、雷姓畲族祖先都是由苍南迁入。蓝姓双华支族始祖蓝朝聘，自福建罗源迁入苍南蒲门甘溪岚下（今属浦城乡），四世移居小湖垄（今属马站镇桥新村），至清顺治年间迁入福鼎双华村。雷姓双华支族始祖雷宗爕，明末自福安迁入苍南县章家山（今属凤阳乡鹤峰村），宗爕次子大裕分居蒲壮南里垄（今马站镇兰垅村），大裕孙启顺转徙双华村。还有钟姓单桥、溪边、中岙等三个支族的部分畲民，也分别迁居双华村的石头滩、西坑岭、葛藤缝、东坑内、牛圈潭等自然村。双华村现有蓝、雷、钟三姓畲族400余户1000多人口，世代和睦相处。

传说畲族祖先来双华村开

基时，一夜风雨之后，一条青色大蛇和一条红色大蛇盘在房基上不走，连续三天送往大溪放生，当晚都回到原地。后来，畲民用竹箩筐装着蛇到溪口放生，并祷告说：你若依恋本境，莫再现形。我等盖宫庙奉祀，年年做福演戏，祈保全村平安丰年。并于二月初二在该村水尾破土建石板宫，塑红脸、蓝脸两将军供奉。从此，大蛇不再现身，四境平安。此后，每年定于农历二月初二祭祀石板宫神灵，夜间抬神巡游，届时村民围观，亲朋闻讯也来观看。年复一年，消息越传越广，观众越来越多，加上畲族喜好唱山歌，又逐渐形成对歌、盘歌活动。由于双华有多个支族的畲民聚居，亲朋遍布浙南、闽东各地，亲带亲、邻带邻地来观看祭神，探亲会友，或者参与对歌盘歌。久而久之，"二月二"便逐渐演变成为浙闽边界畲族会亲、盘歌的节日，并延续至今，成为促进经济交流、文化繁荣和民族团结的节日。

其实，二月二时并非仅在双华村有畲族会亲、盘歌活动，桥墩一些畲族聚居村也有类似活动。如腾垟的王湾村，二月二前，挨家各户就上山采集一种野菜——鼠曲。二月初一时，出嫁的女儿及其他亲戚陆续来王湾做"二月二"，舂青粿，叙家常，夜晚还要对歌、盘歌。二月初二清早，王湾畲民都在自家厅堂燃香设供祭请土地公，其中少不了以鼠

鼠曲嫩枝叶　　　　用石臼舂鼠曲团

曲粿做成的"冥斋""粿饼"作供品。因为相传农历二月初二是福德正神的生日，随后又祭请祖先。这一天，几乎每户人家都有客人，有的甚至有二三桌。客人回程时，主家还会给没有来的亲戚捎去两条鼠曲粿做成的"长条印"。

（2）三月三歌会

三月三歌会是畲族的传统节日，煮乌（米）饭祭祀祖先、聚会对歌盘歌是主要的民俗活动。

烧煮乌饭的方法很简单：取乌饭树叶，捣烂挤汁或者熬汤，浸糯米，置木甑内蒸熟即成。这种乌饭色泽乌黑，有开脾的药膳功效。乌饭树汁有防腐作用，乌饭储藏在苎麻袋里，挂在阴凉处可数日不馊。

桥墩畲族对于三月三习俗的传承，没有闽东和丽水地区那样完整丰富，至20世纪四五十年代时，三月三煮乌米饭之俗近乎消失，祭祖也不在三月初三进行，只流传着关于乌（米）饭来历的传说和三月三畲族姑娘自由踏青、聚会对歌的风俗。甚至有的人对浙南畲族在历史上是否真有三月三节庆也产生疑问。

近年，泰顺畲族学者钟炳文发现了云和县一都坪垟岗村一份"清宣统二年（庚戌岁）一九一〇年三月"的《三月三乌饭节畲民集会》原始记录，文中不仅记有集会地点、时间、程序、首事人名单，还记录了坪垟岗村等9村32户捐稻谷、黄豆、茶油等物资办会的情况。另一份原始材料记载了三月三的来历一文。其文曰：

三月三来历

山客人"三月三"来历，怎做（为啥——笔者注）要过三月三？

畲民三月三节食乌子饭是十分有意义的大节，乌饭节是纪念山客头蓝奉高、雷万兴所领导山民反抗统治阶级斗争，被朝廷军队围困在山内，无好吃，肚饥难认（忍），摘来柴籽，名叫"乌子"填肚充饥。正是三月初三这天打出了敌阵，得胜回寮。为此，山客莫忘"三月三"乌饭节。节日要祭祖先，问祖师，问师爷神（问凳），男子学武打拳，男女爱唠歌、唱歌、对歌传祖宗。宣统贰年庚戌岁二月初二日（印章）

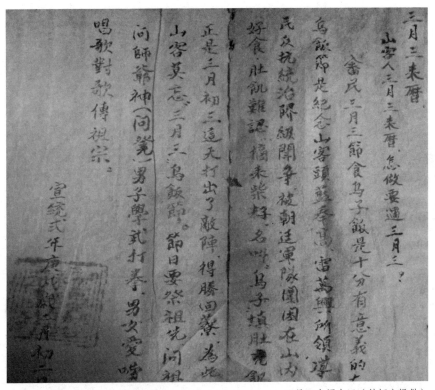

三月三来历史证（钟炳文提供）

这份珍贵的畲族史料，确凿证实了三月三节会在浙南畲族聚居区的流行与传承。

对于乌米饭的来历，有几个不同的版本。丽水、景宁地区的版本是，始祖守山防兽害常以山茉头果（即乌饭果）为食，后辈为纪念始祖三月三狩猎殉身而在这一天吃山茉头祭祖饭。闽东霞浦县的版本则说，畲民在抗击敌人时米饭常被敌人抢去，于是把米饭染成乌黑，敌人怕中毒不敢食用，终于把敌人打败。也有说是唐代畲族英雄雷万兴被关进监牢，他母亲送去的米饭常被狱卒吃掉，万兴叫母亲将饭染黑，狱卒见状再不敢吃，万兴才得一饱，后来越狱战死于沙场。后人在他忌日食"乌饭"以示悼念。

桥墩畲族的传说版本，上半部分与上述原始记录相同。后续的故事是雷万兴率领畲军杀出重围后，某年的三月三，想起昔日在大山里吃过的甜果，便吩咐上山采摘乌饭果，可是这时正值春天，乌饭树才刚刚发出嫩叶，哪里找得到甜果？畲军只好将乌饭树叶采回军营，和糯米一起蒸煮成乌米饭，结果糯米饭呈现出同乌饭果一样的蓝黑色，香甜无比。从此，蒸食乌米饭就传入畲家。每年农历三月初三这一天，家家都出门踏青，采集乌饭树叶，制作乌米饭祭祖，以后日久相沿成俗。

三、耕俗——男女相偕共耕　勤于耕山垦植

1.桥墩畲族以农为本，世代山耕，男女老少都参加生产劳动

畲族妇女在历史上没有裹足的陋习，不分季节同男子一起上山劳动，而且一般都赤足或穿草鞋。清光绪三年（1877）周荣椿所撰《处州府志》称："问之畲客者，十县皆有之，盖佃作之氓也。男女皆力穑，时或负薪鬻于市。"该志所录屠本仁《畲客三十韵》中还有"笞辱等人奴，谋食不遑惜；三五女负薪，鬻市两脚赤"的诗句。这些都是历史上畲区史志对畲族男女共耕习俗的记载。

《平阳畲民调查》记载："（畲民）无论男女，黎明即起，早饭

畲族妇女与男子共同参加田间劳动

后即携其工具或背其婴孩赴田间工作。或入山砍柴、采茶、挑担、拔草。"调查者之一的许蟠云在《平阳畲民调查》序言中记述："（民国）二十二年春，余偕范翰芬、王虞辅两君，赴平阳考查矾矿业既竟，道经桥墩门，闻知该县畲民有居于该地者，因与王君着手调查，穷数日之力，始克蒇事。同年六月，复由王君作再度之调查……"可见，《平阳畲民调查》所记述的就是今桥墩一带畲族的情形。这些史料真实记录了桥墩畲族男女共耕的习俗。

畲族妇女参加田间劳动，除较少使牛犁田之外，挑肥、插秧、耘田、割稻、翻地、整畦、插杉、种菜等，干各种农活也不亚于男性。除了与男人同样出工耕种外，割草采茶、烧饭洗衣、养猪养兔自然要比男人干得多，连带小孩的妇女也不例外。《平阳畲民调查》所述妇女"背婴儿赴田间劳作"的情景，过去在桥墩各地畲村十分普遍。如果男人外出做工，家里的耕种收成、砍柴割草、集市买卖、料理家务、侍老抚幼，无不由妇女担当。在农闲季节或者雨天闲暇之时，畲族妇女则从事纺织，或是捻苎丝、织苎布，或是织花带。由于畲族妇女同男人一样参加田间劳动，因而在家庭生活中拥有较多的发言权和决定权。

在过去的畲族家庭中，小孩在大人的带领下从小就参加力所能及的劳动。小孩五六岁时就会跟随父母上山、下地，父母教他们学做一些简单的事情，如放种子、捡麦（稻）穗、拔兔草，接受田间劳动的熏陶；八九岁时，就开始单独或与邻家小孩结伴放牛、放羊、放小猪，或者打猪草、翻藤薯做饲料等；十三四岁便跟着大人学做农活，如插番薯时，大人挖沟、整畦，小孩帮助削草；春耕时，大人使牛犁田，小孩"斩田皮"（碎土）、掘田角（牛犁不到的地方）。能干的畲族子弟到十六七岁时，就能掌握一般的农事劳动技能，可谓"穷人的孩子早当家"。

畲族老人也都自觉进行一些辅助性劳动，或者放牛、养猪，或者看管小孩等，从来不吃闲饭。老年妇女多是从事做家务或绩苎、纺纱等劳动。常常有一些年过古稀乃至八十岁的老人仍然闲不住，还经常到野外捡柴、拔兔草。

织花带是畲族妇女的传统手艺。畲族的花带，一般是1寸来宽，3尺多长，两旁各有8对经纱织成的白边，紧挨着的各有一条5根经纱织成的花纹边线，中间按两青（黑）一白的比例，用13组至19组经纱作芯，可以织成各种美丽的几何图案，或者笔画简单的警句格言，如"五世其昌""百年好合"等。如要织制更宽、更精致的花带，经纱数量则需更多。织带工具很简单，只需一片竹刀、三截小竹棍（长约20厘米）。把三截小竹棍钉在地

台风后拔兔草回来的莒溪田岗村老人雷氏（时86岁）

上（三角形周长等于织花带长），即可缠纱理线。有的人家用特制的木质织带架织带。织带所费工时，一般是理纱半天，牵带、捡鬃半天，织带两天半许，合计三到四天，但也因人而异。在家里织带时，一头别在

织花带

腰间，另一头系在窗台或木柱上即可；如在野外织带，另一头可以系在小树杈上。织带的手法也挺简单，主要有挑、压、刮、敲等。过去，大多数畲族妇女都会织花带，所织花带供自用或馈赠他人，畲族

姑娘也常以花带作为定情礼物。

2.桥墩畲族绝大多数居住在山区、半山区，新中国成立前处于勤耕力作、耕山而食的生存状态

（1）租山种植，或是佃田而耕

胡先骕在《浙江温州处州间土民畲客述略》中记述：畲民"每每彼所开垦之地，垦熟即被汉人地主所夺，不敢与较，乃他徙。故峭壁之巅，平常攀越维艰者，皆开辟之"，过着"居山头，刀火耕，早到晚，男女种，一亩田，几十片。冷水田，冰心肠，点白盐，食茹粮，盖棕衣，住草寮，穿苎衫，光脚板，想钱用，常狩猎"的生活。

新中国成立前桥墩畲族的生产生活状况，与以上所述类同。我们可以从以桥墩、莒溪为调查地的《平阳畲民调查》中看到真实状况："畲民多处深山穷谷之中，欲望低下，需求简单，自耕自食，自织而衣，其余各种低度之消费如烟酒等物，亦多为自己所生产"。"畲民之出产，以山地农田生产之番薯为大宗，米麦次之；菜蔬茶叶烟草之类，为其副产，鸡鸭鱼兔之类，亦甚多。""畲民家庭经济，纯为原始农业之自足自给经济。……近来与汉族接近结果，陷于永受压迫之佃农者颇属不少，而畲民受制于汉人者，亦以此为最酷。强行加租，勒摊公债，或巧立名义，多方攫取。故畲民终年辛苦之所得，本已难圆一己之生存，经此额外之剥削，生活愈陷于窘境，其情实至可悯！"

（2）垦山为业，广种薯、蓝、茶、苎

旧时，畲族可谓是"垦荒族"，在迁入地垦山为业，对种植番薯情有独钟，且当主粮。《平阳县志》记载："畲族是勤劳善良的民族。自明朝迁入后，艰苦创业，对开发山区作出卓越贡献。番薯从福建引种到浙南，便是他们的贡献之一。"

苍南畲族的祖先大多在明清时自福建迁入，引种番薯正逢其时。畲族是农耕民族，居山垦荒，勤于耕作，圈养牲畜，善于积肥，所处自然环境与生产条件都与番薯的作物特性相契合，开荒地、种番薯与养牲畜形成了良性循环，既对引种番薯作了贡献，又解决了自身生存问题。

同时，畲民广泛种植蓝草，很多人把垦山种蓝作为入迁后的谋生之路。蓝，就是靛青，本地称之为"菁"，是一种可以提炼染料的一年生（蓼蓝）或二年生（菘蓝）草本植物，用叶汁作为染料，全草大多可以入药。本地温度适宜，不难栽种，且价格不低，清时每50千克靛青值大米200千克，畲民种蓝在当时应是不错的选择。种菁畲民被称为"菁民""菁客"。畲民搭寮垦荒种菁，留下许多与菁有关的畲村地名，如雷姓菁寮支族始祖迁入地菁寮，其地名因种菁而得；桥墩黄檀口的菁山，也是钟姓朝阳溪边支族迁入后遍山种菁而得名。可见清代时畲民种蓝非常普遍。

桥墩畲族历来有种茶的传统，茶叶至今仍然是山区农民的主要经济作物。但过去绝大多数是间作茶园或者散株，初制后出售给茶行，有时也出卖茶青。至20世纪初叶，桥墩畲民所制茶叶的品种已经不少，有红茶、绿茶、珠茶和旗枪等。

20世纪五六十年代之前，畲民家家户户都种有苎麻，不过多数是自用为主。居住在偏僻山区，惯于自给自足的畲民，日常所用的纺织物中，苎布占有很重要的位置。所种的苎麻先制作成干苎麻片（茎皮纤维）保存，空余时间再加工成苎麻纱，纺织苎麻布，制作各种衣物和蚊

苎麻

织苎笼

帐等。畲族男装和女式便装大多是用苎布做成的，尤其是夏衫。因为畲族男女都参加田间劳动，苎布衫坚韧耐磨，又有很好的透气性，所以深受畲民喜爱。而且，苎麻容易种植，管理简便，全身有用，效益好，每年可收获2至3次，种植一次就能多年受益。

（3）赶山采集，"山利"为我所用

赶山采集是桥墩畲民重要的生产方式与收入来源，"居山、吃山、用山"是世代流传的生存之道与经营理念。虽然本地的深山老林不多，但赶山采集的范围仍然很广，大体有食物类、药材类、器用类、饲料类等。食物类主要是野菜、野果。野菜有蘑菇、蕨菜、野葱、山笋、苦菜、青草芯等，野果有猕猴桃、山楂、山油茶等，还有石蛙、坑蟹、溪鱼、黄鳝、坑（溪）螺等水产。药材类主要是中草药，有三叶青、金

采薪

银花、茅草根、百合、板蓝根等。器用类有锄头柄、扁担坯、龙须草、箬叶、薪柴以及各种藤类等。饲料类，主要是牛、羊、猪、兔的青饲料，也是靠上山采集野生植物来充当。近年来，随着经济发展与生活水平的提高，畲民很少再采薪（砍柴割草）。野外采集仍然在延续，不仅野菜、山果、草药等原生态产品大受推崇，而且挖树桩供做盘景之用也已成为赶山采集的新内容。

20世纪七八十年代前，畲民赶山采集最普遍、最辛苦的是野外采薪。秋冬时节，家家户户避开农忙，带上饭包、刀具、磨刀石，上山砍柴、割草。因主要时段在秋季，畲民称之"割八月草"，要在山上晒干后再搬运回家。山陡难挑，畲族妇女把山草捆成结结实实的长方体形状，头部罩上头巾，硬是用肩背一捆一捆地把山草扛回家。有薪炭林的畲民，也在秋冬时候伐薪柴。秋冬柴草堆成垛，用到翌年春夏时，这是过去畲家的普遍情景。薪柴除了日常生活做燃料外，或是挑到集市换取油盐酱醋，或是用草柴烧焦泥灰做肥料。

四、歌俗——以歌言事传情　随处随编随唱

畲族没有本民族的文字，只有本民族的语言。畲歌是畲族人民在生产、生活实践中的口头文学创作，是畲民用民族语言把故事传说、生存状态、风俗礼仪、知识经验乃至个人的喜怒哀乐，编成通俗易懂、易学易记的歌谣，广为传唱，并且世代相承。

乍看畲歌，似乎并不起眼。然而细细研究，便会发现它源远流长，具有鲜明的民族特色，而且内容丰富多彩，涉及畲民社会生活的方方面面，在以往的畲民生活中有着十分重要的地位。

1.畲歌的主要内容与实用功能

苍南县收集到的畲歌唱本资料，从内容上看大体可以分为历史传说歌、小说故事歌、劳动歌、时政歌、风俗歌、情歌、儿歌、杂歌等。这些畲歌在桥墩畲族中都有传唱。

畲歌的实用功能，首先是传承畲族历史和文化传统，促进畲民社

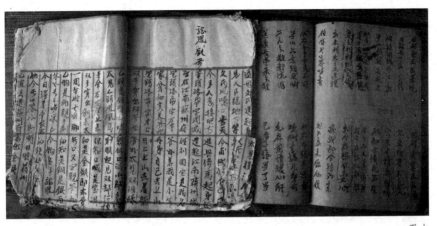

歌本

会交往和强化民族心理认同。尤其是著名的、人称"畲族史诗"的《高皇歌》，追述畲族的源流传说和祖先业绩，记述畲族发祥地潮州凤凰山的自然景象和畲民劳作状态，以及畲族自粤东向闽北、浙南不断迁徙的历史过程。畲民广为传唱的各种畲歌，从不同角度叙述畲民的信仰崇拜、生产经验、生活习惯、婚丧礼俗及人情世故，畲民之间的各种对歌、盘歌活动无形之中成为社会交往与融洽相处的有效载体，成为增进民族感情的重要媒介。

其次，畲民通过畲歌传播生产、生活知识与经验，普及自然和历史常识。畲歌的内容涵盖历史、时政、农耕、风俗、婚恋、教育等各个方面。如劳动歌中，《采茶歌》《二十四节气歌》《十二时辰歌》《十二月斩柴歌》《种苎歌》《棉花歌》《牧羊对歌》等，既记述了畲族男女起早摸黑、共同劳动的传统习惯，又传播不违农时、遵循节令行耕，以及勤耕细作、勤俭持家的方法与经验。又如《历代史》《古人名》等畲歌，叙述从三皇五帝到明清乃至民国的朝代更迭与纪元延续；《十二月问答》《字歌》扼要解释某些历史典故；《百鸟歌》《谜语对歌》《十二生肖歌》等则是描述自然界花鸟虫鱼等一些动植物的形态特征或生活习性。通过传唱这一类畲歌，普及日常所见的自然、地理常识和一些浅近的历史知识。

最后，畲民以歌言事、以歌传情，畲歌能"代言议事"，乃至成为重要的婚恋媒介。在过去，畲歌是畲民文化生活中一种主要的活动形式，也是畲民社交的主要方式。衣食住行、婚丧节庆，山水田园、耕耘种养，无事不可歌，无处不可歌。青年男女通过参与对歌、盘歌活动，相识相知而结为连理的不在少数。唱畲歌，甚至成为婚嫁过程的必要程序。如女儿临嫁时，母亲及亲人唱《哭嫁》歌；外甥女出嫁前，娘舅要高规格地宴请一次，并让青年男女进行对歌、盘歌，俗称"请表姐"。迎娶前后的一系列活动，各地畲民风俗虽有差别，但都少不了唱畲歌，如最普遍的是迎娶日当晚闹洞房，闹洞房时就要唱《闹洞房》歌。

总之，畲歌是畲民不可或缺的精神食粮。畲歌作为畲民社交和娱乐的主要形式，融合于畲民日常的生产、生活与社会活动之中，彰显着畲族与众不同的文化传统与民族特性。

2.畲歌的表现形式与艺术特点

（1）表现形式

畲歌的格律近似于七言体诗，以七字为一句，但首句也有三、

唱畲歌（苍南县民宗局供图）

五、六字的，四句为一首，俗称一条；也是第一、二、四句押韵，当然是按畲语来押韵，虽不像格律诗那样讲究平仄，但第一、二、四句末字一定要用畲语平声，第三句末字用畲语仄声，如此唱法才顺口、动听。多条（首）组成的畲歌，押韵可以一韵到底，也可以逐条换韵。

对多"条"（首）组成的畲歌有不同的称谓，且称谓各地也不尽相同。一般有"散条溜""双条落""三条变""十条编""成连歌"等。散条溜是指临场发挥、即时编唱的畲歌，一般没有固定的歌词。双条落是第二首歌只是变动第一首歌中的某些词语，两首内容基本相同。如果变动两次则成为三首，称之"三条变"。同时，双条落又是一种唱法，指盘歌时每人每次都连唱两首内容基本相同的畲歌。畲歌这种一条歌变二条、变三条的唱法，使唱者唱得从容，听者听得明白，正是男女青年盘歌能够通宵达旦的一个奥妙之处。十条编是指由十首左右组成的畲歌，各首歌的首句一般是用数字、时辰或者时令为序联接起来，如从一月唱到十二月、从一朵红花唱到十朵红花。有些地方把十条编也归入成连歌。成连歌是指用一定的修辞格式与连接方法，把十多条、几十条乃至上百条歌词联成一体，陈述同一主题的畲歌。由若干连组成，并完整叙述历史事件、人物故事或者祭祀礼仪的上百条、数百条的畲歌，则称之为"小连本""大连本"。

（2）艺术特点

畲歌的修辞方法，是广泛地应用赋、比、兴，包括比喻、借代、拟人、夸张、排比、反复、对偶、渲染、顶真等。其中，运用比喻、夸张、排比、反复为最多，使人听了感到通俗而不粗俗，语言生动，寓意深刻。尤其是情歌，在畲歌中所占比重最大，题材十分广泛，语言尤其生动形象，往往以某种事物的衬托来表达男女之间真挚的感情。艺术表现手法也丰富多彩、灵活多样。如《唱首歌句用篾串》《娘是桶循郎桶箍》《变作蝴蝶飞过山》《蜂仔作蜜甜到心》《摸着床柱叫是郎》《有鱼有肉不值郎》《无水瓮花花难开》《眼睛睇郎冇转轮》《千年不烂记心头》等都是畲族情歌的代表作，单从歌名便可领略其多彩的修辞与丰富的形象。

由于畲歌大多是口头传唱，对歌、盘歌时也主要依靠歌手的平时积累与临场发挥，随编随唱。只有一些文句比较固定、内容较多的成连歌，才会抄写成歌本。根据20世纪90年代《民间文学集成》歌谣卷、近年畲族古籍整理与"非遗"普查资料以及作者到畲村的调查，收集到畲歌唱本（文字稿）有180多个篇目，其中成连歌、连本歌100多篇。这些篇目中，每连十余首的占三分之二以上。其实，畲歌远不止这些，收集到的只是畲歌中具有代表性的部分篇目，尤其一些年纪大的老歌手记忆中的那些畲歌，并没有得到搜集记录。

（3）演唱形式

畲歌的演唱形式多种，有独唱、对唱和轮唱等。独唱，多数是一个人边劳动、边唱歌，叙述劳动情景，抒发内心情感，如唱《采茶歌》《砍柴歌》等；或是受邀唱成连歌，尤其唱历史歌、小说歌，是供人们娱乐欣赏，或者为学歌者示范。

男女对歌

对唱，俗称对歌，大体有两种情形：一种是唱猜谜歌，两个人一问一答地对唱；一种是男女歌手之间的娓歌，如婚嫁中嫁方的女歌手和娶方的男歌手按礼俗进行的对歌，节庆时本村歌手和来客歌手的盘歌。这种娓歌多为即兴而歌，随编随唱，以歌代言。

轮唱也有两种情形，如在丧礼中唱哭歌时，多数是轮流独唱，以歌代哭。还有一种是畲族歌手称之"双音"的唱法，由一名歌手先唱二个字或四个字，另一名歌手再接着唱下去，是一种带有轮唱性质的二声部演唱形式，有很强的艺术感染力，但能唱双音的歌手不多。

各地畲歌的曲调存在地区差异，但就当地而言都有世代相沿的基本曲调。有学者说，自粤东到闽、浙，畲歌的曲调从比较粗犷、单纯，渐次向相对细腻、优美演变。换言之，粤东畲歌比浙南畲歌粗犷，浙南畲歌较粤东畲歌动听。就浙江而言，浙江畲歌可分为丽水调、景宁调、龙泉调、文成调、泰顺调、平阳调等6种。演唱畲歌一般都用假声，这种唱法声音高，又省力，又动听，深受畲民喜爱。有的在假声唱法上再提高音区，称之"放高音"。还有一种是用真声唱，音调低平，畲民称之"平讲"，一般男声演唱和学唱畲歌时采用此法较多。

3.畲民对畲歌的应用和歌俗

畲民酷爱畲歌，可以从畲民生产、生活的方方面面得到证实。劳动、休息，以歌为乐；婚姻恋爱，以歌为媒；喜庆节日，以歌为贺；社会交往，以歌代言；丧葬仪式，以歌代哭；敬祀祖先，以歌代辞。畲歌作为畲民社交和娱乐的主要形式，既融合于畲民日常的生产、生活与社会交往之中，又凸显着与众不同的表现形式与演唱习俗。

（1）拦路邀歌

畲族大多数居住在偏僻山区，当山路上走来陌生人时，常常会有人唱起畲歌，盘答来者是否是本族人。如是本族人，肯定听懂畲歌，便会相互搭话。如来者也会唱畲歌，便会出现对唱畲歌的场面。双方如是

夜间盘歌　　　　　　　　　　　三月三歌会

男女青年，那对歌的场面就会更加热烈而浪漫。

（2）劳作伴歌

畲族有男女共同参加田间劳动的传统，在劳动中或休息时，常常伴有学歌、对歌的情况。即使只有一个人在劳作，也会一边劳动，一边唱着自己喜欢唱的畲歌，或者以歌抒发自己的内心情感。或许女孩一边在织花带，一边唱着《带仔歌》，憧憬着未来的美好生活。

（3）婚嫁对歌

女孩出嫁前，到娘舅、姨母家做客即俗称"做表姐"时，村里男青年会结伴来对歌；在自己家里的"哭嫁"中，与父母、叔婶、姐妹之间也形成对唱畲歌的状态；在男方迎亲的仪式中，无论是难为媒人，还是难为"迎亲伯"，无论是苍南的"送贺""闹新房"，还是闽东的"撬蛙"、丽水的"借锅"，都在当地约定成俗，相沿至今，形成了特有的婚嫁对歌习俗。

（4）丧葬奠歌

畲族老人尤其是女性老人去世，子女要派人去娘舅家报丧，娘家女眷接到丧讯即要唱"接报"歌，以为避邪；娘舅到外甥家时，外甥到大埕外跪接，并唱"接娘家"歌，娘家人以"做娘家"歌作答；在守灵过程中，亲人以歌寄托哀思、悼念亡者；在做功德时，畲族法师及参与的亲人还要为亡者按仪式唱祭奠歌。

（5）男女娌歌

畲族男女娌歌，一般都是指男女歌手之间的情歌对唱或者盘歌活动。娌歌分为唱表姐歌与唱表嫂歌两种，并且两者的歌俗也有不同。唱表姐歌是与未婚姑娘唱歌，措辞一般比较客气、文雅。唱表嫂歌是指与已婚女性唱歌，措辞就与唱"表姐歌"有所区别。唱表姐歌大多是在即将出嫁姑娘的娘舅、姨母家进行，而唱表嫂歌的场合则不确定。唱表姐歌时，男性歌手邀歌必须唱"王韵头"（一称黄蜂头），继而"小割"或"大割"，再"分歌"到女歌手。而唱表嫂歌时，男性歌手的邀歌比较简单、直率，无需唱"王韵头"

与"大（小）割"。但无论是唱表姐歌、表嫂歌或者其他对歌、盘歌，主家半夜烧点心时都要唱《点心歌》，要唱《谢主家》歌感谢主家。娘歌结束时，男歌手要唱《送神歌》。分别时，女歌手要唱《送郎歌》。

（6）节庆盘歌

畲族有自己的特有节庆，除春节外，清明、端午、七月十五都是主要的节令，都有进行祭祖、祈福的传统；二月二会亲节、三月三歌会更是传统的大型聚会。在这些节庆日子里，都会有自发的对歌、盘歌活动，并相沿成俗。加上近年来政府对传承民族文化的重视，积极引导和支持开展民族文化活动，使节庆文化走上不断发展的轨道。

五、婚俗——请表姐哭嫁女　牛羊踏路迎亲

桥墩畲族入迁已经四百多年，且大多散居于汉族之中，许多风俗与当地汉族几近相同。唯独传统婚俗仍较多保留民族特色，在畲族聚居乡村至今仍在传承，而畲汉通婚者则多从汉俗了。

1.桥墩畲族传统婚礼的嫁娶过程与礼俗和当地汉族基本相同，但在某些环节细处独具特色

畲族、汉族的传统婚礼都有提亲、合八字、看亲、定亲、送日、盘担、送嫁、迎娶、拜堂、婚宴、喝糖茶、闹洞房、回门（转三天）、请新舅等程序，但其间仍有不同。

（1）提亲

媒人到女家索要生庚时，要从男方带去一个红包，该红包俗称"手信"。手信之俗各地不尽相同，岱岭的风俗是二婚看亲才要手信，双方见面谈妥了男方交给女方一件信物或者一个红包，曰之交手信；女方也回赠一件信物，一般是织花带，但初婚不行此俗。而莒溪的风俗，无论是否初婚，看亲之后、订婚之前，表示愿意结亲时男方都要馈赠女方一个手信，此俗在莒溪延续至今。

（2）定亲

双方同意结亲并在商定聘礼、嫁妆等事宜之后，男家便可择日携礼到女家定亲。前往女家定亲的人，一般都是男方的伯叔或者兄弟陪着媒人，送俗称"红丝线扎鸡脚"的"鸡酒面"前往女方下定。鸡酒面的组合方法及附带饰物恕不赘述，民间俚语"红丝线扎鸡脚——明媒正娶"，应是来源于此。畲族定亲的不同之处在于，定亲时女方回礼中一定有女孩自己织制的织花带作为定情信物。

（3）送日

桥墩畲族多数地方的送日风俗与当地汉族相同，唯有莒溪镇畲族在送日单这天，男方嫡亲会给男家送来肉、面等礼物，男家设宴招待，当地称之为"伴媒"。此俗在苍南县其他地方的畲族中未曾发现。

（4）迎娶

此环节中，有几处仪式独具畲族特色。一处不同是，新娘启程前在厅堂行"含饭"（吃"兄弟饭"或"千斤饭"）、"留箸"仪式。所谓含饭，是家人端来一碗饭，新娘扒上一大口，胞兄弟双手拎起自己的衣襟或者拦腰裙，新娘把这口饭吐在里面，兄弟随即把这些饭倒进楼上的谷仓里。所谓留箸，是新娘站在厅堂的椅子上，面朝祖宗香案，双

装礼品的红布袋

装鸡酒面的瓜瓣桶

手拿两束竹筷，交叉递给站在身后的兄弟。兄弟接筷后，从新娘腋下把筷子放回桌上，连续两次。所谓吃千斤饭，是厅堂上摆一张桌子，放着两把筷子和一碗米饭。"溜筷"的过程与上述"留箸"相同，接着新娘弯腰含三口米饭，吐在桌子上的手帕中，新娘的哥哥把它包好，放在新娘的口袋里带到夫家。传说带去的是"千斤饭"，年年能饲养一只千斤重的大肥猪。

送礼

另一处不同是，新娘出嫁以牛（羊）"踏路"，这是畲族的特有风俗。迎亲队伍回程序列最前头的是踏路牛，经济条件差一些的家庭则用踏路羊。踏路牛（羊）的脖子上箍着红纱，用织花带做牵绳，由新娘年纪最小的弟弟牵行。牛（羊）在迎亲队伍前头为新娘踏路，到底蕴含何意？最平常的说法是：新娘一切都是新的，走的也要是新路。因为牛是"拓荒者"的代表，牛羊踏过的路就是新路。新路是洁净无秽的，让新娘走新路，体现了美好的祝福与心愿。有些畲民还认为，踏路牛（羊）同时也是父母给新娘的陪嫁，当是给新娘的私蓄。

相传，古时畲族有"走嫁"之俗。到了清代，畲民分迁各地与汉民杂居，受汉文化影响，由行嫁改坐轿。随着花轿迎娶的渐兴，新郎也不再亲自到新娘家迎亲。20世纪五六十年代后，坐轿的逐渐减少，随着道路交通的发展，机动车乃至轿车迎亲已成新俗。

（5）拜堂

此环节应是仿效汉族，一般过程也都相同，最大的不同是拜堂时，一拜天地、二拜祖先，新郎均行跪拜大礼，但新娘不下拜，只欠身鞠躬而已。相传，这是因为畲族祖先是帝喾高辛的驸马，新娘穿戴的服

迎亲花轿

饰被视同三公主的化身而不下拜。此时，夫妻不对拜，也不拜父母。从新娘下轿到厅堂拜堂的这段时间里，新郎的父母兄弟都要回避，其他亲属有"犯冲"者同样也要回避。否则，会被认为有相处不和之虞。这种"避冲"之俗，不仅浙南地区普遍存在，而且在罗源及闽东一些地方也同样流传至今。

（6）"回头年"与请新舅

翌年农历正月，新娘偕新郎带"伴手"（礼物）回娘家，称"回头年"。回头年时，新郎、新娘要给新娘的每户嫡亲长辈送伴手，外加一个红包。凡收到礼物的嫡亲，一定要宴请新郎、新娘，俗称"请新女婿"。旁亲和族内与主家有人情来往的，也要视亲密程度或是宴请，或是同一幢屋的住户各自烧菜、打酒，在大厅合筵宴请。最后一餐由岳父母家宴请，并邀请宴请过新郎、新娘的所有户主作陪。如此轮流宴请新女婿，时间往往要花三五天乃至十多天。

同辈男女青年想方设法戏弄新女婿，是桥墩畲族婚俗中一个很有趣的看点。新女婿的一举一动都要十分小心，尽量避免"上当"。如吃点心时要坐在靠墙壁的一侧，以防身后突然蹿出个人在他脸上抹一把锅底烟，还戏称是"挑炭"；吃饭时夹菜不要太急，说不定那香菇与肉丸是用丝线串联在一起的，夹急了一提起来就是一大串；太硬的肉丸子最好不要夹来吃，因为有可能那是一个用枫树蛋（果）滚淀粉做成的假肉丸。如此种种的善意戏谑，可谓是对新女婿自身智能与应对能力的考验，更为新春会亲增添欢乐气氛。

新郎新娘做客结束后，由新舅送回男家，男家嫡亲也轮流"请新舅"，主家最后宴请新舅并邀请请过新舅的嫡亲作陪。一般认为，苍南畲族的嫁娶仪式到此时全部结束。然而在岱岭畲族乡，嫁娶仪式还没有最后结束。在结婚翌年农历的七月半到八月十五，新娘要回娘家住一个月。新郎在八月十五时，去岳父、岳母家伴新娘回来。岳父、岳母会蒸一笼九层糕或者舂糯米糍，让新郎新娘挑回来，分赠给嫡亲及邻人。只有到了此时，嫁娶仪式才算全部结束。

以上记述的是女嫁男娶的传统嫁娶过程。在畲族的婚姻形态中，除了最普遍的女嫁男娶外，还有为数不少的招养婚、交换婚和童养媳，服役婚、做两头家也少量存在。新中国成立后，实行民族平等、婚姻自由，扶助少数民族地区发展经济，姑换嫂、童养媳等非正常的婚姻形态已经逐渐消失，乃至绝迹。

2.畲族婚礼更具特色的是请表姐和哭嫁

（1）请表姐

娘舅以最高规格宴请临嫁外甥女，人称"请表姐"。村里的青年男女歌手，在当晚相约与姑娘对唱畲歌，俗称"唱表姐歌"。

畲族传统家宴最高规格的标志，是舂糯米糍。外甥女在临嫁前，到娘舅（或者姑母、姨母）家住上十天半月乃至更长时间，既是探望亲戚，同时也借以学歌、会歌。"表姐"的称呼，是依据表兄弟姐妹的口吻而来的。娘舅在外甥女回程前设宴款待，村里的青年男女歌手在当晚相聚与姑娘对唱畲歌，常常通宵达旦。如果姑娘善唱畲歌，还有可能连续唱上几个夜晚。

唱表姐歌与平常的男女对歌不同，有一套相传久远的礼仪程序。男歌手要与做表姐的姑娘对唱畲歌，必须按传统风俗唱畲歌邀请。方法

是：首先唱畲歌"王韵头"（一称"黄蜂头"），继而"小割"或者
"大割"（亦称"小喝"或"大喝"），再"分歌"，"分歌"之后才
由姑娘回歌。

"王韵头"并非是一首歌，而是一组歌。这组歌是按照男青年自
村外到屋内厅堂，途经各处即景而歌的。男歌手作为对歌（盘歌）的发
起者，最起码也要从大埕门台（楼）外唱起。进门台时，走上大埕路心
时，上台阶进门廊过屋檐下时，进屋跨门槛时，到厅堂就坐时，都要分
别唱与所处位置相关的畲歌。在厅堂就坐后，男歌手再以畲歌谦逊地邀
请姑娘对歌。

到此时，男歌手已经至少要唱十多首歌。不过只是"王韵头"中
的一部分，全部唱齐的话有30首。如果按畲歌"压四"（三次变换一
首畲歌后两句的部分词语而成四首）的唱法，可将"王韵头"演绎成
120首。

接着就是"小割"或者"大割"。如果是"小割"，男歌手连唱
带吟道："王韵头，王韵内里起歌头；手执利刀劈塌篁竹管仔镂窟吹箫
啦哩，伶俐表妹听歌头。"如果是用"大割"，则连唱带吟道："王韵
头，王韵内里起歌头；手执利刀劈塌篁竹管仔割馕割节镂窟吹箫哒嘀
哒吭脚底弯弯行尽几多岩崖崩碎矿步回头咕哩田埂路，伶俐表妹听歌
头。"以上是矾山、桥墩一带畲族歌手的唱法。各地歌手对"小割"和
"大割"的唱法或许有些区别，但只是稍有长短而已。相邻的福鼎畲族
所唱"黄蜂头"的"大割"更长，有近80个字，即"手执利刀割落黄竹
管子割馕割节镂窟当箫吹出三声多智多贤多智多贤脚底弯（弯）粗涩企
岩石壁上岭石阶矿埠崩塘田埂行尽几多黄泥古里路哎伶俐娘弟古上呀伶
俐古噜你那表姐听歌腔"。这么长一段繁杂生涩的词语，歌手要用畲语
快速、流利、无误地一气呵成，实在不容易。

最后是"分歌"。男歌手唱过"分歌"时，才是完成了邀请"做
表姐"姑娘对歌的全部程序。被邀请的姑娘到此时才接唱，男女歌手正
式开始对歌、盘歌。

（2）哭嫁

以歌代言的"哭嫁"，是畲族传统婚嫁中又一个独具特色的风俗。

在临近姑娘出嫁的这段日子里，母女之间、姑娘与其他亲属之间，不时以哭诉的口吻和声调唱起畲歌，表达与亲人难以分舍的心情，或者嘱咐日后的生产、生活事项，这就是平常所说的哭嫁。

哭嫁不一定只在出嫁之日进行，随时随地都可能因情而发。女儿是母亲的心头肉，哭嫁首先会在母女之间进行，而且往往在女儿出嫁前几天就开始了。母亲每想起刚刚长大成人的女儿要离开自己，就会唱起畲歌表达对女儿的思念之情，同时也不忘教导女儿在婆家如何为人处事，做个好媳妇。女儿因为即将离开家庭而心酸，也会用畲歌倾诉对家庭的无比留恋，同时也感谢父母的养育之恩，叮嘱父母保重身体，不要过于劳累等。

哭嫁也不限于在母女之间进行。新娘与其他亲属之间，都可以通过哭嫁表达惜别之情，或者表述某些事情。不过，新娘与其他亲属之间的哭嫁，大多会在出嫁日临行时进行。如叔婶哭送侄女、兄嫂哭送小姑等，多为回忆过去和好相处的美好时光，表达离别的难舍之情；或者小姑临别回兄嫂，叮嘱兄嫂帮助父母、赡养父母等，不一而足。

哭嫁歌可以是一个人自言自语般的独唱，也可以像对歌那样一唱一回。哭嫁歌与一般畲歌相比，最大的差别在于哭嫁歌句式灵活，不受每首四句的格式限制。押韵虽不严格，但在称谓和感叹词的掩盖下不会显露无遗。节奏自由，唱腔犹如戏曲中的"散板"，给人如歌如泣的感觉。虽然哭嫁歌没有华丽的词汇，但不乏生动的语言和真挚的情感，尤其是口语化的歌词，让旧时没有文化的畲族妇女也能"出口成歌"，彰显了其强大的生命力，这也是哭嫁之俗能够代代相传、经久不衰的缘由之一。

六、葬俗——讨位和哭歌　遗存畲家古风

桥墩畲族入迁后，散居于汉族中间，现代的葬俗已循当地汉族，

而明清时的畲族葬俗仍在畲歌中流传下来。畲歌《孝顺记》是苍南畲族民间传唱的丧事长歌，内容非常完整，记述了传统丧葬仪式报丧、讨位、竖幡、安灵、请（招）魂、超度、供养、起丧、做七、做功德、守孝、格路、格穴、送葬、封坟、拜木主、酒筵等过程。从这篇丧事哀歌，就可了解到苍南畲族丧葬习俗的梗概。

旧时，桥墩畲族的治丧过程，一般有预立"寿方"、制备寿衣寿被、子女床前送终、沐浴殓衣、报圹、报丧、讨位、设灵堂唱哭歌、收殓落棺、出殡、拾骨下葬、省墓种豆、百日吊孝等，这些过程与当地汉族大体相同。所不同的是其中的报丧、奔丧与讨位有畲族独有的风俗，从接报到守灵、做功德都要唱畲族哀歌。

1.报丧、奔丧与讨位

畲族酷爱唱山歌，可以说是达到"以歌代言"的程度。畲族老人去世，同样也要通过畲歌抒发内心的感情，寄托哀思。这种料理丧事时唱的畲歌，畲族称之"哭歌"或者"哭嬢歌"，也有人称之"哀歌""白事歌"。

畲族老人去世，自接报起，在接娘家、守灵、入殓、出殡以及做功德等过程中，都要唱哭歌。莒溪南山村的畲族女歌手雷春花，擅长唱哭歌。以下按治丧过程选录了若干哭歌，是雷春花在接受作者访问时所演示。

（1）接报

人亡之时，事主要马上给嫡亲报丧。畲歌《孝顺记》唱道："我嬢转去实为真，嗳落娘家去报信；跪落嬢舅面前讲，今晡我嬢已归阴。""嬢奈老落娘家亲，爷老大郎步伯亲；全靠大郎叔伯好，嗳做功德谢恩人。"可见，畲族的风俗是：丧父，叔伯为大，须即向亲房伯叔报知；丧母，娘家为大，要先去娘舅家报丧，畲民称之"赶外（娘）家"。

当外甥（或其他人）到了娘舅家，报知母亲去世的消息，舅母便会唱起哭歌，称之"接报"。相传，接报丧事时唱哭歌可以"退煞"，避免接报者受到伤害，从而使接报丧事时唱哭歌变得必不可少。舅母的

《接报歌》（选录）唱道：

> 听讲我姑过阴丧，邻下孙世（侄辈）跳忙忙；
>
> 又赶亲戚人知晓，我呐知晓肚愁黄。
>
> 听讲我姑过阴前，邻下孙世跑来先；
>
> 又赶亲戚人知晓，我呐知晓心不甘。

唱了几首表达悲痛心情的哭歌后，要再唱几首祝愿吉祥的歌：

> 听讲我姑过阴丧，邻下孙世赶来慌；
>
> 又赶亲戚人知晓，保庇子孙财主王。
>
> 听讲我姑过阴丧，邻下孙世赶来到，
>
> 又赶亲戚人知晓，保庇子孙财主头。

由于主家治丧事务繁杂，路途较远的一般都派其他亲属或者邻居报丧。民间的习惯，报丧者进门时只要把雨伞倒头置于厅堂中庭壁边，主人即知噩耗，便会烧点心、荷包蛋接待，回礼手巾一条。报丧者对所烧的点心，要全部吃光，否则主家不悦；如果来不及烧点心，报丧者也要喝点茶水，否则会认为不吉利。

（2）奔丧

当娘舅等人奔丧到事主家，孝子要到大埕外路口跪接。孝子唱《接娘家》（选录）：

> 铜锣铜鼓响当当，子孙跪落成大行；
>
> 今晡孃老娘家大，跪落敬酒娘家尝。
>
> 铜锣铜鼓响宽宽，接你娘家一班班；
>
> 手拿名香定金盏，来接娘家谢孃恩。
>
> 铜锣铜鼓响阵阵，娘家来到我门庭；
>
> 双手把定娘家盏，眼泪纷纷落在身。

孝子唱《接娘家》之后，娘家人接唱《做娘家》（选录）：

> 铜锣铜鼓响当当，我做娘家正行上；
>
> 我做娘家未坐落，就仰六亲拿名香。
>
> 今脯（今天）娘家是我当，外甥门口来收香；

六亲九眷都收转，收转家当做风光。

今脯娘家是我当，感谢六亲来相帮；

感谢六亲来帮助，保佑全家得安康。

娘家人到了事主家，可唱的哭歌内容更多，歌唱者根据各自的不同情况、不同感受，灵活编唱，多不胜举。例如，有一连是按进房屋所处位置为序，唱道：

我呐来寮到门楼，是我冇赶行不到；

是我冇赶没来睇（看），这次来睇躺厅头。

我呐来寮到门堂，是我冇赶赶不上；

等我赶到寮来睇，睇你凳头一炉香。

又如另一连哭歌，则是更多表达自身的感受，在唱了几首自责来迟、表示痛心的歌之后，照例唱上几首道吉利的歌。如：

我呐来寮到门背，我姑冇搭嘴；

有听我姑讲句话，我姑倒落在堂背。

我呐来寮到庭埕，我姑冇搭声；

我姑这次行错路，黄金对重难转山。

……

我姑好命去做官，不知坐排是坐船；

呐是坐船离太远，呐是坐排转确近。

我姑倒落在厅头，我人冇奈赶不到；

穿着一身官服帽，皇帝请你坐厅头。

（3）讨位

鲜为人知的是畲族女性去世，还有向娘家讨位的风俗。何谓讨位？旧时，畲族男女的谱名带有神秘性，其死后的讳字行第，按照"大、小、百、千、万、念"六字（雷姓无"念"，钟姓无"千"）排列，周而复始。但生前均不知自己的讳字行第，在逝世时方由亲属向族长或祠长索取。对于外嫁的女性，在生前做寿棺时，由其兄弟向族长索要，族长将行第写明并用红纸封好，在做好寿棺举行酒宴时，外甥向娘舅行礼敬酒，娘舅把红纸包交给外甥并置于棺木内，俗称"讨位"。红纸包要待棺木主人逝世时才能启封，寿棺在主人健在时也不能随便开启。女性生前未做棺木的，死后其子要跪在娘舅面前为母亲讨位。死者若为男性，则由孝子去族长或祠长处索要父亲的讳字排行。

桥墩畲族传唱至今的丧事长歌《孝顺记》，详细叙述了治丧的全过程，其中对讨位一事唱道："（嬢她）好日好时便归阴，去赶母舅是亲人；去赶母舅来安位，位乃攞（讨）了正放心。"由此可见，苍南畲族旧时葬礼中也有讨位之俗，但今时此俗已经消失。

不过民间在丧母的治丧活动中，对待娘家的礼节尤为谨慎周到。报丧时要告知死因、出丧日期及相关安排，一定要取得娘家回音或者等到娘家来人，方可收拾入殓。娘家来人时，孝子要手执茗香在大门口（大埕外）跪接，按旧俗还要唱畲族哀歌《接娘家》，娘家代表则回唱《做娘家》。娘家人将孝子扶起到厅堂，孝女等在堂前唱《迎接歌》以及子女孝敬老人的《孝顺歌》等，后堂还要及时为娘家人安排点心、酒菜招待等。以上风俗中，孝子跪接及善待娘家人之俗如今还在流传，但跪接时唱畲族哀歌已难见到。

2.世代相沿的哭歌

桥墩畲族流行丧事唱哀歌，畲语称之"哭歌"。唱哭歌者，除了亡者的子女、儿媳妇等亲属外，还有亲戚中的女眷。有的事主家里及亲戚没有人会唱哭歌，也可以聘请能歌者来唱。

哭歌的内容主要是缅怀祖先，悼念亡者，诉说亡者生前的为人、积德，祈祷亡者安息；追述亡者生活艰难、劳作艰辛的状况，表达对亡者的尊敬；忏悔对亡者生前照顾不周；等等。

在守灵期间，六亲围坐棺旁，女眷轮番哭唱。歌词大多即时编作、随口而唱，听起来如歌如泣，或是触景生情，或是见物抒情。如见孝饭即唱《孝饭歌》：

一碗白饭白嗳嗳，囥在亭里等你来；

孝子煮饭给你食，饭箸上头棉花开。

一碗白饭白渺渺，囥你面前亭里头；

不知有食是有食，一个鸡蛋囥饭头。

一碗白饭白茫茫，囥你面前亭里厢；

饭呐食饱好行路，莫等白饭囥到凉。

畲族服装尚蓝色、黑色，收殓前所唱哭歌，也常常以所穿衣服颜色为题，依据当时场景，随编随唱：

我姑身着蓝，穿着一身去游乡；

你呐游乡还未转，寮内子孙跪孝堂。

我姑身着青，穿着一身去游山，

你呐游山还未转，寮内子孙孝堂仰。

我姑身着尼，穿着一身去游嬉，

你呐游嬉还未转，孝堂子孙来等你。

为亡人做功德，有很多环节要唱哀歌，如招魂、化龛、劝灵等。雷春花所唱《招魂歌》有二三十首，现选录几首：

金竹子，尾青青，先生招魂你转先；

先生招魂叫你转，十字路花你莫仰。

金竹子，尾企企，先生招魂你转是；

寮里功德都办好，初一十五领香气。

金竹子，尾长长，你转来寮坐厅堂；

千拜万拜一张纸，千跪万跪一炉香。

金竹子，尾垂垂，寮里功德办起来；

先生卜杯杯杯准，保庇子孙财主头。

又如化龛时唱的哭歌，仅一连歌就有一二百首之多。所谓"龛"，就是通常所说的灵屋、纸厝，一般是用纸糊成一栋七间的楼房，房内一切生活用具俱全，甚至还有男女用人。化龛是做功德临近尾声的一个程序，是将灵屋烧化，让亡人在阴间有屋可住，安居享福。

雷春花所唱的化龛歌，从撒籽种树唱起，再到树大成林、盘山砍树、溜树搬运、劈披木料、阴阳选址、请工打基、做柱上架、上梁钉椽、盖瓦做脊、隔间做梯、作仓上闩等，逐一唱述，甚至连姐妹贺喜的风俗、燕子做窝的吉兆都在哭歌中反映出来。现记录《化龛歌》中的部分歌词：

新起瓦寮在垟背，未曾种树撒树栽；
种分深山成林大，成林乃大盘转来。

新起瓦寮在垟背，成林大树盘转来；
子孙男女去砍树，手扛斧头玲琅来。

新起瓦寮在垟背，上山大树溜下来；
未曾起寮搭木厂，木厂内里好劈批。

新起瓦寮在垟基，红贴去请阴阳来；
叫来先生格风水，风水就在新垟背。

新起瓦寮垟中央，就叫粗工打寮场；
这班粗工真正好，随时一刻打停当。

新起瓦寮垟中央，一班师傅在厅堂；
这班师傅来做墩，金墩做好银墩上。

新起瓦寮在垟背，又请对顶护梁来；
亲戚包包来吃酒，姐妹挑谷压梁来。

新起瓦寮在垟边，又请师傅钉角先；
这班师傅真本事，钉好角仔两头翻。

新起瓦寮在垟背，又请师傅捡瓦来；
新寮捡成两层瓦，双层瓦仔白渺渺。

新起瓦寮在垟背，宁德师傅做出来；
中央粘起龙头脊，两边又粘凤凰嘴。

新起瓦寮在垟边，又请师傅来隔间；
这班师傅本事好，隔了五间连七间。

新起瓦寮在垟背，又请师傅做楼梯；
隔起楼梯十二坎，好让我□上楼来。

新起瓦寮在垟中，又请师傅做谷仓；
头仓隔来兜谷米，二仓隔来兜宝贝。

新起瓦寮在垟兜，金丝桌子囥厅头；
楼上金笼金交椅，楼下金墩金门楼。

新起瓦寮在垟头，楼板底下筑燕兜；
一年孵出三季仔，燕子飞出满云霄。

新起瓦寮在垟头，金童玉女站两边；
还有子女来奉祀，饭茶酒菜样样到。

新起瓦寮在垟边，龙脉通着凤凰山；
当下风水你得着，两边两外篁竹青。

新起瓦寮在垟界，得着风水好世界；
两边龙首生得好，寮里子孙代代齐。

新起瓦寮在垟界，寮里子孙忖得快；
新寮起给我□用，我□收拾自家界。

我□好福相，是你子孙想的长；
寮是子孙亲手起，起了给你收拾上。

我□好福光，又叫我□收钱仓；
大箱小箱是你管，当中一箱是银两。

我□好福财，当中一箱是宝贝；
又打锁匙给你用，我□快活笑嗳嗳。

我□好名声，钱仓烧落你庭埕；
一千八百随你用，阎王殿下第一名。

　　畲族哀歌内容十分丰富，演唱形式多样，而且各地畲族哀歌的具体内容及演唱形式也不尽相同。桥墩的畲族哀歌，多数是亡者子孙在治丧过程中即时编唱，但也有世代相传的、歌词比较固定的哀歌，如《思亲歌》《二十四孝》《五更叹》《孝顺歌》等，这些歌是在做功德时按照科仪程序分段穿插着唱，有的哀歌原本就属于做功德的内容。此种哀歌苍南县已较少见，仅在莒溪的畲族褀公中有所传承。

七、衣俗——盛装椎髻银笄　多彩绣衫花鞋

畲族世代流传穿着民族服饰，畲族史诗《高皇歌》唱道："勅封女人戴银笄，面前银花挂八仙。""莫与百姓一样扮，应留自个古装衫。"

桥墩畲族入迁时间多在明末清初之时，距今已400多年。20世纪50年代时，在畲村或集市还可以经常看到畲族妇女穿着民族服装，但如今已是难得一见了。只有极少数畲家仍珍藏着女装上衣与花鞋。原因是旧时制作一套头冠、礼服价格不菲，不少畲族姑娘结婚时没有头冠和礼服陪嫁，只是向别人借用而已；有陪嫁的，也大多按风俗在去世时用作随葬了。畲族的传统服饰，女装较男装有特色，其特色主要在头冠、衣裙、围兜与花鞋。

1.头冠

畲族称头冠为"笄"，由冠身、裹布、串珠飘带、花饰银片、银簪等组合而成。《平阳县志》作这样的记述："冠身为一竹筒（或用笋壳编成），呈牛角状，长约17厘米，下端开一弧形起口，上裹红布条，外镶各种花纹和神像的银片，作七星、八仙、十二生肖等形状，绕以数串白色珍珠或红色璎珞。两侧各饰两条蓝色串珠分垂于两肩，前缨后尾，甚是美观。"

桥墩畲族头饰在盛装时，还要于额前及两侧配以三支银簪。银簪，畲民俗称"银花"，制作工艺也很精细。一套银花共有三支：一支"拦头花"，插在额前；两支"凤花"，分别插在

平阳（苍南）式盛装

左右两边。每支银花的正中上方，都有一个红色绒球，几十根细软的银丝末端，做有八仙人物和祥瑞动物，如凤鸟、狮子等。拦头花较凤花宽大，位于银花最下层的十二只凤鸟，每只凤鸟嘴里叼着一

插于额头与两侧的银花

串做有吉祥图案的银片链子，组成一道飘动的漂亮银帘。

2.衣裙

桥墩畲族妇女的服装，可分礼服与便服两种。畲民称之为"钉花衫"的是礼服，一般是畲族姑娘结婚时娘家作为陪嫁衣物，在婚礼、迎宾、做客、参加对歌或者节日活动时穿着。上衣为黑色大襟右衽，有衬里，面料多是绸缎、呢类等优质布料。胸前从中线至右侧部分，沿衣襟边缘绣有一幅色彩鲜艳的图案。绣花图案为四边形，宽4寸左右，右边长（高）在4寸至5寸，与上边（斜）沿衣襟边缘而作；左边顺胸前中线延伸至领口，长（高）6寸至7寸。图案内容，或花鸟虫鱼，或吉祥动植物，或人物形状，周边围以一道乃至数道齿状或其他几何图案的花纹。衣领为中、高竖领，领上通圈绣有动植物花纹，领根处围以彩色细布条和多色齿状花纹；衣领布色或用衣服本色，或与袖口所镶彩色布条相同。领下领口有一个布扣或银、铜衣扣，左右各镶钉一个直径约2厘米的红绒球。衣襟右侧腋下处无衣扣，但缝有一对布条供穿着时固定之用。上衣后裾长于前裾，衣襟两侧开衩，右侧开衩处缝有一只布扣，有的还在右侧内襟缝一口袋。袖口绣有数色花纹图案，袖端向外

苍南大襟右衽式女装

翻折，并缀以数道宽窄不一的红边或红绿相间之布条做装饰。

桥墩畲族妇女的传统便装，畲语也称"便衫"，在日常生活中包括在劳动时穿着。上衣也是大襟右衽式，一般是用苎麻布或土纺布制成，胸前右侧也有与礼服相类似的绣花图案，但是比较简单；低领或无领，低领的衣领一般也无绣花；袖口镶缝的彩色布条较少而单调；除肩和衣襟边缘外，其他无衬里。

罗源畲族传统女装

各地畲族衣裙均尚黑色，但服装式样各有不同。大襟交领式还是大襟右衽式，是闽浙两大片区畲族妇女上衣的主要区别。罗源、连江、福州等地畲族妇女的上衣为大襟交领式，通身无扣，在右衽襟角（在腋下、腰上部位）缝两条白色系带；顺衣衽绣制几行共六七寸宽的花纹图案，自胸前环绕到两肩及颈背后一圈，两袖端也绣有一圈，色彩鲜艳华丽；年轻妇女还在胸部左右镶饰一副银"扁扣"。而闽东的福安、霞浦、福鼎等县和浙江丽水各地畲族妇女的上衣，与苍南畲族妇女传统上衣相同，都为大襟右衽式，但纹样显得比苍南畲族女装简单得多，仅沿右襟中上部边缘绣制。

鲜为人知的是，旧时畲族妇女尚穿长裙，在结婚时也穿素面长裙。《平阳县志》曾记载：畲族姑娘"结婚时，尚穿素面长裙，裙面镶有两条纵式云纹白色带饰，下面镶有二条白色带，中缀红色花饰"。据传，这种长裙作为礼服，

素面长裙

是加穿在裤子外面的，穿着素面长裙后还在腰间扎一条彩色丝巾。这种彩色真丝丝巾，本地称之"手巾"。该丝巾宽1尺，长1丈2尺（含两头的网结缨穗各1尺），在腰间扎两圈后结于腰前，丝巾两头垂于素裙外面，作为装饰。

3.围兜

畲族传统女装都搭配围兜，而且围兜做工精细。桥墩畲族妇女盛装时所用围兜，今已无从考查，但日常生活所用的围兜十分普遍，畲民称之为"拦腰"和"拦腰裙"，当地闽南语分别称之 "合手巾"与"围身裙"。在20世纪六七十年代以前，畲民的"拦腰"是用白纱与

福鼎围兜

青纱纺织而成，只有经纱与纬纱自然组成的本色简单图案。宽（高）一尺余，长约一尺三四寸，上沿镶上织花带，主要用于劳动时束腰，使干活更利索。

拦腰裙普遍为蓝布裙头，青（黑）布裙身。裙头4寸，双层（8寸对折），裙身2尺至2尺4寸，拦腰裙总长2尺4寸至2尺8寸，裙头上沿镶上织花带。有的人束上拦腰裙时，裙身下沿与裤脚几乎平齐。拦腰裙主要在家里从事家务时使用。不能不说的是，拦腰和拦腰裙在过去是畲民的随身系带之物，物虽平常，但用处很大，不可缺少。上山、下地时都会扎上它，让手脚格外利索；畲族妇女挑柴、背草下山，用它护头；寒冷天气时，老人、小孩用它束身保暖，或者以扎在腰间的拦腰与拦腰裙掩盖火笼取暖，可谓是旧时畲民苦难生活的见证。

4.花鞋

畲族妇女盛装时穿绣花鞋，是各地畲族的共同风俗，只不过绣花鞋的样式不尽相同。桥墩畲族的女鞋为方头单鼻绣花布鞋，色彩鲜艳，工艺精美，畲民俗称"四角鞋"。鞋底是用苎麻线纳的千层底，白布包

边；鞋头正中缝一条中脊，但无红缨装饰；鞋口镶有花边，鞋面两侧绣有对称的花形图案，后跟部位两侧绣云形纹饰。畲族男鞋样式，未收集到实物，据传为圆头圆口素面布鞋。

苍南绣花鞋

桥墩畲族绣花鞋与闽东诸县的畲族绣花鞋相比，大同小异。罗源传统女鞋俗称"单鼻鞋"，"鞋用黑色布缝制，鞋底布质（称千层底），鞋面为红线缝中脊，鞋头隆起，鞋头和边沿绣花，有的还配有红色短穗"。福安的"畲族男女鞋样，为布底方头青色鞋面，女子鞋口有花线点缀，鞋头折一条中脊。男子鞋面清一色，鞋头折两条中脊。俗称'单梁鞋''双梁鞋'"。霞浦的畲族绣花鞋，"中脊一道的，称'单鼻鞋'，女子专用，方头，鞋口边缘以红、黄、绿等色线镶制，或有绣花。中脊两道的，称'双鼻鞋'，圆头，男子专用"。这些当地史料记述表明，闽东诸县畲族女子穿的是单鼻绣花鞋，而男子穿的则是双鼻鞋。

5.发簪、耳坠、手镯、戒指以及头巾等其他饰物

银针

发簪除了上面介绍的式样外，还有一种俗称"金针花"的银花，一端用五条弹簧状的银丝连着五朵银豆花，稍有晃动，叮当作响。这种银花应是以装饰为主。

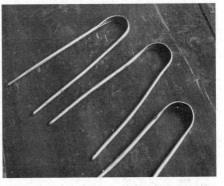

普遍使用的发髻银插

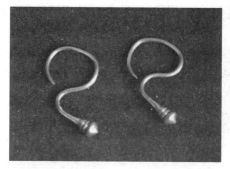

最普遍的耳坠

妇女头巾

另一种以固定发髻为主要功能的插件，俗称"银针"，呈四菱形，针状，大头一端的颈部有三根银链子，分别连着一只银豆。当银针插在发髻上时，三只银豆就自然垂下，头部稍有晃动，便会发出声响。以上两种银饰，多为殷实人家所用，或是盛装时一用。

一般畲族妇女用的是一种最普通、最实用的银插，这种银插长七八厘米，呈U字形，头发挽成发髻后，在外面扎上发网，并分别在发髻的左、右、上三个方位各插进一根银插，予以固定。这种方法疏挽固定的发髻，上山参加劳动，甚至头背上压上大几十斤的柴草，也不会散乱。银发夹、耳坠、戒指的式样比较简单，手镯多为银质，这些饰物大多也是订婚信物和陪嫁饰品。

头巾，为方形或略长方形，边长约一尺至一尺二寸，两头留有缨穗，有的在四个角上系上铜钱，用以压重，防止人行走时飘落。头巾多在上山背扛柴草时罩头护发，老年妇女在冬天也用它罩头保暖。有的畲族妇女盛装时还在脖子上悬挂银锁（银牌），银锁上有多样吉祥纹饰，下面垂挂银短链和银铃，更显得雍容华贵。

八、食俗——自制传统食品 擅于采集和食疗

千百年来，桥墩畲族在自然经济条件下，居住在远离集市的山乡僻野，自制绿色食品自然成为畲民日常食品尤其是年节食品的重要来

源，也可谓是畲族的一大风俗。有一些绿色食品，已经成为畲族的特色食品。

1.自制传统绿色食品

桥墩畲族的自制食品种类很多，有加工成干货的，有鲜品腌制的，有水作处理的，方法有晒制、腌制、浸制、蒸制、熏制等。下面简述其中最普遍、有特色的几项。

（1）豆类制品

①养豆芽

用黑豆养成的豆芽最受人喜欢，这种黑豆是畲民自己种的"田埂豆"，粒大味香。养豆芽时，只需先用清水浸泡几小时，捞在竹篮里（能漏水的容器即可），上面盖一层纱布或软草，每天浇水（冬天用温水）二三次，经过五六天便可长成豆芽。黑豆豆芽是畲民最普遍的豆制品，逢年过节家家都有制作。

②晒酱

先将黄豆或者豌豆、蚕豆（须去皮）浸透、煮熟，放在晾箔上自然腐化发酵，等到这些豆坯长毛后，放到陶质的酱箔里，配以适当咸（盐）度，露天摆放，白天在太阳下暴晒，晚上让它自然冷却，通过约一个月的风化自然成酱，味道鲜美异常。不少畲民都会晒制豆酱自用。

③做豆腐

方法与汉族做豆腐相同，一般只在过年的时候或者家里有事、用量较多时才会做。有的人家还用自产的豆腐做豆腐乳。

（2）大米制品

最平常的是用粳米做年糕。传统的春年糕，先要将粳米浸透，加工成米粉。如今用粉碎机加工米粉，而传统的方法直至20世纪五六十年代，仍然是用水碓或者踏碓春粉。在米粉中加入适量清水，调和成团粒结构，放进铺有蒸巾的木甑（蒸桶）；在大锅水沸时放入木甑，待木甑内冒出蒸汽时再盖上盖子；当盖着盖子的木甑有不少蒸汽冲出时，年糕差不多就熟了。将蒸熟的年糕（俗称"粿花"）倒在石臼里，一个人用

7字形的木柄石臼头先擂后舂，另一个人配合着拨和翻年糕。舂到年糕粘、实时，取出放在粿板上，做成大小适中的条、块等形状，有的用粿印（模具）压成正面带图案的长条，晾干后保存，以备食用。

调粉

蒸粿

舂粿

做粿

糯米糍是畲族的特色食品，也是畲族庆典与待客的最高规格的传统食品，只有逢年过节、婚嫁寿庆或者招待贵宾，才会舂糍。糯米糍的做法是：先把糯米用清水浸透（一般需12小时），放进木甑蒸熟，再趁热倒在石臼里，像舂年糕一样，直到把糯米饭舂到看不到饭粒为止。再把它捏成小圆饼状，沾上红糖、熟豆粉加香料做成的香粉，即可食用。如要较长时间保存，可以把小圆饼晾干后浸于水中，待食用时捞出贴在锅里，用文火烤，适当翻动，防止烤焦，可稍下点油，但切忌下水。加热至糍饼变软时，则味道如初。

其实，畲家临时来了尊贵客人，做少量糯米糍都是采用最简便、省时的方法：把糯米烧成饭，再舂糯米糍。如一时没有糯米，便会拿几斤糯谷到大厅里的谷砻上砻一砻，用簸箕簸除谷壳，再把糙米放到石臼里舂上一阵，便是白花花的糯米了。如是做汤圆，用清水把糯米浸上一阵后，拿到石臼里舂粉，过丝筛（粉筛）即可。畲民正是以自己的勤劳与真诚，世代传承着淳朴与好客。

米面与番薯粉（条）也是过去畲民经常加工的食品，尤其是逢年过节之时。米面的加工方法很简单，将米浸透后，用石磨磨成浆。大锅里放入半锅水，把煎盘架在大锅里，当锅里的水烧沸时，在煎盆内擦上一些食用油后倒入一小碗（适量）米浆，并用专用木梳把米浆理平。盖上锅盖，待一两分钟后蒸汽将米浆蒸熟时，把煎盆里的米面拎起一个角，搭在一根一尺多长的小竹管上，再将整片米面挂到竹竿上晾。按以上方法一层一层地蒸制，冷却后便可切成细条，回锅煮食。如不在近日使用，也可晒干后保存。番薯粉（条）的蒸制方法与米面完全相同，只是所蒸的是番薯粉浆而已。番薯粉浆可以用刨番薯丝洗出来的生粉或者已经晒干的干粉，加适量的水调制而成。

畲家流行七月半蒸九层糕，也是用大米制作的特色食品。端午节包粽子的风俗与汉族一样，但用毛竹笋壳包粽子或许是畲族的一大特色，至今在山区仍不鲜见。

（3）腌制菜品

桥墩畲家腌制菜品中，最普遍的是芥菜、萝卜、"九头缨"（雪菜），尤其是芥菜，可谓是畲族农家的当家菜。

畲民加工芥菜的方法有多种，如晒菜干、腌瓮菜和腌咸菜等。晒菜干，是把青芥菜切成一至两厘米大小的碎段，晒一天，揉捻一次，次日再晒、再揉捻，直至晒干。腌瓮菜，是先按晒菜干的方法进行，在尚

蒸盘匀浆　　　　　　　　　　　晾在竹竿

未晒干还有一定湿度时，加入适量的盐和调料（如姜、辣椒），装进瓮里，并要压得很紧。瓮菜微酸，别有风味，可以做很多菜品的佐料，如烧鲜鱼、烧粉干与面条等。芥菜腌制咸菜，有两种做法：一种是腌水菜，先将芥菜在太阳下晒上一天，使茎叶变软，而后用手揉捻，加入适量的盐腌制。此法腌制的水菜微酸，口感较脆，但不宜保存太久。另一种是将芥菜先按腌制水菜的方法腌制一遍（稍少加盐，可不揉捻），六七天后择晴天"回菜"。回菜时把水菜捞出来，晒上一二天，去除相当多的水分而成咸菜坯，再把每一二株咸菜坯缠成一卷，一层菜坯一层盐地腌入陶质的缸内，并压上石块。二三天后，即泛菜卤。如菜卤不能浸没菜坯，则需调制盐汤补充菜卤。此法腌制的咸菜，香、韧异常，能够长期存放，乃至年余。

萝卜、"九头缨"（雪菜）也是畲家的重要蔬菜。萝卜多被晒成萝卜丝、萝卜条，便于较长时间食用；有的还将萝卜烧熟后加盐腌存，作为夏季解暑防病的食疗佳品。"九头缨"主要用于腌制水菜，方法与腌制芥菜相同。

（4）家酿黄酒

畲族男女大多有饮酒的习惯，这与畲民居处山高水冷、劳动繁重艰辛有关，加上过年过节、招待客人、饮食烹调、滋补入药等，都需要用酒，同时自酿黄酒显得更经济、更方便，因此，每年粮食收成后，每家每户都要酿一缸黄酒，以备随时所用。

酿酒的方法倒也简单，一般的配料比例是：糯米1斗（10升，约7斤），曲3~3.5升，水10.5~15斤，即1斤米下1.5斤至2.0斤水。水少则酒浓，水多则酒淡，有特殊要求的，配比可以调整。如酿"月里酒"（供产妇用），大多是1斤米下1.25斤至1.5斤水。酿酒方法：先将糯米用清水浸透、洗净，把水淘干；再将糯米装入木甑蒸熟，倒出后让糯米饭凉到一定温度，装入缸中和曲拌匀。曲可以事先按比例配水浸于缸中。需要注意的是糯米饭的温度要根据所处季节的不同而变化。冬天气温低，糯米饭的温度在40℃~50℃时入缸；夏天气温高，糯米饭晾冷后再入缸。糯米饭与曲入缸几小时后即开始发酵，发酵期间要用专用工具或锅铲把缸内的"酒饭"拌匀，每日数次，待发酵期过（一般5～7天），即将缸口封固，约一个月即酿成酒。

有些懂草药的畲民，从山上挖来十多种乃至几十种草药，洗净、晒干、切碎后，用大锅煎出药汤，过滤、晾凉后当水酿酒。这种草药酒颜色橙红，香醇可口，有着特别的风味，民间以为有辅助治疗风湿、冷胃等功效。

另外，熏制食品以熏兔为最具特色。畲民用自己饲养的家兔，宰好、焯过，干至六七成时用红糖熏制，再适度晾干。食用时有独特风味，是畲家过年或待客最佳食品之一。

2.采集加工野菜山果

桥墩畲族居住在山区、半山区，山间地头的野菜是畲民食物的重要来源，除了自己食用外，多余的便赠送亲友，或者随行就市换些钱花。

春夏时，采摘最普遍的野菜是苦菜、青草芯（即大青）和山蕨菜。苦菜、青草芯用沸水焯过后，冷水漂净，大多做成菜汤，清凉解毒，如加些虾皮汤味更好。山蕨菜用沸水焯过后，或者鲜炒，或者稍事腌制后冷拌，都是很好的时令菜品。焯过的山蕨菜加盐腌制，能保存较长时间不变质，食用时再把盐分淡化，或炒或拌，鲜香如初，尤其是经过揉捻再腌制的山蕨菜，口感特别好。

本地人称之"鸟葱"（野葱）、"乳草"及蒲公

鼠曲丸（龟）

英、马兰头等也是畲民经常采集的野菜。鸟葱无须沸水焯过，而是先揉捻去汁，后炒制当菜或者做汤烧粉干、粉丝等主食。其他野菜一般也是先用沸水焯过，拿清水漂洗后烧食。

田间的鼠曲草，是畲民每家每户在清明时一定要采集的野菜，它是制作清明粿的必需品。鼠曲在畲语中称"蒿伲"，摘取其嫩茎叶，洗净后用沸水焯过、切细，或者晒干后加工成粉，拌入米粉蒸制，再舂成鼠曲粿，是清明节的特色时令食品。清明节扫墓、祭祖所用的冥斋、粿饼，都是特地用这种米粿做成。如果用这种鼠曲与糯米粉加工成鼠曲丸（龟），更是别有风味，是桥墩区域独特的名优时令食品。

山间的野生小竹笋，是畲汉百姓都会采摘的山货，去壳、焯烫，再烧煮食用或者晒干保存。更有特色的是本地所称的苦椎豆腐，它是秋季采摘壳斗科树木（主要是苦椎、麻栎等）的果实做成的。做苦椎豆腐

剥野笋壳

的方法，是先将果实去壳，把果仁用水浸煮多次，去掉涩味，再磨浆做成豆腐状，切片晒干收藏。食用时，先浸煮使其变软，再回锅炒制。苦椎豆腐有清凉解毒的食疗功效，是夏季饮食佳品。

其实，畲民野外采集的野菜、山果远不只这些，还有猕猴桃、山楂、山油茶、茅草根等。制作畲族最具特色的食品乌饭，需要用的乌饭树叶或者乌饭果，也都是来自大自然的恩赐。居山、吃山、用山的传统理念，既是畲民在那个时代谋生存的需要与手段，同时也在几百年的延续中演变成畲族的一大风俗。

3.草药保健、食疗进补

畲民在长期的生产、生活实践中创造了畲族医药，而畲医主要是应用已经实践检验的祖传秘方、单方治病，往往疗效神奇。

畲医，本地人称之"先生嬷"。据调查，苍南各地的畲族聚居区，如华阳、桥墩、莒溪、腾垟、括山等地的畲族聚居村落，都有世代相传的畲医。括山乡三岗内的畲医数量为全县之最，20世纪末，该村58户畲民240人口，就有畲医28人，可见畲医历来被广大群众所接受并广泛传承。由于畲民本身居住的山区药源丰富，需要时随采随用，或者晒干收藏，要用时也非常方便。普通畲民作为畲医的乡邻，或者曾经的病家，耳濡目染，一般都学会应用一些鲜草药治疗日常小疾，并且普遍流行通过刮痧消除身体的某些不适。

畲民居住在偏僻山区，体力劳动强度大，农忙季节来临之前都有进补的习惯，草药食

畲医

疗进补是畬民的普遍选择。畬民常用山草药炖自家所养的鸡、鸭或者家兔进补；或者采几味草药，煎汤烧米饭，称之"补药饭"，是进补更经济的方法。畬医中简单易行的草药治疗、食疗进补、刮痧疗法和一些日常小疾的验方，在畬民中广为普及进而成为生活习俗。

九、待客俗——诸姓亲爱一家　邻居合筵待客

20世纪30年代的《平阳畬民调查》记载："畬民民族，富有坚固之团结力与保守性，且极服从。余如勤劳、诚实、勇敢诸美德，亦俱具备，实为一般汉人所难及。畬民平日相处，亲爱异常，无论蓝、雷、钟、李均亲如骨肉，不拘熟识与否，相爱若家人。此盖因其人数既少，而所处环境，又往往受外力之压迫，亲爱团结，乃一种自然的趋势。故一遇外侮，无论蓝、雷、钟、李，认识与否，辄能一致团结，起而抵抗之。……畬民之勇敢，亦为人所共悉，其怯于私斗，勇于公愤之精神，尤为可佩。"从上述记载可见，畬族极具亲爱团结之秉性。

桥墩畬族有蓝、雷、钟、李、吴、罗六姓，诸姓相亲相爱，如同一家。在日常生活中，无论是哪一姓，畬语都称"自己人"，同支族（同祠堂）的畬语称"自己寮（家）"，充分体现了诸姓相亲的历史传统。正如世代流传的畬族史诗《高皇歌》所唱：

蓝雷钟姓一宗亲，都是广东一路人；

今下各人住各县，遇事照顾莫退身。

蓝雷钟姓一路人，莫来相争欺祖人；

出源祖歌唱过了，万古流传子孙记。

蓝雷钟姓一路郎，亲热和气有商量；

歌是畬民传家宝，万古流传子孙唱。

假如畬村来了自称自己人的陌生者，便有一个辨别其是否为同族人的过程，这就是平常所说的"盘答认亲"。一旦认定是自己人，便会热情接待，亲热尤加，或是安排就餐、住宿，或是帮助来者办好需要办理的事情。桥墩畬民对自称自己人的来者的盘诘，一般只要询问其家住

何地何村，支族祠堂在哪里，其本人与家人是何行第，并看其能否用畲语正确回答，即可确认是否为族人。因为在县内及周边畲区，何处有族人居住，某姓某支族祠堂在某地，以及辈分排行等情况，大多都相互了解。即使是世居在畲族聚居村的外族人，细细分辨其语音腔调仍有差别，一些与当地方言迥然不同的词语，外族人很难精通。

然而在旧时，畲族认亲多用"秘语"盘答。如主人问"'汝'字当作何解释？"客人答："三点水是三男，女是一女。"又问："一根竹子破几片？"再答："三片半（指三个儿子，女婿半子）。"有的地方以对唱畲歌的方式盘答，主人唱："哪人种竹哪块山，要撬毛竹有几桁（根）？"客人答："公主带落广东栽，要撬毛竹有四桁（指盘、蓝、雷、钟四姓）。"主人又问："毛竹破几爿？"姓蓝者应答毛竹破六爿，姓雷姓、姓钟者应答毛竹破五爿，因为畲族字辈按"大、小、百、千、万、念"循环排列，而雷姓无"念"、钟姓无"千"。经过一番盘答，暗语符合，证实确是自己人时则以亲人相待。

以前，畲族虽然自身经济条件并不好，但有热情待客的传统。《平阳畲民调查》曾记述：畲民"家常饮食类多简单，有客则款待甚丰，鲜鱼、大肉，略无吝色，且其烹调技术，亦殊不恶也"。

桥墩畲族接待宾客，还有自己独特的方式，包括敬茶奉酒，合筵待客，舂汤圆、做糍粑，对唱山歌，不一而足。

畲民对茶情有独钟，有常年喝茶的习惯。每餐烧饭时都先要烧水泡茶，上山干活时随身带茶，祭请祖先时必须有茶，家里来客时也必先烧茶。待客要即时烧开水泡茶，称之"喝便茶"。哪怕是邻居

通常挂在灶间板壁上的小茶篓

串门，也不能用原已泡好的茶给客人喝，否则，是对客人的不敬。泡了茶后，要用双手端给客人，不能只用一只手。客人喝了茶，主人要及时添加。烧茶之后，便会烧点心，反而称"吃点心"为喝茶。在这里，真正意义的喝茶，倒变成"喝便茶"了。可见茶在畲民的眼里，对接待客人是何等重要。

畲村里一户人家来了亲戚，同一座房子的几户邻居都会泡茶、烧点心招待。多数畲民家里常年酿有黄酒，主家招待客人时，邻居家都会烧上一盘酒菜，烫上一壶酒，碰巧家里没酒时也会向邻家借上一壶，端到主家桌上来，轮流给客人敬一杯自己带来的酒。或说添菜下酒，或说送酒助兴，便形成了畲民合筵待客的独特风俗。添菜送酒者，或早或迟，不受拘束；或陪酒或离席，无所限制。不知底细的客人，往往经不住"车轮战"，因为都要尝一尝各家的一杯酒而喝得趴下了。如是贵客，还要即时杀鸡宰兔，舂糯米粉做汤圆，或者做糯米糍。按照畲家风俗，做糯米糍待客是最高接待规格。如是自己人又会唱畲歌的，那晚上肯定要对歌、盘歌，甚至通宵达旦。这种合筵待客的风俗，彰显着畲族

最常用的酒壶（瓶）

最普遍的熏制家兔

邻里的融洽关系与互助精神，同时也是在经济贫困的状态下，合力传承淳朴、友善的民族秉性，展现豪爽、热情的好客情怀。

畲民在内部交往中，尤其重亲情、讲互助。世世代代的族内婚使很多畲民"亲上加亲"，"山哈山哈，不是亲戚就是叔伯"这句口头禅是最真实的写照。对于在苦难中奋斗的畲民来说，没有什么比雪中送炭的互助更能凝聚人心。

在旧时的畲村，畲民间请工送工非常普遍，一家有事情或有困难，大家出工帮助，不计报酬与回报。如果某家造房子、建坟墓，除雇请的木匠、泥水匠或其他技工需支付工资外，粗杂劳工都由亲邻帮助。这种出工帮助的形式，畲民称之"请工"与"送工"，即主家"请工"，提供膳食、点心和烟；亲邻"送工"，不收工钱。日后亲邻有事时，主家也以同样的方式给予出工帮助。另一种情况是农忙季节需要劳动力帮助时，尤其是做犁田、插秧这些不一定人人能做的农活，或者是山地翻耕、挑肥上山等需要多人劳作的农活，亲邻之间"盘工"互助。这种盘工带有换工的色彩，这次我帮你，下次你也帮我，但不一定要做同样的农活，也不要求做相同的天数，膳食、点心当然由主家提供。一些有特殊困难的家庭，在农忙季节也有"请工""送工"的情况，亲邻都会施以援手，送工帮助。

总之，畲民凭着诚实做人、善良待人、热情帮人的品格，书写民族的灿烂历史，融入中华民族大家庭。

十、养成俗——勤劳善良为本　注重家教养成

畲族在封建社会制度下，遭受压迫与歧视，甚至畲族子弟被剥夺读书与科考的权利。加上居处偏僻、经济落后，致使畲民读书识字者极少，只能世世代代挣扎在社会的最底层。为了维持生存与发展，畲民除了顽强地以各种方式进行抗争外，采用适合本民族特点的方式来教育培养后代，从小灌输勤奋求生存、争气图自立的思想，让后代从小就养成勤奋劳动、友善待人的习惯，使之虽然生存艰难，但也可以自立；纵然

不能"知书"，却也能够"达理"。

1.家庭言教身传，注重孩童的品质养成

在旧社会，差不多每个畲族家庭都有受苦受难的历史。父辈会经常在后辈面前谈论祖辈迁徙的历史、创业的艰难、生活的困苦、劳动的艰辛，还有受人欺负的真人实事。经常会叮咛后辈不要忘记祖辈的苦难，要后辈勤劳、友善、争气。这种家庭教育、村落氛围，在那个时代可以说是多数，是常态。这种家庭和村落"小社会"对孩童的教育，大体有几个方面。

（1）培养勤快、吃苦精神

畲民从小要求孩子做人要勤快，能吃苦，不偷懒；诚实，不说谎话。五六岁时，大人就带着上山，跟着摘茶、放羊，或者学着放种子、拔兔草。八九岁时，就单独或与邻家小孩结伴放猪、放羊，或者打猪草、翻藤薯做饲料等；大人在田间或山上劳动时，去送点心。十三四岁时，开始在大人身边学做农活，如插番薯整畦时挖沟，犁田时"斩田皮"，经受体力劳动和艰苦生活的锻炼。

拔兔草用的四角篰

（2）热情、礼貌待客

看见有客人来，要打招呼，到屋外迎接，接过客人的雨伞和所带的行李，进屋后要搬凳子给客人坐。大人烧茶、做点心时，小孩能帮

犁田时随牛后"斩田皮"

助烧火的要帮助烧火。客人吃点心时，小孩不要在旁边观看或者在旁边玩耍。客人离开时，要跟客人打招呼，表示挽留之意，和大人一起送行到院落门口或者村口，并应帮客人送伞、拿行李。

（3）尊重、敬爱长辈

对所有长辈，无论是族亲、乡邻包括汉族邻里，都要按辈分称呼，对同辈年长者也要以哥哥、姐姐称呼，不能直呼其名。否则，会被看成"没教养"。对客人，哪怕是小辈，也要按辈分称呼，如表弟、表妹、女孙（畲语侄女）、外甥、外甥女等。日常生活中，教育小孩关心、照顾长辈。如要求小孩给长辈打洗脸水，给劳动回来的大人打好洗澡水、洗脚水；给行动不便的长辈端饭、端菜等。

（4）养成良好生活习惯

要求"坐要有坐相，吃要有吃相"。就说吃饭这件事，也有不少规矩。如每餐吃饭坐的位置要固定，不能随便换座位；大人劳动没回家，不能先吃饭，要等到下地劳动的人都回家了才能吃饭；夹菜要从菜盆靠自己前面的这一边去夹，不能通盘乱翻，也不能箸箸都夹某一碗菜；吃一餐饭不能用两个饭碗，即使要吃另一碗盛好的饭，也要添到自己的饭碗里来吃。即使是端碗，也有讲究，端碗时要用大拇指扣住碗边，这样就不容易被碰翻；不能只用手掌托着碗吃饭，认为乞丐才是托着饭碗的。

旧时畲族家庭的这些教育，虽然说有它的局限性，但父母是小孩的第一任老师，这些教育往往对小孩的健康成长乃至一生都有着重大影响。可以说严于家教、注重孩童品质养成，是畲民安身立命的优良家风。

2.崇尚少年学艺，或是以艺谋生，亦可识字育德

在旧社会，不仅读书是畲族子弟的渴望，学艺也是他们的追求，很多畲族家庭觉得既然没有条件读书，就让孩子学一门手艺。因为有了一门手艺就有了一条谋生之路。

在畲村聚居区，往往不乏能工巧匠与各类艺人。石匠、木匠、箴

匠、铁匠、泥水匠，拳师、巫师（裬公）、理发师、畲医医师、阴阳地理师……雕刻制版、修造族谱，民乐吹打、木偶戏班，服装裁缝、蓑衣制作，牲畜屠宰等，可谓三十六行手艺行行不缺，宛如一个小社会。畲民凡有干事的、拜师的，喜欢寻请族内工匠技师，因为语言相通、风俗相同，共同语言多。更重要的是接待条件差一些能理解、可将就，欠点工钱也好商量。族内的工匠技师，或是设点或是走村，既可承接本地汉民业务，又愿意为自己人服务出力。直至20世纪末，苍南一些畲村仍有一些传统技艺在传承。如南水头五亩村能编纂与印刷（活字排版）宗族谱牒者还有6家，括山三岗内畲医共有28人，矾山岭家山村尚有提线木偶戏班3班，华阳焦坑、凤阳仓头、南水头五亩等畲村有若干个畲族阴阳地理师世代传承至今，莒溪大坪、上村有畲族裬公多人，腾垟北山村还有2位畲族老裁缝能缝制畲族妇女传统服装等。

　　在拜师学艺中，既可习艺，也能识字学文，更能扩大见识。很多人是通过民俗传教的方式，即用世代相传的手抄汉文功德书、歌本等识

做篾篰

打草鞋工具六件套　　　　　　　　　　　　草鞋

汉字、学文化，靠以师带徒、个别传教，辈辈相传。有的甚至自行变造一些文字符号在族内通用，这种文字符号有些至今仍在畲歌抄本中通行。可见，畲族崇尚学艺之俗，盛于他族。

由于畲族入迁之地多为偏僻山区，竹、木、藤、草资源十分丰富，有的畲民无师自通地成为能工巧匠，多数人家能自己制作一些简单的日常用具，以供自身需要，也能到集市出售，最普遍的是竹编制品。在20世纪五六十年代时，到畲村走一走，可以看到畲民利用农闲或者雨天砍竹、破篾，做一些日常器具自用，如笊篱、竹筷、斗笠、扫帚、竹篮、土箕、畚箕、竹箅、鸡笼、鱼篓等。一些简单粗糙的木制品，如木屐、板凳、牛栏架之类，有些畲民也能制作。

旧时，畲民上山劳动乃至出行，都是赤脚或者穿草鞋。多数畲民家里都备有"草鞋耙"（草鞋机），雨天时就在家搓绳、理草、打草鞋。虽然这些是自给自足的小农经济的产物，但它真实反映了畲族自制竹、木、藤、草器具习俗的传承延续。

3.借助畲歌传承，识字学文及受道德教育

畲民酷爱畲歌，男女老少都不例外。畲歌内容十分丰富，有着多种实用功能，其中的教育歌就很好体现了独特的教育功能。教育歌包括儿歌、字歌、伦理道德歌：

（1）儿歌

是对儿童进行启蒙教育的民歌，四五岁时就教儿童学唱，内容活泼

有趣。如：《鸡公上岭尾拖拖》

鸡公上岭尾拖拖，鸭子落田吃草禾；

大人过年没钱用，细崽过年钱仔多。

（2）字歌

是将一些常用字编成畲歌传唱，让初学者认识字体，理解含义，并借以传授相关的自然、人文、历史及社会生活常识。以下是从桥墩畲族传唱的一连字歌（42首168句）中选出的几首畲歌，可以从中感受畲歌的文化教育功能。细看以下畲歌，可见其中有唱"单字"的（前4首），有唱"添笔画"的（中4首），也有唱"组单词"的（后4首）：

春字春来雷响声，夏字下种满垟青，

秋字又作秋霖水，冬字下雪天又凉。

山字有高也有低，树字树根钉落泥，

水字有深也有浅，人字有好也有歹。

姐字姐大伊先嫁，妹字留家来纺纱，

哥字去娶别人女，弟字未娶在父家。

水字无脚流落坑，鱼字无脚水面行，

蛇字无脚会上树，风字无脚吹人凉。

大字添横便是天，天上七姐下凡间，

七姐双双云头玩，爱与凡人结姻缘。

止字加横就是正，正月初一是新年，

人家烧香有保佑，花园内面有花箐。

文字加土就是坟，坟林风水好门风，

荫出子孙聪明种，荣华富贵万年春。

水字加点就是冰，当初卧冰是孝人，

王祥卧冰得鲤鱼，求得鲤鱼敬双亲。

孔字孔子文章通，造出诗书天下传；

秦朝始皇无道理，焚书坑儒在朝中。
化字化身白蛇精，修行一千八百零；
前世落难今报答，后来配给许汉文。
三字三国乱纷纷，刘备张飞与关公；
桃园三人同结义，六出祁山是孔明。
子字子孙要学贤，勤字勤学莫贪懒；
状元本是人间子，几多茅寮出公卿。

（3）伦理道德歌

它教育畲民怎样做人，怎样做事，才对得起天地，对得起父母，对得起他人。桥墩畲族传唱的《劝郎歌》《劝娘歌》《劝婆歌》《劝姐歌》《劝孝歌》等都是针对性很强的伦理道德歌。有些伦理道德歌散布于各类畲歌之中，尤其在婚丧礼仪歌、劳动歌中有不少这方面的内容。以下记录的是《劝郎歌》：

一劝郎君着勤心，莫跟赌博浪荡人，
用心勤奋作有食，无食无穿难落阵。
二劝郎君听孃教，饭那吃饱莫过寮；
爸孃又烦无米煮，请客无菜给人笑。
三劝郎君莫学懒，莫得吃饱满洞串；
眼前年轻莫要紧，做人总怕老来难。
四劝郎君着勤奋，一年之计在于春；
好田也爱好人作，没作没吃人家穷。
五劝郎君莫学呆，用心勤奋作世界；
有吃有穿人家好，不要漂流欠人债。
六劝郎君着奋斗，莫得吃饱满洞漂；
日夜漂流无回转，爸姆伤心娘又哭。
七劝郎君你着听，不要骂爸大侬声；
应当孝顺敬爸姆，忤逆爸姆败名声。
八劝郎君少年郎，服侍爸姆着久长；

晓得世事年又老，晓得孝顺爸姆亡。

九劝郎君着用心，孝顺爸姆值千金；

孟宗哭竹救爸姆，郭巨埋儿天赐金。

十劝郎君介样生，由你好听是不听；

贤人坐落讲书理，愚人不要俆伊争。

旧社会的畲族百姓，世代以来就是靠着严格的家庭教育和参加生产劳动，并通过民俗传教、畲歌传承等多种形式培养教育自己的后代，形成了独特的养成风俗与社会教育方式。

从畲族谱牒记载看浙南畲族与潮州凤凰山的历史联系
——兼谈凤凰山畲族祖坟与祖祠

广东潮州凤凰山是各地畲族公认的民族发祥地。笔者曾通览苍南县畲族6姓25个支族的谱牒资料，并到闽东地区和潮州凤凰山实地考察。现就浙南谱牒所记有关资料，结合实地考察情况，试述浙南畲族与潮州凤凰山的历史联系。

一、浙南畲族多数支族来自广东潮州

浙南畲族谱牒明确记载，有部分支族其先祖居住在潮州凤凰山地区；多数支族"由海来闽，至连江马鼻道登岸，时徙罗源大坝（实为淇）头"（清同治《冯翊郡雷氏族谱》），而后转迁浙南。经查考，这些记载是真实的。浙南畲族多数支族来自于广东潮州地区。

据《浙江省少数民族志》记载：入迁浙江的畲族有90支，除6支是由江西迁入外，其余均由福建迁入。迁入浙江后，首先在闽浙边境的

凤凰山主峰

浙南（含今丽水地区）各县山区安家，共有73支。迁入今温州地区的有30支，其中《浙江省少数民族志》明确记载其先祖来自广东潮州的有：平阳莒溪垟尾（今属苍南）蓝昆冈支族，祖住广东潮州凤凰山，徙迁罗源大淇头后，于明弘治年间徙居浙江平邑（平阳县）；平阳二都雷仁贵支族，始祖原住广东潮州海阳县二都，雷仁贵迁居浙江平阳县二都；文成旁边垟雷念支族，始祖雷大十一郎世居广东潮州海阳县二十四都黄沙坑，六世雷江由连江迁居浙江云和三都，七世雷玉于明弘治十二年（1499）由云和迁居平阳县莒溪十八家（今属苍南）。

　　虽然明确记载先祖居住在凤凰山地区的支族不多，但仔细查考其世系可以发现，都会有一些入迁的支族与他们有血缘关系，即同样来自潮州凤凰山地区，或者同属于一个入迁的大支族。例如前面所说的蓝昆冈支族，其先祖蓝传仁为蓝姓一百零六世，据《闽东畲族志》载："祖籍在广东海阳县山头甲，分迁于福州台市岭头村（今连江县潘渡乡陀市村马陀楼自然村——笔者注），为蓝姓入闽始祖。"蓝传仁生有四子。长子学诗，居广东梓地，学诗子昆冈，昆冈第六世孙种寿（1591—1651）、种松、种柏、种梅等入迁浙江平阳，为莒溪（今属苍南）垟尾支族始祖。传仁次子学易居连江，学易子玉新，玉新长子朝振（1543—？）迁居浙江黄岩，朝振子久裕（1590—1642）迁入平阳，衍成昌禅（今属苍南）岙口支族；玉新次子朝聘（1546—？）迁居平阳蒲门，转徙福鼎双华及平阳渔塘水港，分别衍成福鼎双华支族和文成水坑支族。传仁三子学义，居蒲城。传仁四子学礼，学礼生有七子，分迁广东、福安、霞浦、寿宁和浙江云和等地，其中学礼次子恒麟于明嘉靖十九年（1540）自罗源八角井淇头里迁宁德飞鸾葡萄坑村。该八角井淇头里，经查考在罗源大淇头（今起步镇黄家湾淇头）内，笔者在该处查到八角井的位置、分水石刻及蓝氏在下淇龟山的古厝基，确证是该支族在罗源的原居住地。

　　在蓝传仁的后裔中，入迁平阳（今苍南）的就有上述四个支族，虽然有的支族族谱没有记明祖籍在潮州，但事实上其先祖来自潮州，并是徙经连江与罗源大淀头后迁入浙南。苍南县畲族6姓（蓝、雷、钟、李、吴、罗）25个支族中，明确记载其祖先来自广东潮州地区的有8个支族。如果加上没有记明祖籍在潮州但事实上其先祖来自潮州的，源于广东潮州地区的畲族支族应是多数。

浙南畲族诸姓谱牒中，都有一段关于祖先自粤向闽迁徙的记载。其文曰："唐光启二年，盘蓝雷钟李有三百六十余丁口，从闽王王审知为乡导官，由海来闽，至连江马鼻道登岸，时徙罗源大淀头居焉。盘王碧一船被风漂流不知去向，故盘姓于今无传。"

这个记载是否可信呢？笔者在考察了连江县马鼻镇及罗源县大淀头地区后，坚信这是畲族大迁徙中的一次集体迁徙。无论其政治背景如何，畲族诸姓由海来闽，至连江马鼻一带登岸，徙居罗源大淀头，是可信的。

连江马鼻，位于罗源湾腹部。罗源湾由罗源鉴江半岛与连江黄岐半岛合抱而成，口小腹大，四周环山，湾内水域宽广，今底部仍伸至罗源县松山镇。据查考，至20世纪四五十年代时仍可行船至罗源县城关，传说唐宋时可行船至起步镇护国村潮格。潮格地

清同治《雷氏族谱》

名取意于"潮水（与溪水）之隔"，潮格桥又称护国桥，是温州至福州官道即永嘉道上的一座古桥，清咸丰乙卯年（1855）所立《重建护国桥露亭塔碑记》称："大路前达温州，后通福郡，凡冠盖所必经。"罗源大淀头（起步镇黄家湾淀头）就在潮格西侧十余里处的山区。

连江县历史悠久。据《连江县志》记载："（唐）武德六年（623），析闽县原温麻地重置温麻县及长溪县。同年，温麻县改名连江县。"连江县唐时设五个乡，统20个里。唐、宋、元、明、清五个朝

代，乡建制偶有分合，但其乡名一直延续至清代未变。马鼻、辰山、鲤溪等村所在的保安里，赤石、浮曦、牛洋等村所在的德兴里，均在今之马鼻镇辖区内，并分布在罗源湾南岸连江与罗源交界线附近。笔者认为，浙南畲族谱牒所载"马鼻道"应是指罗源湾马鼻水道。可以设想在千余年前，人居村落一定是靠近海湾里的山边，故访问了靠近罗源陆上边界的东湾（鲤溪）村与浮曦村。东湾村有两条古道通罗源：一条是经丹阳即今长龙乡方向到罗源，另一条是上狮仔岩经牛洋（属连江）到浏洋（属罗源）进罗源。狮仔岩古道口附近的鲤溪古桥，何时始建不明，清顺治二年（1645）重建。该桥长16.5米，宽3.4米，高4米，如此宏伟的古石桥可说明面临大海的鲤溪当时处于商埠附近，位于连通马鼻的交通要道上。桥头数米外清光绪二十六年（1900）立的"安桥碑"，刻有捐资人蓝雷钟姓人名16位，可见这一带当时已有相当多的畲族人口。古道在村口分岔，一边上狮仔岩经牛洋入罗源，另一边沿山边经辰山、赤石到浮曦岭，经浮曦进入罗源松山。目前东湾村、浮曦村有畲族雷姓30余户150余人，是清时从长龙乡、潘渡乡迁入。从马鼻所处地理位置、罗源湾水域及古时交通状况分析，唐时畲族集体迁徙，最大可能是经马鼻水道进入罗源湾底部至护国村潮格一带登岸，直接进入大溴头（黄家湾溴头）地区。如是在马鼻登岸，则可经鲤溪至浮曦进入罗源，或者经鲤溪至长龙、丹阳再进入罗源。据罗源方志办吴顺良先生研究，综合分析畲族在罗源与连江、古田边界地区迁徙的情况，还有一部分畲族先祖是顺连江县敖江流域向上游迁徙而进入罗源西部地区的。

经查证，苍南县畲族有15个支族迁自罗源，其中蓝姓莒溪垟尾、昌禅岙口、文成水坑、福鼎双华四个支族迁自罗源八角井溴头里，即起步镇黄家湾大溴头（畲民称乌石溴头），他们的先祖应是经马鼻水道进入罗源湾到黄家湾大溴头的。雷姓青街黄家坑支族、福鼎菁寮支族，蓝姓岱岭坑门支族、莒溪乌岩内支族，以及钟姓朝阳溪边支族等，都迁自罗源的另一个大溴头——位于罗源西部的霍口乡川边大溴头（畲民称龙头山溴头）。这部分支族的先祖大多是沿敖江流域向上游迁徙至此，有的是从侯官、古田等县交界处进入罗源西部地区。

需要提出的是，浙南畲族谱牒记载上述迁徙事件时，"唐光启二年，盘蓝雷钟李有三百六十余丁口⋯⋯"一句中，包括李姓畲族在内，有误。李姓畲族源于福建安溪县湖头村人李廷玉，于明天顺年间因寇乱逃至福州汤岭（今属连江县潘渡乡贵安村），被当地畲族蓝色艳招婿，此后从畲俗、操畲语，演变为畲族。唐时畲族迁徙与李姓畲族无关。

二、浙南畲族崇信凤凰山是其祖先居住地

浙南畲族谱牒资料中，有关图腾传说的文字记载，与凤凰山畲族古村所珍藏的图腾画卷（也称"祖图"）内容相一致；诸姓始祖墓图所记地名、方位，与凤凰山地区一些现地名、村落方位近乎吻合；谱牒记载的始祖遇难时间、情节及周围景物，也与凤凰山地区的传说及传说中的"祖坟"实地场景似相一致。因此，浙南畲族崇信潮州凤凰山是祖先居住地和民族发祥地。

浙南畲族大多数支族宗谱，都载有"清乾隆四十七年闽省宁化县任浙江学政雷鋐"的《广东盘瓠氏铭志》一文。该文记述的始祖出生、平番、婚配、荣封、赐姓、伤殁等故事情节，与潮安县凤南镇山犁村、凤凰镇石古坪村和文祠镇李工坑村所珍藏的"祖图"画卷表述的内容基本一致；苍南畲族收藏的《开山公据》、图腾画册等畲族史源资料，其内容也与凤凰山地区的相关资料大同小异。

浙南畲族宗谱还载有始祖忠勇王（龙麒）的墓图、祠图和盘蓝雷钟四姓始祖墓图。墓图、祠图中所记地名、方位，有的与凤凰山地区一些现地名、村落方位近乎吻合。笔者曾于2002年4月到潮安县凤凰镇石古坪村访问，该村已有500多年的历史。当了解石古坪周围山名时，发现与盘自能墓图基本相符。石古坪村面向凤凰山（即九峰山，今万峰林场）方向，背靠大质山，右边是尖山，左边有一处庵场（庵已毁，仅有地基）。而盘自能墓图标明：面向朝山、九峰山，后是石

盘自能墓图

扇山，右是三尖山，左有观济庵。两者的方位可谓基本相符。不仅如此，墓图、祠图中所记其他地名，如观星顶（今凤凰乌髻）、七贤洞（疑今太子洞）、天马峰（今马骑山）、九峰山（今万峰山）、位班洞（今称三髻砬）以及墩头、雷家坊、山羊石等，都能在潮州凤凰山地区找到相对应的地方。

相传畲族祖先坟葬凤凰山，各地图腾画卷（册）都有坟葬凤凰山的情节，在潮州及迁居闽浙各地的畲民中流传的《高皇歌》，也都有关于凤凰山祖坟的内容。笔者在2002年10月16日与雷楠先生等8人结伴，探访传说中的凤凰山"祖坟"。该坟就是施联朱教授在《广东潮安县凤凰山区畲族情况调查》中提及的，姜永兴先生应雷楠先生之邀上山考察过的那口坟墓。此坟位于紧连凤凰山主峰即凤凰大髻山体的一个小山头，当地人称之"石墩山"。小山右侧接近山顶处有一块巨大的岩石，顶部如一个平台，向导说是"山羊石"。

古墓所在的石墩山与山羊石

242

小山山顶另一面坡上便有一穴古坟。经现场测定，该坟方位坐乙向辛兼辰戌（坐东朝西略偏北）。墓碑高62厘米，宽34厘米，因风雨侵蚀严重，已无法分辨是否刻有碑文。墓碑左右两侧构以石条，宽各17～18

凤凰山畲族古坟

厘米。墓碑上用弧形石压顶，中点厚13厘米。墓碑下方有石条铺底。墓碑立面比外侧石条及弧形顶石立面凹进5～6厘米。墓的右首，紧挨石碑竖着四块山石，依次降低高度并成弧形向外展；墓的左首也一样，但仅竖三块山石。墓埕分三进。三进（靠石碑处）底板为石质，外边长93厘米，进深37厘米；二进外边长185厘米，进深63厘米；一进（即大埕）边坎呈弧形，长9.26米，进深3.65米（至弧形中端）。由于泥土淤积，一进与二进墓埕几乎成同一个高度，上面长满杂草。据雷楠先生说：他1986年初探此坟时，一进、二进分界明显，一进中间有斗池，斗池宽138厘米。大埕外坎用山石砌成，石坎高1.5米左右，整条石坎都被坎下的灌木丛所遮掩。

在古坟左首离墓碑约3米处（约在一进与二进交界线的延长线上），置有一块等腰三角形石块，人称"土地爷"。据雷楠先生介绍，三角形石块的尖角，指向凤凰山主峰——凤凰大髻。用罗盘测定土地爷坐向：坐午向兼丁癸（坐南朝北略偏

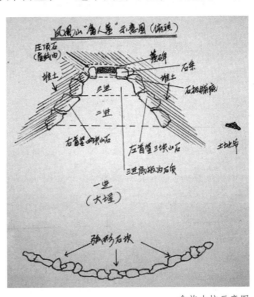

畲族古坟示意图

东）。古墓大埕外坎下就是山崖，只见树木葱茏，右首山崖陡峭，左首山势较平缓，有两处岩石立于树丛之中。

忠勇王墓图

当时，试以忠勇王墓图比对古墓方位与周围景物，虽然方位难以对上，但同行的当地人却能就墓图中所标地名，一一告知现地名：位班洞——本地人叫"三髻硿"，丰顺人称"乌坑口"；石谷洞（畲语意为"石头洞"）——此方向确有石洞，不知何名；石羊山——小山右侧的石崖就叫"石羊山"，向导文耀皆还指着墓图中的松树图案说："这是石松柏，也叫千年树，长在石壁上，共有两棵。"上述墓图、祠图中所记地名、方位，与凤凰山地区一些现地名、村落方位近乎吻合的情况，无疑可以印证浙南畲族中确有一些支族的先祖居住凤凰山地区。

那么，畲族诸姓始祖是否真的墓葬凤凰山？上述古坟是否就是畲族始祖忠勇王之墓？笔者持否定态度。

凤凰山古墓应是聚居在凤凰山的畲族先人之墓。据从古墓所处地理的不凡气势推测，墓主是族中有很高地位者，或许就是当时凤凰山畲族的首领人物。

从坟墓的造型样式、受风雨侵袭及大埕内泥沙淤积等现状推测，该墓历史约在数百年乃至近千年，不可能是传说中的畲族始祖龙麒之墓。

244

天定十二年六月廿七日因遊畋獵不料命值凶星追逐猛獸跳過大崖被樹尖傷斃家人尋訪不見辛聞鴉鳥齊集喧鬧遂往尋之屍骸墜在高巖求之不得公主悲哀其奏聖上帝聞奏長

清同治《雷氏族谱》

浙南畲族谱牒记载：其祖先于"天定十二年六月二十七日，因游畋猎，不料命值凶星，追逐猛兽，跳过大崖被树尖伤毙"（清同治《雷氏族谱》）。苍南县发现的畲族图腾画册中，也记载祖先于"天定十一年六月念七日受羊角伤"。疑该古墓是谱牒所记载的于天定年间狩猎遇难的畲族先祖之墓。按历史纪年推算，天定为大理皇帝段兴智的年号，共计3年，没有天定十二年。而所谓"天定十二年"应为（元）至正三十年，即明洪武三年（1370）。谱牒记载的这位先祖遇难时间，正好与该谱所记的一次大迁徙——明洪武十三年（1380）移居福宁并浙江处州等地在时间上极为相近。谱牒记载的先祖狩猎遇难及族人迁徙等情节，又与凤凰山区民间流传的关于古墓主人的故事近乎吻合。凤凰山区民间相传，墓主人是一位狩猎老人，不幸摔死，尸体很多天后才找到，族内众人把他抬往该处安葬，嗣后举族他迁。除此之外，笔者推测的古墓历史与谱牒所记举族迁徙的时间甚为相近，而且古墓周围景物与先祖遇难情节也紧密相关。尤其是古墓右侧的石羊山，此名称据当地向导文耀皆（生于1934年）说是前辈流传至今；各地畲族又都传说祖先被山羊所伤，谱牒所载墓图（最早为清同治1866年本）也标有"石羊山"字样及图案。正基于上述情况，才推测上述凤凰山古墓是谱牒所载的于天定年间狩猎遇难的先祖之墓。

按照以上说法可能会产生一个疑问：浙南畲族谱牒及图腾画册所载的畲族"始祖"，其遇难及墓葬的历史怎么只有数百年乃至近千年呢？笔者认为：这是因为迁离凤凰山地区的畲族先民，把凤凰山先祖当作畲族始祖来记载，发生在凤凰山较近时期的地理与人物故事被移植到始祖身上，糅合到图腾传说之中，并通过谱牒、图腾画和畲歌流传至今，以致出现谱牒所载始祖墓图中的地名与凤凰山现地名近乎吻合，某些事物相似相联，迁徙过程确有其事的情况。甚至有可能始祖因狩猎而遇难的传说，也来源于凤凰山的真实生活。以上推测有何根据呢？仔细研究畲族图腾画、浙南谱牒尤其是《高皇歌》可以发现，关于在潮州凤凰山时期之前的内容记述，大体是依附盘瓠神话，再加上三子一女的传说。而在潮州凤凰山时期及其之后，其内容记述有不少真实事物穿插其间，如凤凰山的自然景象与畲民劳作，畲族风俗习惯与迁徙过程等。为什么会出现这种情况？浙南畲族谱牒铭志一文中记载："明洪武十三年移居福宁并浙江处州等地，恐世远年湮，不知祖宗之来历，谨将御书券牒纪镌部本，赴各处分存，俾我族人按籍观览，庶不忘其祖耳。"可见迁离凤凰山的畲族，曾整理祖宗来历资料以流传后世。畲族虽在隋唐前已遍布闽、粤、赣交界地区，但畲族族源不为人知，元、明、清时期民间传说或文人编纂畲族史料，无不是依附神话杜撰再加上较近时期的传闻，很容易或许由于某种特殊的原因而有意识地把处于较前时期的凤凰山先祖当作始祖来记载，凤凰山较近时期的事物、地理很自然就进入史料，甚至成为畲族始祖的史料。何况现存于世的畲族图腾画、谱牒等资料，大多是明清以来的作品。按照以上推测，浙南畲族谱牒记载的始祖墓图中的地名与凤凰山现地名近乎吻合、某些事物相似相联便可合理地解释了。

三、浙南畲族谱牒的记载维系着民族认同

据浙南畲族谱牒记载，"开宝十三年七月二十日敕修忠勇王祠"，后曾重建。谱牒详细记载了祠址坐向及四至，并附祠图。加上谱牒还记载"乾隆丙午进士候选县正堂钟李期""嘉庆戊午进士候选学左堂蓝玉种""道光乙酉科举人候选知县雷声华"三人分别撰写的《广东重建祠序》，和世居凤凰山的浙江建德县正堂雷嘉澍所写《广东盘护王祠记》，使浙南畲族深切感受祖先香火延续不断，凤凰山祖

祠真实存在。

据浙南畲族谱牒记载："凤凰山原有祠址，于南京一脉相连。因世远年湮，祠宇倾圮，祖灵未妥。今族众捐资将凤凰山旧址重建祖祠，其祠坐丑山未向，计直二十四丈，横十八丈。前至雷家坊，后至观星顶，左至会稽山，右至七贤洞。四至开具明白，以为盘蓝雷钟四族永远同据。"

凤凰山宗祠图

清道光丙午（1846）科举人、时任浙江建德县正堂的雷嘉澍，应平阳凤阳（今属苍南）畲族贡生雷云（1825—1877）之邀，撰写了《广东盘护王祠记》，其文曰：

《礼》曰："君子将营宫室，宗庙为先。"夫祠堂之设，所以尽报本追远之深心，尊祖敬宗收族之遗意也。

顾我盘、蓝、雷、钟四姓大宗祠，肇基于广东凤凰山，与南京一脉相连，其基址即吾祖旧居处也。正栋之中仍奉盘护王为始祖，龙杖昭然，公主并列焉。左奉武骑侯，讳自能，为盘公始祖；右奉护国侯，讳光辉，为蓝公始祖；又左奉立国侯，讳巨祐，为雷公始祖；又右奉敌国勇侯，讳志深，为钟公始祖。并列敕封牌位，世世享祀不忒。继此左昭右穆，秩然不紊，尊尊而亲亲也。祭期定以元宵、中秋二节，陈器具馔，行三献礼。此虽有异朱徽公四仲及立春、冬季之祭，然虑世远属疏，酌人情、宜土俗而出之，洵仁人孝子之用心也。是祠也，原高辛之敕建，门庭树以石柱，四围绕以墙坦，盘基巩固，结构绵深。丑山未向，计直二十四丈，横一十八丈，殆奕奕乎伟观也。

余世世其享祀也，敕高曾之锡庇，名固登乎天府，身复列于宫籍。同治甲子岁，朝廷以民牧见任，仕游浙江省严州府建德县正堂。丙寅秋，东瓯宗兄云纂修家乘，赴署询予粤东盘瓠祖之大宗祠也，并属余作文以示之。余世居于斯，知之审矣。爰笔以书。夫我祖之祠宇，镇会稽山之阴，凤凰山之下。面前诸峰，林壑尤美。锦石岩之胜景，雷公庙之神异。望之蔚然而深秀者，我雷家坊也。祠后连山绝壑，长林古木。南田硐幽远深邃，人迹罕至，奇花异果，多不知名。振之以清风，照之以明月。此非观星顶之胜景乎！左望会稽山，冈陵起伏，草木行列，载酒堂之文士，云宾谷之学人，皆可指数，文昌阁远远在目也。右至七贤硐，幽岩石壁之处，猿啼鸟宿之方，我宗族散居处焉。将见报本于斯，收族亦于斯。《诗》曰：子子孙孙，勿替引之，吾可为吾宗咏焉。是序。

雷云因反阻考，"缠讼三载"，使温州府于清道光二十七年（1847）颁发《禁阻考告示》，在浙南小有名气。他于清同治丙寅年（1866）编纂《冯翊郡雷氏族谱》（雷姓青街章山支族宗谱），上文所记"丙寅秋，东瓯宗兄云纂修家乘，赴署询予粤东盘瓠祖之大宗祠也"应是事实。雷嘉澍"世居于斯，知之审矣"，文中记述的凤凰山畲族祖祠的景况及祭祀诸事，不会凭空虚构。

众所周知，祖坟、宗祠、族谱是家族血缘联系乃至民族认同的主要依据之一。畲族谱牒关于祖先迁徙、祖坟祖祠的记载，畲族民间关于祖先来源的传说，都在无时无刻地维系和强化着民族认同感，使畲族这个人口不多、居住分散的民族，历经数千年的磨难仍能自立于民族之林；也正是这些记载与传说，使广大畲族同胞笃信自己的根在潮州凤凰山。

（2007年8月29日）

（本文载于《畲族文化研究》）

畲民最早入迁景宁时间辨析
——雷进裕等人于明万历年间而非唐永泰二年迁入景宁

《景宁畲族自治县概况》记述，入迁景宁最早的畲民，据本县惠明寺村和敕木山村各存一本《唐朝元皇南泉山迁居建造惠明寺报税开垦》的资料所述：永泰二年丙午岁（766），雷太祖进裕公一家五人与僧昌森子清华二人，从福州罗源县十八都苏坑境南坑，一同来到浙江处州府青田县鹤溪村大赤寺。雷祖后居叶山头，砍伐山林，开垦田园。由此可见，畲族最早到景宁的时间在766年的说法基本是可靠的。根据这些记述，《浙江省少数民族志》作了相应记载，并认定"这是畲民迁入浙江最早的一支"。

正是根据以上两本有关景宁畲族的比较"权威"的介绍，目前许多畲族读物介绍景宁畲族历史时，一律沿袭"景宁畲族最早源于唐代"的说法，尽管已有不少专家学者明确质疑，但"以讹传讹"仍在延续。笔者收集了相关地区的部分畲族迁徙史料，查阅了一些畲族问题专家对该问题的著述，已有充分的事实证明：敕木山惠明寺畲民先祖雷进裕等人自福建罗源迁入浙江景宁的时间应在明万历年间，而非唐永泰二年（766）。以下对畲民雷进裕入迁景宁时间的唐代入迁说作辩驳分析。

一、唐代入迁说与迁出地史志记载相矛盾，迁出罗源的时间比畲族最早进入罗源的时间还早120年，不符合逻辑

罗源县所有史志记载都表明，畲族最早从罗源迁出的时间，除蓝敬泉支族在南宋淳祐年间外，其余所有支族都在明代及明代以后。

据笔者调查，虽然原罗源县畲族史（初稿）也记述雷进裕、雷昌森于永泰二年（766），自罗源县十八都苏坑境南坑迁入浙江青田鹤林村，但这是录自迁入地资料，即景宁县的资料。《罗源县志》关于畲族先民雷进裕、雷昌森迁徙情况的记载，其资料来源也相同。原罗源县畲族史（初稿）关于雷姓支派外迁情况表中，疑"雷某于唐代自罗源县起步洱头村迁往福安牛头坂，后迁福鼎牛埕下，次子迁浙江平阳章山，三子法罡迁平阳黄家坑"。现已查明，该雷法罡支族于明万历年间自罗源黄重下里牛栏坪（今属霍口乡大王里村）迁出。原罗源县畲族史（初稿）关于蓝姓支派外迁情况表中，疑蓝意必、蓝朝聘、蓝玉新等支族于唐代自罗源迁出。现也已查明，该三支族均为蓝姓入闽始祖蓝传仁后裔，均于明末自罗源八角井洱头里（今起步镇黄家湾村洱头）迁出。总之，畲族从罗源迁出的时间，除蓝敬泉支族由罗源黄重下里（今霍口乡）迁往云和小窟（今小徐乡，后转徙景宁金丘驮磨庵）是在南宋淳祐年间外，其余所有支族都是在明代及明代以后。

根据闽浙畲族诸姓宗谱的记载，"唐光启二年，盘蓝雷钟有三百六十余丁口，从闽王王审知为乡导官，由海来闽，至连江马鼻道登岸，时徙罗源大坝（应为洱）头。" 这是畲族最早迁入罗源的记录，也是有史料记载的历史上最大一次畲族集体迁徙。这次迁徙连同此后连续不断的梯次迁徙活动，构成了自粤东经闽南、闽东继而迁向浙南、浙西南的东南沿海大迁徙路线。这条畲族迁徙的主要路线，其形成过程历时数百年乃至上千年。按照"唐代说"，畲民雷进裕等数人在唐光启二年畲族集体迁徙进入罗源的120年前，就从当时尚未形成的沿海大迁徙路线中端的罗源县，跳越式地、单支独进地迁到迁徙路线末端的景宁，令人无法置信，显然不合逻辑。

二、与雷进裕一同迁徙的包凤村雷进明支族族谱明确记载明万历年间入迁景宁，与唐代入迁说相抵牾

笔者于2004年收集到包凤村雷进明支族族谱，其中卷首部分记载了该支族自所谓"大齐元年"至明万历三十四（1606）年的迁徙过程。现摘录如下：

大齐元年七月十五，当朝侍郎章朝钦奉天门给出文凭路引，经过州邑不敢阻证习难……；

开皇三年（583—笔者注，下同）二月，当路出禁，条法施行，革乡恶□民，安家集众，砍伐山林，供给家口；

寿齐（历史上无此年号，可能是"仁寿"之误）三十四年十月，迁凤凰山，佩带文凭路引，散处砍伐山场，游行山场畈鹿，供给家口；

大唐乾元年（758）九月十四日，检奉高辛皇帝前给出身敕牒路引，付予徭（瑶）人执照……；

乾元六年（乾元仅延续2年，如顺延推算为763），宁州府岁□乡高山居住……；

太和二年（828），被差役人等着地查垦，文凭路引，解县发落，俱豁瑶人税粮，是为此照令；

会昌元年（841）九月十四日，移岁□乡内猎山，砍伐山场耕种田，供给家口；

会昌八年（会昌仅延续6年，如顺延推算为848），徙辛虞县普城山水尾居住，砍伐山场耕种田，供给家口，佩带文凭路（引）为照；

大宋元丰二年（1079）二月初八，佩带路引，移道州府无源县九江白水居住，刀耕火种，供给家口；

元祐四年（1089）十月，移上茶陵县长砂苦竹湾居住……；

绍圣二年（1095），蓝姓四位、雷宅十二位、钟宅三位，佩带文凭路引，移吉州府飞泉县小场岭居住……；

政和四年（1114）六月十九日，移在陶九山居住……；

南宋绍兴三年（1133），蓝姓四五位、雷宅十五位、钟宅三四位等，分居至我祖吉州普山居……；

绍兴十年（1140），移落长乐县十都黄四（面）山居住……；

乾道四年（1168）三月十三日，三省司奏许得事理给事李推售发（湖）南、湖北、广东、江西、福建等处种山……；

淳熙五年（1178），我祖三兄又移揭扬（阳）三十六都黄岗山居住……；

嘉泰五年（嘉泰仅延续4年，如顺延推算为1205），又移过福建省章（漳）州府连江县二十四都杨山水尾居住……；

嘉定四年（1211），移过海粒、□□、赵判县三都高山居住……；

瑞（端）平十一年（端平仅延续3年，如顺延推算为1244），又移过福州府罗源县十八都苏坑境高南坑居……；

大明万历丙午三十四年（1606）冬月，进明太祖移过浙江处州景宁七都包凤居住，耕种田土，供给家口。

将以上包凤村雷进明支族的迁徙过程，与史图博、李化民的《浙江景宁敕木山畲民调查记》作对照发现，《浙江景宁敕木山畲民调查记》所记述的敕木山蓝姓家族自大齐元年至康熙三十七年（1698）的迁徙过程，其中大齐元年至嘉定四年（1211）的迁徙过程与包凤村雷进

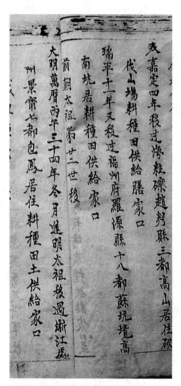

包凤村雷进明支族族谱

明支族宗谱记载完全一致。此后的不同只是：包凤村雷进明支族于端平十一年（推算为1244），移居罗源县十八都苏坑境高南坑（今起步镇乌坑），明万历年间转徙景宁包凤村；敕木山蓝姓家族于"大元朝年间"（原文如此）迁徙罗源县重上里（今飞竹乡、西兰乡一带），也于明万历年间转徙景宁六都张村内，再迁入敕木山。

对照研究以上雷蓝两姓族谱可见，该两个支族的迁徙历程连续不断，时间、地点明确，所记情况应是真实可信的。而且，两个支族族谱的记载互为印证，都是宋末及元初时迁入罗源，至明万历年间才迁入景宁。族谱中记载了"乾元六年（推算为763）在宁州府岁□乡高山居住"，

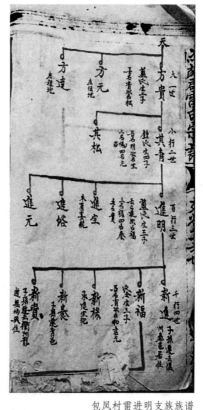

"会昌元年（841），移岁□乡内猎山"，"会昌八年（推算为848）徙辛虞县普城山水尾居住"等情况，证实该支族唐永泰二年（766）时没有迁入浙江景宁的可能。

三、慧明寺村雷进裕支族与包凤村雷进明支族谱牒都有同宗共祖及明代入迁景宁的明确记载，是否定唐代入迁说的确凿证据

包凤村雷进明支族族谱记载：该支族上祖方贵（居罗源，进明之祖父——笔者注），生其青、其松，其青生进明、进宝、进浴、进元。大房进明，育有新进、新福、新禄、新养、新贵五子。

包凤村雷进明支族族谱

施联珠教授1982年调查时所发现的比较可靠的惠明寺村《雷氏宗谱序》记载："我姓之源广东潮州府海洋县凤凰山，原有大祠。以后我太祖雷进明、进宝、进裕、进元四兄弟等人，万历年间移来浙江处州景宁县七都包封（凤）开垦耕种田，后世散处他乡多世久远""万历年间，移过淤山头居住，一房分去平洋（阳），二房分去云和三都居住，四房雷明玉太祖居住在大峰不知已（几）年，到清朝顺治庚寅七年，应惠明寺僧清华之邀，迁居于此"。

王逌教授在惠明寺村实地调查发现：据惠明寺村《雷氏族谱》《包凤建造雷氏宗谱序》等记载，雷姓源出广东潮州府海洋县凤凰山，明万历三十四年（1606），雷进明、雷进宝、雷进裕、雷进元四兄弟从福建福州府罗源县十八都苏坑境南坑，"一同移来浙江省处州府景宁县七都包凤开垦耕种，以后散处他乡"。三房有堂太祖进裕公育有四子，明万历三十四年（1606）至清顺治七年（1650），期间，进裕公率领四个儿子先后在景宁叶山头、五都三石羊、水亭半岭等地进行局部范围的游耕。……进裕公随第四房雷明玉迁往南泉山于山头的大绛则一带"开垦田园"，居住若干年后，进裕公年老过世。雷明玉于顺治七年来南泉山惠明寺院旁开基立业、繁衍生息，明玉公遂成为惠明寺村雷姓畲民之开基祖。

以上所列谱牒资料，已经清楚地表明了雷进明与雷进裕的亲兄弟关系，确证该家族于明代迁入景宁。王道教授从包凤村雷进明支族和惠明寺雷进裕支族的世系排行进行考查，也证实该两支族是同宗同祖：包凤雷氏宗祠的班辈排行诗为30个字，惠明寺村雷氏1990年重修族谱的班辈排行诗为45个字，但两处雷姓班辈排行前五世完全一样，都是"方（大）、其（小）、进（百）、新（千）、禄（万）"，到第六代才分开排行。惠明寺村雷氏从开基祖明玉公算起，至今历14代300多年，与畲民所传太祖开基300多年的口述历史相符合，在逻辑上反映出由闽入迁的时间应是明代而非唐代。

四、景宁金丘村蓝姓畲民关于蓝雷先祖结伴同迁的谱牒资料，也印证包凤村与慧明寺村雷姓畲民于明代入迁景宁

金丘村蓝姓畲民家谱，记述了蓝、雷两姓先祖结伴同迁入景宁的过程："蓝雷二氏共十一人，起马入浙江处州府丽水县石塘住居。……又订（云和、景宁）两县各住一县，……众议做阄，……去至云坦叉路拣阄摆定。蓝过丽水县，分县分云和；雷过青田县，分县分景宁县。雷氏共上大小九位，有二位去至叶山头迁居。有五位遇着钟阡、僧振他，五位□至上包凤落担开基，未久至。进明公兄弟两人在此勤俭。进宝公未有妻亲。进明公有妻亲，旺下五男，长男仕进，次新福，三新禄，四新养，五林贵，五房也。……雷氏虞山公二位，同德贵公佩（陪）至青田县十六都，分县景宁油田王坂庄落担。"

以上金丘村蓝姓畲民家谱所载雷姓、钟姓情况的可靠性如何呢？将上述记载与《浙江省少数民族志》核对可证实，在明万历三十四年

254

（1606）至万历四十一年（1613）的七年间，就有蓝法乾支族迁入大洋岗，雷进明支族迁入包凤，雷虔山支族迁入王畈，钟姓钟智恩支族、钟隆熙支族迁入山外，这些支族都迁自罗源县十七都与十八都。迁入地的包凤、叶山头、山外等村都相距不远，叶山头村离山外村仅一里左右。《浙江省少数民族志》中还有钟隆熙支族"包凤住三五年后转徙山外村"的记载。包凤村雷进明支族族谱中对雷进明、雷进宝兄弟两人婚育情况的记载，与上述金丘村蓝姓畲民家谱所载相同。由此可见，金丘村蓝姓畲民家谱所载雷姓、钟姓的情况是属实可信的。

就在这本金丘村蓝姓畲民家谱中，还有一段记录了迁入景宁的蓝、雷、钟诸姓人名的记载，其中记载："雷姓八九位，进明、进宝、进浴、进元、虔山、虔受、德贵、德和、元连。"在这批雷氏迁入者中，有进明、进宝、进浴、进元四兄弟，虽然文中"进浴"这个名字的"浴"与"裕"有偏旁之差，但四人的名字及其兄弟关系与包凤雷姓、惠明寺雷姓族谱所记相同，可见这位雷进浴就是雷进裕无疑。

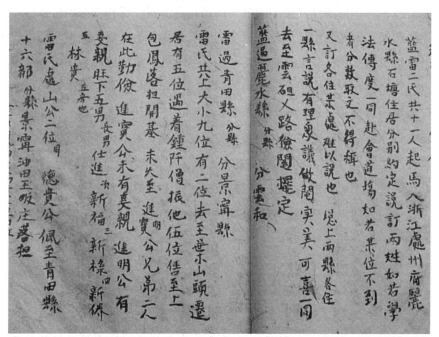

金丘村蓝姓畲民家谱

上文记载雷氏迁入者中"有二位去至叶山头""五位至上包凤落担开基"。既然雷氏迁入者中雷虔山等人一支迁入王畈，至上包凤落担开基的是雷进明四兄弟中的雷进明、雷进宝，可见去叶山头村的那二位就是雷进裕、雷进元。这些情况，与惠明寺村《雷氏族谱》《包凤建造雷氏宗谱序》等所记"进裕公率领四个儿子先后在景宁叶山头、五都三石羊、水亭半岭等地"耕种的情况也相符合。金丘村蓝姓畲民家谱中，所记同行者名单包括雷进明、进裕四兄弟，路遇僧人、分迁包凤和叶山头开基等情况，也都与雷姓族谱记载一致。

　　综合以上情况，金丘村蓝姓畲民家谱的记载，也印证了雷进明、雷进裕等人是在明代万历年间迁入浙江景宁。

五、唐代入迁说所依据的民间文书系后人因故重构，是将明清之事嫁接至唐代，不足为信

　　如本文开头所述，《景宁畲族自治县概况》认定雷进裕等人在唐永泰二年（1451）迁入景宁的唯一证据，是惠明寺村和敕木山村各存一本《唐朝元皇南泉山迁居建造惠明寺报税开垦》的资料。这本所谓报税开垦的民间文书，只是一本寺院僧人（名端鹤）重抄历代乡人捐资献租助建惠明寺情况的簿册。该文书资料封面写有："唐朝元皇南泉山迁居建造惠明寺报税开垦——重修——存根簿"字样，簿内写的是："唐朝元皇三年庚子岁，僧昌森住江西广信府铅山县。永泰（旁边有'景德'二字）二年丙午岁来到福建福州府罗源县十八都苏坑境高南坑，俱居住。遇着雷太祖名进裕公，与僧昌森子名清华二人，雷太祖父子男女五人，一同来到浙江道处州府青田县鹤溪村大赤寺，僧太祖父子二人居住大赤寺，雷祖居住叶山头。二姓人贞元三十四年来到南泉山居住。雷太祖砍伐山林，开垦田园。元丰皇二年（旁边又有'建文三年'字样）辛巳岁，僧姓太祖所建惠明寺，雷姓太祖□□□柴烧瓦，同造寺院。僧姓太祖四处捐缘建造寺院，报税开垦田园。感通皇二年辛巳岁九月十八日，张姓祖张伯二公捐助银四拾两正；梅太祖名瑞徐公捐助银贰拾两正；雷太祖巨祐公子名明玉助捐租谷拾伍担正。……"该文其后所记的内容是自明天顺至清乾隆、嘉庆、道光年间，因修整寺院等事项，诸姓乡人还四次向寺院捐助银租十多笔的具体情况，其中最后一次捐助寺院的时间是道光五年（1825）。

仔细研究上述文字，便会发现该所谓报税开垦文书内容差错百出。

其一，有关记述迁徙内容中的纪年岁次，每个都有差错。

唐朝并无元皇三年的年号，只有上元，上元一年（760）为庚子岁；上元只有二年，如顺延至三年，则是宝应一年壬寅岁。永泰二年丙午岁年号也不准确，永泰只有一年，永泰二年（766）丙午岁实际是大历一年丙

《唐朝元皇南泉山迁居建造惠明寺报税开垦》其一

午岁；如按原文旁边所加年号景德推算，景德三年（1006），岁次正是丙午。唐贞元只有20年，并无文中所记的贞元三十四年的年号。文中的元丰皇二年应是指宋元丰二年（1079），岁次应当是己未而非辛巳；如按原文旁边所加记年号建文三年推算，明代建文三年（1401）岁次正是辛巳。文中"感通皇二年辛巳岁"一句，感通应是咸通才对。

其二，文中所记迁入地的行政区划称谓也不准确。

今之浙江，在唐朝时先后属江南东道、两浙道（两浙是浙东和浙西的合称）。唐乾元元年（758），拆江南东道为浙江西道、浙江东道和福建道。浙江东道领新安江以南、福建道以北的原江南东道地，包括今浙江省的睦、越、衢、婺、台、明、处、温八州。宋代沿用唐江南东道的称谓，五代十国时临安人钱镠建立吴越国，元代时浙江属江浙行中

《唐朝元皇南泉山迁居建造惠明寺报税开垦》其二

书省，明初改为浙江承宣布政使司，清康熙初年改为浙江省。因此，如按唐永泰时的称谓，处州应属浙江东道而非浙江道；如按僧人端鹤抄写此文时[最后一笔助捐时间清道光五年（1825）之后]的称谓，应是浙江省，况且景宁县已于明景泰三年（1452）建立，僧人端鹤抄写此文时的鹤溪村已不属于青田县。

其三，文中记载：（僧昌森）"永泰二年丙午岁来到福建福州府罗源县十八都苏坑境高南坑，俱居住"。暂且不论所记"永泰二年丙午岁"这个时间是真是假，这句话本身表达的意思很明确，说的是僧昌森迁入罗源高南坑的时间，而且一起在此居住，并不是雷进裕从罗源迁往景宁的时间。如果将这句话中僧昌森迁入罗源高南坑的时间，推测甚至认定为雷进裕从罗源迁往景宁的时间，实在是太过牵强。需要指出的是某文本将"来到福建福州府罗源县十八都苏坑境高南坑，俱居住"说成"来到福建福州府罗源县十八都苏坑境高南坑坝居住"，即把原本的"俱"说成"坝"。字形相近，但意涵相差甚远。哪个字才是正确的呢？影印件已经一目了然！

其四，文中记载："元丰皇二年辛巳岁，僧姓太祖所建惠明寺，雷姓太祖□□□□柴，烧瓦

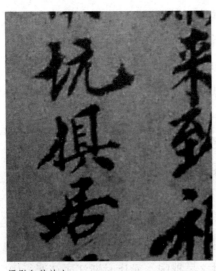

原影印件放大

258

同造寺院。"所记元丰皇应在宋代，因为唐朝无元丰皇。（宋）元丰二年，即为1079年。簿册中记载在此事项后面的捐助事项——"咸通二年辛巳岁九月十八日，雷太祖巨佑公子名明玉助捐租谷拾伍担正"，其时是公元861年。该文后条所记的向寺院助捐租谷的时间，比前条所记的同造寺院的时间还早了218年。试想雷明玉在同造寺院前218年，就向该寺院助捐租谷15担，这样的记载可信吗？

从以上分析可见，这份所谓的《唐朝元皇南泉山迁居建造惠明寺报税开垦》文书，差错连连，混乱不堪，令人生疑。

最终，王逍教授通过深入的实地调查，揭开了事情的真相。惠明寺村雷氏族谱记载了一个始祖开基的故事：明万历年间进裕公等四兄弟从罗源启程不久，半路遇到从江西来闽的昌森、清华师徒二人，结伴往浙江景宁。至清顺治七年（1650）时，僧人清华来南泉山修缮惠明寺，因孤单无人做伴，遂邀请明玉公前来惠明寺旁开基立业。恐空口无凭，僧雷之间签订了一个"僧雷同是一家人"的君子协定："顺治七年庚寅岁，僧清华对明玉公（知）说，我惠明寺单马独寺，无人做伴，和尚僧清华以雷明玉公出来（坐）在上村铁炉耆居住，耕田落叶。吾惠明寺山场上下左右分你明玉公子孙以作柴火之山，山外有吉地安厝穴，不用山价之理，倘来到我地方犁钞，我寺院赐你作用也，僧雷二姓即是本家人一样，日后永不得言说异乎序，万无一失。"

根据王逍教授的调查："该文书系同治年间惠明寺村畲民在与惠明寺僧发生纠纷的背景下，为避免'欺负'而建构的。他们将开基祖进入惠明寺旁开基的时间上溯至唐代，将清代帮助修缮寺院的情节嫁接至唐代惠明寺院的兴建，从而以此证明雷姓畲民在此与惠明寺院相依相存了千余年，这或许是边缘化的畲民在当自己的生存权利受到寺院个别住持的挑战时，而进行的一种无奈的抗争。"

所谓《唐朝元皇南泉山迁居惠明寺报税开垦》文书，嫁接了上述故事，只是将族谱所记的雷进明四兄弟迁入景宁的"万历丙午三十四年"改为"永泰二年丙午岁"，再加上报税开垦之说；疑文中所记"贞元三十四年"也是套用纪年"万历三十四年",而仅将"万历"两字改为"贞元"而已。因为从唐代到明代,只有明嘉靖、明万历两朝年号有34年以上,唐贞元只延续20年。

1980年初,根据惠明寺村和敕木山村各存一本《唐朝元皇南泉山迁居建造惠明寺报税开垦》的民间文书所载,提出"景宁畲族入迁始于唐朝"的假设。此后,这个"假设"被当作史实写入《景宁畲族自治县概况》,又写进了《浙江省少数民族志》,"雷进裕于唐代迁入浙江景宁"的"论断"便由此演变而成,继而被众多著述所引用。

本文对畲民最早入迁景宁时间的辨析,是基于实事求是的历史唯物主义态度,以免以讹传讹。以上观点,希望起到抛砖引玉的作用。

(2014年6月22日)

(本文载于《百越研究》第四辑 2015 年 12 月第一版

雷云反阻考始末

　　雷云（1825—1877），名国友，号鹤峰，畲族，凤阳仓头（今凤阳畲族乡风楼村）人，是苍南县历史上唯一的畲族贡生。据查考，凤阳仓头是苍南县畲族入迁较早的古村落，所居雷姓属苍南畲族雷永祥支族。该支族迁入祖雷永祥，于明万历八年（1580）自罗源大淮头（今属霍口乡川边村）迁入桥墩黄檀口（今柳庄），第三世雷明修于清顺治八年（1651）时自桥墩柳庄迁居北港（平阳青街），第五世雷光涵（1647—1699）、光沈自北港分迁蒲门赤垟（今矾山）古路下，转徙赤溪仓头（今属凤阳），雷云为第十一世孙。

　　雷云从小聪颖好学，为人正直坚毅。清道光二十五年（1845）时，应试遭阻考，为争取平等权利，与父雷文和、叔雷子清历尽艰

雷氏族谱载《温州府谕禁阻考告示》

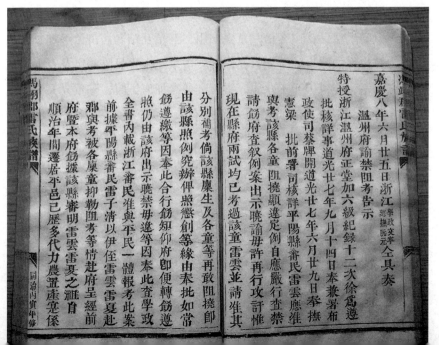

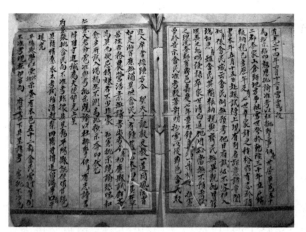

雷云反阻考诉状及官府批示留底之一

难，诉讼三载，使温州府颁发禁阻考告示。浙南畲族各支族宗谱，都记载了《温州府谕禁阻考告示》全文。然而，雷云反阻考事件的具体细节，却无从知晓。近年，苍南县开展畲族古籍整理工作时，发现了雷云当年留下的二十多份反阻考诉状留底和官府每次批示情况的记录，终于揭晓了雷云反阻考事件的全过程。

清道光二十四年（1844）五月，雷云与堂弟雷夏（雷子清之子）参加平阳县试。清代户籍有"土籍""客籍"之分，清朝以前在本地定居的人群定为"土籍"，清朝以后迁入的移民作为"客籍"。两者虽然都编入正式的赋役册籍，且"客籍"的完税额与"土籍"相当，但是却规定"客籍"者入学和科举考试必须入籍二十年以上，并要有田粮庐墓。凡童生应试，都要亲书三代简历，乡邻具证，还要本地童生互相担保和一位廪生认保；"客籍"童生加用"五童互结"。雷云参加县试及格，为其作保的廪生陈重光索要谢金，雷家经由生员陈兆凤及乡人王日新、方亚木，交付银元十八块。雷云准备参加府试时，陈重光又索要银元五十块，雷家不允。此后，乡间便有童生扬言："平阳畲民例无予考""府试不容雷云入场"。

六月十六日，雷云呈文温州府，陈述其"曾祖雷世发于乾隆三十年立户，输粮纳税，已历多年。及身七世，幸家计之稍裕，窃有志于诗书。本年五月十五日赴县试，榜上现有列名。讵意诸童闻知身系畲民，惑云畲民例无予考，他日府试，必不容伊入场。切思身虽畲民，其输粮纳税，与齐民无异，既非冒籍匿丧，又非娼优隶卒，家世清白，通地周知，当无不予考试之理"。呈文中还援引了嘉庆七年（1802）时福建省福鼎县畲族童生钟良弼应试受阻，福建抚宪告示"畲民准考"的案例，请求准予应试。

温州府于六月十七日批复："畲民向不准考……务须赶紧回籍，毋得逗留滋事。"并在府试填册处发布此告示。后来详查档案发现：道光六年（1826）时，泰顺县畲民蓝芳赴府应试遭阻，前温州府参照处州府嘉庆八年（1803）时经奏部院准予青田县畲民应试的案例，准许蓝芳应试。又查明雷云、雷夏"县试文卷原填雷云、雷夏名字，而五童互结内又写李雷云、雷夏字样，两不相符"，其缘由系雷云、雷夏"恐众童阻考，故于结内添写李字"。据此，温州府又于六月二十三日批示："畲民雷云等应试，自宜一律准其予考。……即着原廪保查明，如系身家清白，速具该童生并无各项违碍，册结呈送本府，听候示期补考。该廪保不得稍有留难，各童生也不得再行阻抑。"

此后，雷云先后于七月初二、七月初四分别备文禀学、禀县，"禀请示期，并恳具备册卷画押补考"。温州府于七月初七在本府仪门发挂告示曰："谕平阳县文童生雷云、雷夏知悉照，得本府定于七月初八日补考……谕知该童等，即便遵照，尔等依期携带笔砚，赴府听候补试，毋违，特示。道光二十四年七月初七日给。"七月初八又给批示："尔兄弟本属雷姓，县考时何故复以李姓，令人不解。贵县不予同考，或此意也，既禀明到此。本府最喜读书，尔既有志向善，何不引而进之。为尔查出章程，准尔与考，兹又尝给点心，此本府爱士之心也。尔归家后务安分读书，意图上进，正在幼年，他日造就未可预量。勉之，勉之，勿负本府期望也。"

阅读以上温州府七月初七与初八两日批文，令人生疑，雷云、雷夏有否成功补考，不得而知。温州府于七月初七在本府仪门发布告示，称初八补考。在交通与通信都非常落后的清代，家住平阳凤阳山区的雷云，如何得知考期？如何来得及赶考？除非已经在温州候考，或许其中温州府另有隐情。此后的雷云呈文，证实了此次"补考"并未实现。

雷云于道光二十五年（1845）二月二十八日呈文温州府，在陈述上年请求补考的过程后，称："学宪按临，试期逼近，竟有不识多童任向原廪保处封阻，以致原廪保不肯画押，非蒙迅赐排谕，不但廪保无所藉凭，身等姓独人稀，也必受其期误。"请求："恩迅做主，严饬排谕，以免期误。"就在呈文次日，即二月二十九日，温州府便在仪门发挂告示曰："示谕童生知悉，尔等务须恪遵定例，任畲民考试，勿得再行抗违，藉端阻止。该廪保亦即速行画押送考，不得听各童勒抑，其各凛遵毋违。"

此时，因原廪保不肯画押，学师指派廪生王庭琛作保。陈重光鼓动童生王藻金、庄兆辉带童生三四十人，往王庭琛住处围阻，不容画押作保，同时又令其学生李如奎书写匿名信张贴，"空复八款未清浮言，耸诳致府不能定断之事"。到临考点名时，陈重光等又诬言雷云"身家不清"而致使扣考，阻止雷云入场应试。

雷云、雷夏遭阻考后，雷云之叔雷子清于三月初三呈状温州府，陈述雷云、雷夏应试遭阻经过，揭露陈重光县试认保收取谢金十八块银元、府试索要银元五十块未遂、挟忿嫁诬的恶行，请求将陈"留郡送案"。知府张批示："……兹据呈称系陈重光勒索洋银不遂，因此挟嫌带令童生三四十名，浮言耸诳，阻止入场等语，如果属实，可恶已极。候饬平阳县提齐人证确切研讯，并查明该畲民有无身家不清，务得实情，具详究办，尔即带同雷云等投县候审可也。"

继而，雷子清多次呈状：三月十七日呈状学宪，列举陈重光"逆旨阻抑索勒"恶行，请求"电核恩赐严谕，照例准考，一面饬府提究，杜勒弥阻"。学宪吴批复："前据该府具禀，已批饬县确查在案矣，候详到，察夺檄。"

四月十二日，雷子清又呈状温州府，提出"虽蒙谕饬县提讯究办，重光已葳谕县讯"，请求"传差饬斗协提到案，追赃详办以杜抑阻"。知府张批复："候饬抄移学协提，作速讯明究详。"

四月二十一日，雷子清又一次呈状学宪，系统陈述考案经过和劣廪恶行，并"抄粘部文府谕各批"，请求"电迅饬斗传拘到案，严讯究追详办"。

四月二十三日，雷子清呈状县衙，申明其赴府道"身叩学宪、又叩府宪，沐批抄电，惟祈限差并移学协提到案"等情况，并称"业经邻结候审"，请求"恩迅限差，一面移学饬斗协提，严讯究追详办"。知县梁批示："既已入籍年久，身家清白，着即捡齐置产完粮契串，取具里邻亲族切结，呈候饬集质讯究详。"

五月初三，雷云、雷子清再次向县衙呈文，称已"抄粘业据、粮串、邻结、业师切结"，听候庭审质证，再次请求"仁宪太老爷电迅核办，免身再呼上天，德同大造"。知县梁批复："候勒集讯详，粘单、切结、粘件并附揭贴涂销，仍严拿本人治以应得之罪。"

时至五月十五日，此案诉讼时间已近一年，却仍无进展。雷云又呈状温州府，直言此案虽府宪指令县衙彻查严办，原告也已提供产契税证与乡邻证言，并多次请求传讯被告到案，但"迭叩提讯并禀学饬斗协提，无如重光挺恃狡嘱，三班皆其羽翼，六房尽其手足，差斗庇宕，卧票不办"。六月十八日，雷云又禀文师台，诉说："府宪严谕催县集讯究详，并饬斗役协提讯究，至今斗役并未到都一办，……奈何门斗玩延，如冰霜一辙，不知何故？"请求师台再从中催促。

此时，雷云越来越感到指望平阳县公正查处此案，已无可能。于是在八月初三再次呈文温州府，恳请知府亲自查办此案，以求公正处理，准许与考。知府仍批示："考试将届，檄饬该县迅速讯办。"同日，雷子清以"投讯日久，案延莫结"再次投状平阳县，请求"严比拘集，讯详准考"，同时向温处道宪呈文。道宪批示："畲民准其考试有部议可遵，禀生愿否认保亦应听其自便。惟匿名揭贴有干例禁，仰温州府饬县提讯究详。"

面对一年多来考案诉讼的繁文缛节，被告方的狡诈刁钻，以及府县官衙的互相推委，雷云仍不折不挠，坚持不懈。在此期间，陈重光曾两次到县，诬称雷云之祖雷世发系（乐班）吹手，雷云三叔盘连、雷云堂兄阿能和阿庆习吹等。而且，狡嘱亲付银元的证人郑兆凤、方亚木、王日新托故回避。陈重光、李如奎还在九月初七临审逃避。因此，雷云与叔子清又先后在九月初四、初七、十三日、十八日数次呈文县、府，历数陈重光等勒索不遂、逆旨阻考、张贴污榜的事实，邀乡邻多人到县作证，驳斥鼓吹之诬。尤其在九月十八日的呈府诉状中，揭露陈重光等临审脱逃及指使证人避案等干扰查案的劣行。同日，雷云还向道宪禀呈上状，请求道宪"饬府亲提严讯究详，以昭部案，以奖良民"。道宪批示："府试在途，未便任县宕延，仰温州府亲提人卷确讯详夺。"

虽然考案久缠不下，但雷云矢志不移。深知这不是只为自己求学而诉讼，而是为畲民基本权益抗争。继雷子清于道光二十五年（1845）十月初三、十一月初三又向县、府呈文，请求"限提拘案会讯，照例通详完案"之后，雷云于十一月十三日再次呈文温州府，斥责陈重光"逆王章，蔑府谕，前抗后逃，贻案无结局，搁县府两考，差延攻书之日，冤深入骨"，请求"限提严讯洗诬，按例办详，恩准补考"，"以定平瑞永乐四邑有畲民向学准考之例，俾吾等读书有门，上进有路"。

鉴于考案一再被府、县敷衍宕延，雷云与叔子清又不远千里赴省投诉，于道光二十六年（1846）二月初三呈文抚宪，奏请定案。抚宪批示："查学政全书所载浙江畲民准与平民一体报名赴考，今雷子清如果在平阳县置有粮田庐墓，素行并非贱秽，应准考试。仰布政司讯饬温州府确切查明，通详察办。至所控陈重光索诈一节并饬查究，均毋迟延。"据此，雷子清于三月二十八日又备文并录抚宪批示呈送学宪，请求"立饬确核案卷，按例通详，清案息讼"。

是时，雷云与叔子清为考案奔波已达三年之久，均身疲力竭。雷子清风尘劳瘁，抱病在途，三月二十八日赴省投状后，回乡病逝于四月初一。雷云伯父文福去府回家又终，悲惨之状令人感慨。雷云于道光二十六年（1846）闰五月十三日再次呈状，文曰：

为粘结投讯叩即印送以办通详事，切身祖自顺治年间迁居平邑，届今九世，于乾隆三十年置立庐墓，立户税粮，现经八十余载。向系务本力农，并无鼓吹贱秽各项违碍，邻右可质。上年身等求考，蒙府主张查出泰邑咨部档案，晓谕收考。冤恨廪生陈重光挟忿违索，串生员李如奎揭贴诬阻，兹蒙学宪饬查入籍年分有无违碍等谕，奉前□饬吊契据粮串邻结，身均呈案。又冤者重光买出□□捏诬攻结，案搁无详。叠奉府宪札催，节叩宪天持符抗案。无奈身叔子清于本春抄粘全案，赴省蒭叩，抚宪沐批："查学政全书所载，浙江畲民准与平民一体报名赴考。今雷子清如果在平阳县置有粮田庐墓，素行并非贱秽，应准考试。仰布政司迅饬温州府确切查明，通详察办。至所控陈重光索诈一节，并饬查究等谕批抄。"惨身叔子清赴省严病于前月弃世，冤深已极，而且身伯文福去郡回家又终。兹奉府宪札饬，取具里邻亲族供结加印送府，核议通详。并奉宪天票传，身即具里邻杨乃福、林大捷、陈定全，亲族雷文光切结七道，先行粘呈。身等邀同左右邻投案候讯，惟祈立赐即讯，将所粘切结先行印送，以办通详。至重光索诈一节，再赐传究详办，以伸其冤，恩同覆载。为此，抄粘批示邻结□□，大老爷电怜作主，立赐讯问供结先行印送，以办通详，生死感恩。

此状上呈后，得批准收案候讯。雷云遂于五月十九日邀同邻到城，又于六月初三带县听讯。虽时逢农忙，却遭官衙无故宕延，乡邻亲族耽误多日。时雷云呈状曰：

前月（指五月）十三日，取里邻亲族切结投案，沐批准□□□案，候讯等谕，即邀同邻林大捷、杨乃福、陈廷金、雷文光，自十九日到城；又奉宪天牌示本月初三日带县听讯，□□□是日，原差李彩等并不禀到，捺搁宕延，不知何日□□□讯？况此际乃农忙收割之时，又兼酷旱，邻里亲族实难久留。而宪天秉正公明仁慈，偏复来以士子读书为念，邻族系耕种之良民，何堪迟延？为此，粘批切结，奔叩伏乞大老爷电怜做主一面，亟赐供结加印核议详复，生死感恩！

最后于六月十五日庭讯具供结案。因讯明多日，未见详复，雷云再于六月二十八日呈文温州府，请求"即赐详复"。

自道光二十四年（1844）六月十六日至道光二十六年（1846）六

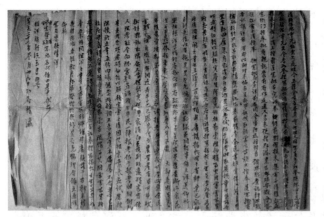
温州府处理结果抄件

月二十八日，雷云与叔子清共呈文29次，遍及县、府、道、省四级官衙。此后是否还有呈文，今无从查考。该案结局如何，也不得而知。仅据温州府知府徐瀛于道光二十七年（1847）三月二十九日的呈文（手抄稿），可见当时府、县办案敷衍至极。该呈文称：

……奉前宪台札饬讯办，遵经早前县令□提未到，雷子清又控，蒙道宪批饬究详。奉经县催提未集，雷子清复赴道宪衙门控，奉批府亲讯。蒙前府以道远人多未便提郡滋累，饬发瑞安县会审。后据雷子清控，奉抚宪批府查详，前府因会审往返稽时，专催卑职查讯。

对于雷云、雷夏应试横遭阻抑，雷云与叔子清反阻考情事，该呈文称：

余（畲）民雷云、雷夏之始祖自顺治年间迁居平邑，已历多代，力农置产有串可凭。现据该县讯取邻右人等供结，实系身家清白，并无别项违碍，岂容旁人阻考，致令向隅。雷云、雷夏应准于平民一律报考，仍于报考时照例具并无各项违碍切结，以归核实。雷子清因其祖宗素未应试，虑被阻挠，于五童互结内添写李姓，控词又多失实，本属不合，业已身故，应毋庸议。廪生陈重光讯无勒索串阻情事，其因雷云等冒姓应试，疑有情弊，不愿认保，尚无不合。应与讯未捏写揭贴之生员李如奎及未随同阻闹之童生王藻金、庄兆辉，均毋庸疑，无干饬释，未到免提。

纵观此案始末，诉讼艰难、惨烈之状，令人感叹不已。最终，温州府在道光二十七年（1847）十月初五颁发禁阻考告示，文曰：

温州府谕禁阻考告示

特授浙江温州府正堂加六级记录十二次徐，为遵批核详事

道光二十七年九月十四日，奉兼置布政使司蔡，牌开道光二十七年六月二十九日，奉抚宪批前署司核详，平阳县畲民雷云应准与考，该县各童阻挠，显违定例，自应严行查禁，请饬府查叙例案，出示晓谕，毋许再行攻讦。惟现在县府两试均已考过，该童雷云并请准其分别补考，倘该县廪生及各童等再敢阻挠，即由该县照例究办，俾照惩创等缘由，奉批如常饬遵缴等因，奉此合行饬知，仰府即转饬遵照，仍由该府出示晓禁毋违等因，奉此查学政全书，内载浙江畲民准与平民一体报考，此案前据平阳县畲民雷子清以伊侄雷云、雷夏赴郡与考，被各廪童抑勒阻考等情，赴府呈经前府暨本府饬据，该县审明雷云雷夏之祖自顺治年间迁居平邑，已历多代，力农置产，实系身家清白，并无各项违碍，应准与平民一律报考等情，详经本府查时例案，详奉各□宪批准在案，今奉前因，除饬县移学遵照外，合行出示晓禁，为此示仰平阳县廪保生童人等知悉，嗣后如有畲民赴考，应照定例，准其一体考试，无许再行阻挠，致滋事端，自示之后，倘敢故违，定即照例究办，各宜凛遵毋违。特示。

雷云身经考案后，更知世道不平，畲民自立尤其不易，因而一生勤学不已。其书房联曰："学海无涯扬帆是岸，书山有路捷足登峰。"他广学博览，诗文、历算、医药皆通。清咸丰十年（1860），授贡生。中年之后，在赤溪五里亭（今属过溪村）开设"从吉堂"择日馆谋生。时有应聘任教，也常以诗言志，不无抱负。如《恭赠鼎城仁山族叔文远先生诗》曰："汇辑家书过鼎城，竹林技术足堪称。胸罗风月诗中画，笔扫星辰纸上生。巧夺乾坤资俗世，精通妙秘指凡行。今虽暂抑书窗下，厥后芳名达帝京。"

因畲族住居分散，文化落后，能文者极少。雷云力倡尊师重教，培植后代。族中原有祀田，先前称之"养贤田"，由得功名者收益。雷云改之为"资笔田"，用以鼓励和资助生童求学上进。他居身俭朴，践

雷云编纂的清同治版《雷氏族谱》（六卷）

行孝道，敦伦睦族。对父亲文和秉性刚直、克勤克俭、敬长慈幼、和睦宗族之行实，对叔父子清（文芳）慷慨善谋、临财不苟、与人排难不避艰险之风范，垂念不已。尤其对父、叔为考案奔波三载，饱经艰辛，使其得以赴试感恩不尽，撰《文和公传》《文芳公传》以颂之。

尊宗敬祖是畲族传统，尤以修谱建祠为族中大事。清同治丙寅年（1866）时，雷云之支族始祖自闽徙浙已三百余年而未修族谱，咸丰初年所建祠宇几近倾废。雷云慨然以族事为己任，遍处查阅蓝雷钟李旧谱，摒弃传闻附会，舍远纪近，条分缕析，终成《雷氏族谱》六卷，堪称浙南畲族谱牒之范本。修缮祠宇则不事浮华，独存古意。时有友人刘升廷赠诗雷云曰："书香崛起气豪雄，远念先人德泽隆。百世宗支推有自，千年谱牒继无穷。威仪独著心君泰，志量超群眼界空。竟夕追部欣聚首，芝颜常忆梦魂中。"

（2007 年 12 月 21 日）

（本文载于《苍南历史人物》

强基固本　创新实践　与时俱进地传承畲族文化
——兼谈打造县域特色文化

畲族在漫长的历史发展中创造了璀璨的传统文化，畲族传统文化是中华民族文化的重要组成部分。本文试以浙江苍南县为例，对新时期如何保护和传承畲族文化，作初浅探讨。

一、畲族生产、生活方式的变迁，国家发展战略与民族政策，是新时期研究畲族文化保护与传承问题的客观依据

苍南畲族入迁已500余年，是温州地区畲族入迁最早、人口最多的县域。据2010年第六次全国人口普查统计，全县有37个少数民族30997人，其中畲族人口26000余人，有2个畲族乡45个民族村。自中华人民共和国成立尤其是改革开放以来，随着社会的变革与经济的发展，畲民的生产结构、收入构成及生活环境起了极大变化。

一是已经从单一的山区农业耕作，转变为参与农、工、商各产业劳动经营。2000年"五普"分行业人口抽样调查苍南畲族879人，其中农林牧副渔业610人，采掘、制造、建筑业158人，交通运输、仓储贸易、餐饮业56人，教文卫体、社会服务业49人，国家机关、社会团体6人。调查数据显示，从事大农业的畲民不足七成。据2002年对部分畲族聚居村的调查，畲民经济收入主要依靠劳务输出。如灵溪镇五亩村新基湖33户，有20多个劳力外出打工；同村的龙瑞寺、五亩田头、灯笼坑三个自然村75户300余人，外出织编织袋15人，全家外出制鞋10多户（每户2人至3人）。桥墩镇碗窑樟坑村溪边40户187人，外出打工者（含短期）约占60%；徐家宅中岗17户88人，外出打工30多人。莒溪镇上村村高垄口30多户100余人，有一半劳力外出打工。

二是通过下山移民和加强社会事业建设，相当多畲民逐渐跨进了城镇化的现代生活。苍南县至2011年底已建成下山移民点21个，房屋759间，实现下山脱贫757户3319人，居住最偏僻的畲民已全部迁移下山。农村电网改造使畲村家家户户用上电，"康庄工程"建设让民族村通上水泥路，偏远山村安装自流水设施保障饮用水的清洁，畲族群众的生产、生活条件大大改善，民族村的经济与社会状况与当地汉族的差距正在缩小。全县已有38个民族村开通闭路电视，90%以上居住区可接收移动通讯信号，小学普及率达99.95%，初中普及率达99%。

三是畲族传统风俗习惯多数已经消失，一些畲族聚居村连畲语传承也出现困难。畲汉通婚已无忌讳，婚礼多从汉俗。畲族服饰几乎绝迹，仅存少量传统女装与几支银簪，节庆活动所见的畲族服饰都是用现代花边加工而成。在散居的畲民家庭中，多数已不通行畲语，畲汉通婚的家庭畲语已经失传，即使在畲族聚居村落，也有很多年轻人不会说畲语。作为畲族民间文化最具代表性的畲歌，也濒临失传，节庆活动的对歌都是有组织的表演，日常生活中以畲歌为载体的民俗事象几乎消失。

四是畲汉人民在共产党领导下为实现共同的利益和目标并肩奋斗，已经逐渐消除了因长期的封建压迫与民族歧视给畲民造成的心理阴影；畲民诚实守信、热情善良的为人深得汉族乡邻的认可，长期的友好相处建立起互信互谅的情谊；畲族民众的科学文化素质有了很大提高，文化教育的进步使畲族真正融入了民族大家庭；信息交流的渠道起了根本性的变化，当今的畲民已经与当地汉族同步共享社会各类信息；新习俗、新风尚在新的社会环境中逐步形成，畲族传统文化精神更多地融入于中华民族精神之中。

以上列举的是当前面临的客观现实，是我国经济、社会、文化、政治发展的必然结果。党和国家正在继续推进民族平等、团结进步，扶持民族地区发展，保护民族文化遗产，领导各族人民和谐发展奔小康。毫无疑问，我们研究和实践畲族文化的保护与传承，就要从新时期的客

272

观实际出发，运用辩证唯物主义和历史唯物主义的观点，创新理念，实事求是，与时俱进地进行。

二、加强基础性工作，维护畲族文化传承发展的基本条件，是保护和传承畲族文化面临的紧迫任务

作为观念形态的文化，是一定社会的政治和经济的反映。施联珠在《面向21世纪畲族历史文化研究的几个问题》中提出："畲族人民多住山区，在这样的生态环境里，经过长期发展起来的游耕与狩猎，以及逐渐发展起来的梯田水稻耕作和定耕型旱地杂粮耕作为核心的生产模式，逐渐形成二元结构型农耕生产方式。这种生产方式是畲族传统文化的基石。"

在新时期传承畲族文化，我们不可能也不必要复原畲族传统文化所依存的生产、生活方式，但是为了实现保护和传承，应当针对现实状况，采取有力措施，维护畲族文化继续存在与发展的若干基本条件。畲族传统文化有着丰富的内涵和多彩的形式，其文化特征主要体现在语言、服饰和习俗上。因此，我们要把握时机，突出重点，有针对性地加强与之紧密相关的几项基础性工作。

一是抢救性地全面采集、记录畲族传统文化遗存，尽可能征集畲族历史文物。虽然这些年的保护文化遗产、整理古籍工作取得很大成绩，但多是一些纲目性、索引性的东西，很多具体内容仍流传在民间，尤其是某些历史文化的口传信息，随时都有消失的可能。因此，不能满足于现状，而要下决心、花大气力继续收集，争取原音、原貌、原图、原生态地记录保存。比如畲族民歌，不仅要收集记录有代表性的篇目，还应该征集歌本、录制歌手的精彩唱段，供整理、研究之用；如是编辑出版，还应考虑标注国际音标。畲族的生产工具、生活用具，民族服饰，以及与畲族礼仪、习俗相关的实物，民间所存已是寥寥无几，要不失时机地全面征集。畲族人口较多（万人以上）的重点县（市），都应当创办畲族文化博物馆。景宁畲族自治县已经建立畲族博物馆，宁德编

坐落在岱岭的苍南畲族博物馆

辑出版《闽东畲族文化全书》和组织录制《宁德畲族原生态民歌VCD专集》等做法，值得仿效。因为，这些都是研究、发掘畲族传统文化的基础与依据。

二是把畲语传承摆上工作日程，编写畲语读本，在民族中小学推

苍南畲语简易教材

行双语教学。民族语言是民族的基本特征，畲语是维系畲族存在的基本条件。畲歌是畲族文化的精华，畲语又是畲歌存在的基础。皮之不存，毛将焉附？苍南县民族宗教局组织编写了《常用畲语简易教程》，其中部分内容还作了国际音标标注，力求实用、规范，作为县域内民族中小学双语教学的乡土教材，也作为社会青少年学习畲语之用。建议地市主管部门统筹编写地区性的畲语规范教材，并能正式出版发行，为本地区畲

族青少年学习畲语创造必要条件。

三是有计划地保护和开发一批畲族原生态村落，创办畲族文化活动基地，开展畲族文化的传习活动。结合整村搬迁工程，对民居、村道、宫庙、林木保存完整，并有鲜明地域文化特征的畲族古村落，给予保留和保护，并支持、鼓励集体或个人开发这些村落的自然与人文景观，发展地方文化生态旅游产业，如创办观光农业园、"畲家乐"、畲族风情园等，使之成为传承畲族文化的基地。一时无力开发的，也要在保护资源的同时作出规划，分期实施。凤阳畲族乡知名歌手蓝梅英，在县民族宗教事务局的支持下，自2004年起组织村里的青年办畲歌培训班，至今已办10余期，并有了10多位相对固定的畲歌接班人。岱岭畲族乡中心小学设立了畲族文化与传统工艺展览室等。我们要充分发挥中小学畲族教师、民间歌手、民间艺人的作用，扶持和帮助民族乡村开办畲语、畲歌培训班和绣花、织带等传统工艺传习所，使畲族传统文化能够薪火相传。

四是加强民族传统文化的宣传与教育，提振畲族同胞的民族自信心，尤其要引导年轻一代增强传承民族优秀文化的责任意识。

在汉族主体文化氛围的背景下，畲汉文化日趋融合，很多畲民尤其年轻一代不了解本民族的历史与文化，加上受电视等现代文化传媒的冲击，甚至觉得传统文化"老土""落后""拿不上台面"，不愿学

蓝梅英与畲歌培训班学员（苍南县民族宗教局提供）

习、不想传承本民族传统的东西。因此，畲族长期的落后贫穷状态使部分畲民的能力信心不足，这是影响畲族文化传承的部分因素。

传承畲族文化，畲族民众是主体，树立畲族民众的自信心、增强责任感至关重要。我们必须加强对畲族悠久历史和灿烂文化的研究，广泛深入地宣传。要认识到畲族文化与其他民族文化一样，是中华民族大花园里的一朵奇葩，而且"只有民族的才是世界的"。一批畲族题材的剧目，如《新女婿》《千年山哈》《七彩畲乡》等，受到社会的广泛好评就是证明。要引导畲民认清传承畲族文化对维系畲族存在发展的重要意义，对畲族经济与社会发展的重大作用，尤其要引导年轻一代担当起繁荣文化、发展经济的责任。还要支持和鼓励民间人士，对民族文化遗存的收集整理、学术研究与文艺创作，特别要重视本民族人士的参与，充分发挥民族干部和文化积极分子的作用，表彰他们为传承民族文化默默奋斗的精神。

三、以创新精神打造"活态"畲族文化，让传统文化精神融入现实生活，是新时期传承发展畲族文化的根本途径

在畲族的生产方式与耕作手段发生深刻变化、人居环境迥然不同的今天，如何传承已经延续千年的畲族文化呢？静态地保存于博物馆，至多算是保护，谈不上是传承；在现实生活中"原版复制"，显然没有"存活"的客观条件，也没有实际意义。因此，根本的出路是创新，在创新中发展，秉承畲族传统文化精神，创造与新时期的生产、生活方式相适应的新载体、新内容、新形式。因此，我们要区分不同情况，采用不同方式，全方位、多形式地进行畲族文化的传承。

一是用好处于"静态"保护的畲族文化遗存，让"死资料"变成"活教材"。以文字、音像、实物等形态保存的畲族非物质文化遗产，不仅仅是要永久保存，更重要的是经常通过举办图片（实物）展览、开展学术研讨等方式，进行民族历史文化方面的宣传与教育，研究其深刻的内涵和开发利用的价值与途径，实现文化与经济的结合与发展，真正

用活、用好这些宝贵的文化遗产。

二是在畲族聚居乡村保留民间传统礼仪与风俗习惯，使畲族传统礼仪、独特习俗在新时期得以存在与延续。尤其是以祖先崇拜为核心的信仰文化，承载了畲族民众的共同心理；祭祖修谱、礼俗节庆、对歌、盘歌等主要习俗，彰显着与众不同的民族特色和魅力，在畲民的现实生活中要尽可能地传承延续。苍南的实践是将宗祠改作乡村文化阵地，除了节庆时举行某些民族传统祭祀礼仪外，平时又成为开展文明健康文化活动的场所；婚丧礼俗在遵守现行政策规定的前提下，也按照本民族风俗办理。

三是利用原生态的畲族村寨开发民俗生态旅游，促进文化和经济的结合与发展。要从畲族乡村的实际出发，开发山地农业观光旅游，开展畲族民俗表演，竹、木、草编和绣花织带的学习体验，以及进行服装、发式、饮食、礼仪的展示等，并可通过互动形式扩大宣传效果。通过这种方式，把开发山地资源、开展多种经营与开发民俗生态旅游结合起来，推进畲族乡村经济、社会与文化的协调发展。

四是以创新的理念对传统文化进行再生产，使畲族文化以新载体、新内容、新形式融入现代生活。其实，讲创新就是对传统文化的扬弃，有对汉族文化的吸收，又与现实生活融合。现有的传统文化，也是对过去更老的传统文化的创新。比如苍南畲歌就是个例子：有人研究认为，苍南的"畲族民歌演唱衬词十分丰富，有'啊、哩、罗、咧、也、哦、呜、啦、噜、喂'许多种，还有称为'呜啦调'和'啊噜调'。据查，唱'啊噜调'的是离海边很近的畲族渔民。'啊噜'与'摇橹'有其谐音的因素，因而产生了'啊噜调'。……（苍南）民歌手蓝梅英演唱的山歌《看花》，就与矾山矿工'称石'号子有相似之处。这就说明了蓝梅英虽土生土长、继承前辈畲韵，但又吸收了汉族音调并予以创新，以使自己演唱的畲歌达到了较为完美的境界"。

风俗习惯是一个民族的文化象征，服饰、发式、饮食、礼仪是其主要表现形式。在新时期传承畲族文化，就应当用创新的理念，以畲族民众喜欢为标准，运用畲族传统服饰的元素设计现代的畲族服装、发式，并能适合畲民日常生活穿着打扮，使传统文化因子在现实生活中传承延续。景宁畲族县以服饰设计大赛的形式推动畲族服饰的传承开发，应当是个好办法。在畲族聚居村落，还应当规划推广具有畲族建筑特色的民居。讲创新还要对本民族一些落后的风俗习惯进行改革，当然改革风俗习惯必须以保护民族传统文化为前提。对一些好的传统，也要改进其中不合时宜的某些载体或形式。如苍南畲族村落敬老贺"十"家家"送点心""请十饭"的习俗，有违节俭，可在贺"十"的形式、做法上作改进，而继续弘扬尊老与友爱的传统精神。

四、打造县域特色文化，构建良好工作机制与社会氛围，是新时期传承畲族文化的最佳途径和有力保障

一是，打造县域文化是新时期建设文化强国的必然要求，有着与生俱来的天然优势。

温州大学社会学民俗学研究所邱国珍教授认为："所谓县域文化是指在县的行政区划内经过长期积淀而形成的独特的文化。它以县城文化为中心，以城镇文化为依托，以乡村文化为背景。""县域文化，实际上是一种地域文化。""县级行政区划和管理体制的稳定，导致了特定县域发展的连续性和稳定性，从而逐渐形成了特定的话语表达方式（包括语音）、民俗风情、审美情趣和思维特点，具有明显的稳定性和历史传承性。"

在新时期建设社会主义文化强国的战略部署下，随着县域经济的发展，县域经济在国民经济中的地位日益凸现，县域文化建设被提上工作日程。县域在国家版图中有着特殊的重要地位，它具备了一定规模的人口和经济实力，行政区划又有长期的稳定性与相对的独立性；县域内有完整的党、政、军、群工作系统，有完备的经济、社会、政治、文化发展规划，有相对比较丰富的自然与人文资源，以及域内百姓具有本地域共同的文化心理，这些都是打造县域文化的有利条件与巨大优势。

二是，畲族文化是县域文化的特色与亮点，打造县域特色文化是推进畲族文化传承发展的最佳选择。

传承畲族文化，是民族工作重点县县域文化建设的题中应有之义。打造县域文化，有利于推进文化和经济的密切结合，促进域内经济与社会的协调发展和统筹安排。打造县域文化，也无疑使畲族文化的传承搭上地方文化发展的列车。同时，畲族至今仍然传承着独特的风俗习惯和优秀文化传统，有着鲜明的民族性、地域性特色，是打造县域文化得天独厚的历史文化资源。因此，打造县域文化与传承畲族文化，完全可以相得益彰，互为最佳选择。

三是，新时期畲族文化的传承有别于历史上的自然延续，是国家引导下的自觉传承，有赖于构建良好的工作机制与社会氛围。

畲族传统文化的表现形式，大致有民间信俗、传统节庆、语言歌谣、古籍文献、耕织技艺、民居服饰等，过去主要是身口相传，世代自然延续。而在新时期，畲族传统文化所依存的生产、生活方式和生存环境已经起了深刻变化，有的已经不复存在，畲族文化传承已经从历史上的自然传承转变为国家引导下畲民的自觉传承。

自觉传承，也即文化自觉，"是指生活在不同文化环境中的人们，面对剧变的社会环境，对文化的一种自我反思和自我调适。即对自身文化的渊源、特色及走向有一个清醒的认识，面对'他文化'的冲击，既不是简单的'传统回归'，也不是盲目的'全盘他化'，而是在知己知彼、取长补短的基础上，加强自身文化转型的自主能力，在既不丧失自我又能顺应时代潮流的状态中求得自身文化的发展"（王逍《文化自觉与畲族经济转型》）。要实现这种国家引导下的自觉传承，不仅要依靠畲族本身的努力，还必须要形成一种好的工作机制和社会氛围。

各地的实践已经证明，为更好地传承畲族传统文化，需要形成政府引导，部门支持，畲民主动积极，学校、团体参与，上下配合，各地联动的良性工作机制。在县（市）政府的统一领导下，民族、财政、宣传、文化、教育等部门，协调配合，统筹规划，有序实施。在学术研究

首届瓯越三月三畲族风情节

方面，通过高等院校与畲研会合作，领导、专家与业余骨干结合，定期开展畲族文化学术研讨活动，扩大对畲族历史文化的认知与宣传；在创新实践方面，立足于畲族民众这个主体，依靠骨干，鼓励创作，拓展载体，扩充内容，创新形式，努力使传统文化融入现实生活；在节会活动

凤阳乡畲歌会

方面，主管部门组织指导，畲族民众积极参与，在本地区的县市之间、乡镇之间统筹举办。如温州地区各县通过轮流举办"瓯越三月三畲族风情节"的方式，开展互动交流；周边畲族地区在举办节会时，相互选派代表队参加活动，共同营造传承民族优秀文化的社会氛围。

（2012 年 10 月 10 日）

（本文载于 2012 年 12 月 12 日"今日苍南·苍南新闻网"）

扬优势　补短板　精品+　推进桥墩全域旅游发展
——兼谈百里平水公园的文化提升

全域旅游是当前的热门话题，桥墩镇作为"滨海—玉苍山风景名胜区"玉苍山景区所在地，又是地处浙江南大门门口的千年古镇，理应全面贯彻落实上级关于乡村振兴战略和打造全域旅游的决策，朝着"浙南闽北生态文化旅游第一镇"的目标加速推进。

一、优势与短板

桥墩镇打造全域旅游，有着得天独厚的优势。

其一，有山清水秀的自然地理。玉苍山脉与古松山（今五岱山脉）连绵环抱桥墩，玉苍山还建有国家森林公园；横阳支江（古称平水）穿越全境，桥墩水库人工湖与集镇毗邻；上游还有莒溪峡谷瀑布群，溪谷幽静，风景奇美。

其二，有千年的历史文化积淀。西晋时，世居平水里（今桥墩北境）的周凯，因治理"三江"（瓯江、飞云江、横阳江）水患有功，成为古代治水英雄。唐时佛教盛传，时松山境内建有等寿禅院（后废）、腾云寺（在今腾垟）、镇西寺、泗洲禅院（均在今仙堂村）。同时，不乏名人故事：五代时，吴越战守分水山（今分水关一带），俗传钱令公入闽，五子从行尝宴于此；宋代文坛大兴，人才辈出，建有鹅峰书院，更有徐俨夫等人状元及第，黄石等16人中进士。

桥墩集镇形成于明代。明弘治《温州府志》载："松山镇在县西南九十里，为西镇，有松山市。"明弘治间建成跨江大桥，因水屡毁屡建，清乾隆三十年（1765）秋增筑石墩3座。清咸丰九年（1859）拆修重建，更名桥墩门桥，原桥有桥屋、栏杆。清代时，桥墩已有商行、商会。清康熙年间，福建汀州连城巫氏志益兄弟率众重建碗窑作坊，建商号"巫元生"，并与闽省沈氏、矴埠谢氏、温州陈氏等八姓成立汀州会馆，可见桥墩不乏经商传统。

其三，有丰富多彩的民俗风情。桥墩百姓历来从事山耕、农耕，民间传统习俗有比较完好的延续。山里人那种勤劳朴实、热情好客的秉性，更有利于营造和谐的旅游环境。尤其是域内有畲族村落10余个，人口三四千，独特的畲族风情将给旅游产业的发展额外加分。

其四，有名声不斐的农特产品。桥墩盛产茶叶，总产占全县60%左右，并且质量上乘。清乾隆时，桥墩出产的"温州黄汤"和"温红功夫茶"已成贡品。近年来，五凤生产的"翠龙香茗""绿信牌五凤香茗"在国际茶博会获金奖。桥墩在历史上还以生产月饼、蔗糖、烟叶、油茶和日用瓷器著称。

其五，有开发旅游的实践基础与精品景点。桥墩自20世纪80年代末开始规划开发玉苍山风景区，而后获批省级风景名胜区和国家级森林公园，1993年时县政府又扩展为"滨海—玉苍山风景名胜区"，在实践中积累了开发、建设和管理的经验。玉苍山的"怪石、日出、云海"三大奇观美景，碗窑的古村龙窑，五凤的生态茶园，已经成为远近闻名的精品景点。

当然，桥墩的旅游发展也有短板。暂且不论因经济实力不足带来的困难，单就工作而言，一是对乡土人文资源的发掘、研究和利用不够，需要加强这方面工作，以促进文旅结合、支撑旅游发展；二是受限于水源地管理，涉水活动项目无法开发；三是项目落地难，用地指标少，干部群众对开发全域旅游的认识还有待提高。

二、构想及方略

1.构筑五大区块，以差异发展凸显各自特色

桥墩镇委、镇政府对旅游经济的发展提出了"一轴三带"的布局，

其中，"一轴"是指104国道产业集聚发展轴，主要发展月饼、卤制品、茶叶和糕点等特色旅游食品加工业；"三带"是指环玉龙湖乡村文化旅游产业带、玉苍山森林康养产业带、五凤茶园田园生活体验产业带等三条乡村振兴示范带。这无疑是桥墩旅游产业在空间上的良好布局。

然而就域内景观建设而言，各景区（景点）务必要有不同的主题、彰显各自的特色。因为特色是旅游之基，只有差异发展，才能避免千篇一律。根据桥墩实际，拟分五个区块来构筑各有不同的景观风貌与独特内涵，并挖掘可持续发展的空间。

（1）玉苍山区块——主题是山色禅音

玉苍山"怪石、日出、云海"三大奇观，国家森林公园万亩林海，仙人晒被、石海覆舟、摩天栈道等百余处自然景点，构成了以块状花岗岩地貌为特征的山岳美景。处于核心景区的法云寺，始建于宋代，至今仍然香火兴旺。

如今，"山色"开发将尽，但"禅音"仍有发掘空间。玉苍山麓建有多座古寺院，如腾云寺（在腾垟，唐代建）、西隐寺（元代建）、东

玉苍山法云寺一瞥

隐寺（宋代建，今属浦亭）；玉苍山下小玉沙（今仙堂村）的镇西寺、泗洲禅院（均建于唐代）；建在玉苍山仰天湖的玉苍道观，建筑面积3000多平方米。这些寺院、道观有着很大的开发利用空间，可以为游客参与民间信俗活动提供充裕场所。

（2）碗窑区块——主题是窑风瓷韵

碗窑开基于明万历年间，因故弃置于清乾隆时重兴。碗窑古村落融民居、庙宇、戏台和古陶瓷生产线于一体，至今仍完整保留着300余间清初样式的古建筑和一条阶级窑（俗称"龙窑"）。碗窑以其独具特色的手工陶瓷工坊和山地古民居建筑而闻名于世。不过，以往关注的是碗窑古村落的景观风貌和古法陶瓷生产的工艺展示，近年来创建的碗窑博物馆、陶瓷艺术展厅，开始发掘碗窑的陶瓷文化。今年，桥墩镇又提出了"碗、景结

碗窑手工制瓷

合"的瓷韵小镇项目规划，以"一路一水带三村"的布局，从碗窑观览拓展至下垟体验，再延续到矴步的商服，这是打造碗窑片区全域旅游的崭新探索，大有可为。

在碗窑古村发展的鼎盛时期，仅一座小山，引一股清流，拥14座窑，吸引50余姓聚居，四五千人口从业谋生，堪称奇迹。今时研究碗窑陶瓷文化不仅要品味"瓷韵"，还要体验"窑风"，因此需要对窑地信俗进行深入发掘、研究和利用。让游客在观览中不仅了解陶瓷常识、制作工艺及其艺术韵涵，还能对碗窑古建筑群的构成、各种古建筑的功用及古村落的民风窑俗有更多、更深入的了解，使碗窑之旅更有"文味"，更接地气，成为名副其实的文化旅游。

（3）集镇区块——主题是廊桥美食

桥墩集市始成于明代，大溪两岸旧时分属三十六都和三十七都，跨溪大桥连接两岸形成集镇，大桥自然成了集镇的独特地理标志和文化传承。据民国《平阳县志》记载，松山"上元桥，旧名松山八角桥，明万历间建。清康熙间重修，改名平水桥"。清乾隆三十年（1765）秋，增筑石墩3座，改名丰安桥。咸丰三年（1853）水毁、九年（1859）拆修重建，更名桥墩门桥。桥墩门桥在1960年水库垮坝冲毁前，保留着咸丰时所建的石桥、廊屋的景象。现存的大桥，是1985年群众自筹资金重建的钢筋混凝土双曲拱桥。在大桥的东西两向，分别有桥墩公路大桥和玉龙桥；大桥的南北两岸，百姓滨水而居，多家门店经营美食。三桥跨江、两岸美食，无形中已成为当今桥墩的一大景色。

桥墩门大桥

构建桥墩集镇区块的特色旅游，应从以下几方面入手：一是要考虑重修桥墩门桥，展现石桥、廊屋的独特风貌；二是整合传统美食一条街、特产一条街，在旅游食品加工区开设观光工厂；三是通过规划新建或者利用老房改建等多种方式，构筑滨水雅居与乡间民宿；四是积极创造条件，重建鹅峰书院等古迹。让游客看古桥风貌，宿滨水雅居；尝传统美食，聊乡土文化；购地方特产，享优质服务。

（4）五凤区块——主题是古道茶缘

五凤是苍南县茶叶主产区，八亩后村是发展山区经济、脱贫致富的一面红旗。40多年来，坚持以茶产业为主导，打造茶基地，发展茶旅游，发掘茶文化，已经做得风生水起：至今已连续13年举办温州（苍南）开茶节，成功打造"苍南翠龙""五凤香茗"两大茶叶品牌和茶旅游品

八亩后村新貌

牌，开发名茶炒制、茶叶展销、采茶体验、茶艺表演、茶街游览等五大茶文化项目为主题的茶园休闲观光旅游，成为中国最美茶园三十强之一。近年又开始探索茶饮、茶膳、茶浴的茶园健康生活体验，向创办生态旅游度假村的目标发展。

八亩后村已经把茶的文章做得几近完美，但按照全域旅游理念来思考，仍有总结、提高的余地，还可拓展新的发展空间，如利用古道拓展旅游项目。五凤俗称"五岱山"，有多条古道连接相通。其中，自城（平阳）南门至福宁州界（分水关）的南门干路，末段经水头街、相公亭、柳阳、桥墩市、关帝庙至分水关。其支路从桥墩门走乌岩岭，经焦坑、蒋阳、嘉同至分水关；也可从蒋阳经三十亩、岩洞岭往军营（地名）进入福宁（今福鼎）；还可以从水头相公亭（象口铺）出发到观美街，（经横墙、坑底）上桐台岭（即马家阳岭）至粉坪村，再沿谢客岭（在徐家山）到犁尾棋、虎啸亭往福宁。

明清时民间古道通五凤还有两条：一是经观美、桃湖、黄檀口、横墙、黄檀底（天星村）至八亩后通五岱嘉同（原乡驻地），或在黄檀底分道经凤村往犁尾棋、虎啸亭至黄仁（福鼎境）；二是自桥墩经石鼻头、发凤头、土地公坪、南山头、竹脚内至嘉同，或在南山头分道至分水关。

以上古道有的因建公路、机耕路遭毁坏，但仍可以车、步结合的方式拓展古道步行游，既满足越来越多旅客的健康养生需求，也增强乡

后隆村田园风光

村旅游的乐趣，还能够充分利用现存的旅游资源打造本地区的特色。

（5）沿江区块——主题是农艺水魂

以周凯治水文化公园（纪念馆）和农林特产观光园为载体，促进横阳支江（桥墩段）和桂兰溪（平水溪）沿岸农林特产业的融合发展。

①规划建设周凯治水文化公园（纪念馆）

桥墩，自古以来与水相关的故事很多。

其一是周凯治水。西晋时松山人周凯，因治理"三江"水患有功，且在飓风灾害中奋勇抗洪而献身，朝廷屡加封赐，民间把周凯作为平水圣王来祭祀。后隆村柳庄山至今建有平水宫，还遗存世代相传的人神共葬墓和平水神穴等古迹。横阳支江古称"平水"，平水溪、平水村地名延续至今。

其二是建设桥墩水库。桥墩水库于1958年9月动工土建至1960年8月垮坝，1969年12月重建到1973年12月竣工，1981年3月批准扩建加固，1983年全面动工，并于1989年投入运行。3次建水库，历时30年，是全县人民不屈不挠、励精图治、传承治水精神的集中体现，桥墩水库本身就是水利建设成就的巨型"展品"。

其三是百里平水公园工程。该公园不仅是防洪排涝的防灾工程，而且是生态建设的绿道环保工程，还应该成为美丽乡村的文化品牌工程。文化需要发掘、培育和提升，如在公园沿线村庄，创建党建示范带；在骑、步道适当的节点，设置广告牌、宣传窗、景观小品和休闲驿站；还应该发掘沿岸人文古迹，如古港古时通津之港的历史，桃湖的状元文化，柳垟分水坝的由来与功用，古代治水英雄周凯的防洪战略与治水精神等，通过多种形式让人更多了解百里平水公园的历史沿革与发展建设，了解沿岸百姓的风土人情，在全流域营造健康向上、团结和谐的良好氛围，传承为民治水、奋不顾身的正能量。

桥墩作为周凯故里，又是桥墩水库所在地和水库下游水利配套工程的起点端，对规划建设周凯治水文化公园有着诸多共识。理想的选址地块在后隆村横阳支江与桂兰溪汇合处，也是百里平水公园上游起点段。拟以建设周凯治水文化公园为契机，在横阳支江（桥墩段）与桂兰溪沿岸打造一个以农艺水魂为主题的旅游区块，并在其中创建农林特产观光园（暂名），以此展示传统农耕技艺，传承周凯治水精神，颂扬水利建设的巨大成就与艰苦奋斗的精神风范。

②组建农林特产观光园构想

桥墩大溪（横阳支江桥墩段俗称）和桂兰溪两岸是桥墩平原的主要农作区，过去除了种植水稻、番薯外，还种植马铃薯、小麦、大麦、高粱；经济作物有油菜、茶叶、糖蔗、烟叶、黄麻、油茶、乌桕，还有蔬菜、瓜果、马蹄笋。其中，最具地方特色的是糖蔗（包括果蔗）、烟叶、马蹄笋、茶叶、油菜与油茶。

沿溪两岸村民世代从事农业生产，有精耕细作的传统。沿溪堤塘是现成的步行观光道，只需把春花、稻薯、特产、蔬果等各类作物相对集中划片布局，按自然季节正常耕作，便可展现一年四季不同的自然风光的田间农作景观。如果改用传统农业生产工具（用耕牛、犁耙、水车、稻桶），按传统生态耕作方法（滴油灌水除虫、溪水自流灌溉），即可成为农林特产观光园；如果对糖蔗、油菜、油茶生产，配建土糖埠、榨油坊、酿造厂（酿酒晒酱），即成为传统加工工艺展示，也可进行生态农林产品的销售。近年来，村民侧重于发展蔬菜、瓜果，如果再搞百菜园、百果园也并非难事，田间地头直销更让消费者放心。县国营茶场（建于1940年）还有不少高质量茶园，场部还有一整套茶叶加工设备，有良好条件开发茶旅游项目或是创办茶叶博览园。可以预见，只要稍加组织与规划，便可形成一个松散型的农林特产观光园，可望把沿岸三四个村融入桥墩全域旅游发展的轨道。

2.发掘乡土文化，用人文精神充实景观内涵

文化是旅游之魂，景观要靠文化底蕴来支撑和丰富。没有文化的旅游只是过眼云烟、一饱眼福而已，不可能有品位，也上不了档次。同时，牵强附会、泛泛而谈的东西不会有吸引力，哪怕能哄过一次两次，也形不成品牌，更谈不上融合与发展。

有文化了还要讲特色，与周边比较要有地方特色、民族特色，最好办法就是发掘乡土文化，以人文精神丰富景观内容，彰显自我特色。

如碗窑，通过发掘窑风瓷韵来丰富古村落的景观内容，诠释龙窑、古庙、古戏台的蕴涵与魅力。

如五凤，发掘边关之地的古道文化、革命老区的红色文化，将会极大地丰富美丽茶园观光旅游的内容。在观赏美丽茶园、品鉴茶文化的同时，还应该让游客了解八亩后村"荒山变金山"的大蜕变过程。尤其是"五把锄头、五件蓑衣、五十元钱"的艰苦创业故事，承包邻村荒山、以富带贫共同致富的扶贫义举，还有从卖茶青到卖茶干、卖风景、卖茶文化、卖茶生活的理念更新，都值得深入挖掘与大力宣扬。

又如农艺水魂区块，有桥墩大溪、桂兰溪沿岸村庄的农作传统习俗，有小沿、柳庄等村落的畲族文化遗存，柳庄山村民对平水爷的信俗故事等，深入挖掘将会充实本区块的景观内容，再现农耕文化的氛围与魅力。

当然，桥墩区域内有着很多丰富的历史文化遗存，除以上所涉及的陶瓷文化、农耕习俗、民族风情、治水精神、红色文化外，还有状元文化、饮食文化、矿冶文化等。对乡土文化资源要强化整合、合理利用，在保

护的基础上适度开发，并要采取最佳利用方式，与景观主题相吻合。对传统历史文化的开发利用，还要注意符合时代要求，宣传正能量。

3.注重共建共享，以"精品＋"方式带动融合发展

打造全域旅游不同于过去一般意义的发展旅游业，是以旅游为导向，整合域内资源，带动区域经济发展和美丽乡村建设，要求全域覆盖、共建共享。要达到这个目标，必须采用"旅游＋"的方式，加大旅游与农业、林业、工业、商贸、文化等产业的融合力度，实现城乡一体化发展。

结合桥墩实际，就具体工作方法而言，可以采取"精品＋"的方式，以精品景点为基础，拓展项目内容，延长产业链，向周边扩展，带动邻村邻队的发展。如碗窑的古村落精品景点，不仅着力景点的文化提升和细节完善，而且规划打造"瓷韵小镇"，从陶瓷生产工艺观光拓展到游客手工体验，并把陶瓷工坊扩展到下垟村，还把商旅服务延伸到矴步头村，从而实现整个片区的融合发展。

"精品＋"方式，还应引导基础条件与精品景点类似的村、队，通过学习精品景点的成功经验，带动其发展。如五凤南山头村，海拔600余米，原是青年茶场，目前是黄栀生产基地，有着比八亩后更好的地理气候条件，完全可以借鉴八亩后典型经验进行再创业，结合古道的开发，利用茶园、黄栀园的优势，创建避暑休闲度假村。

三、工作建议

一是区域统筹协调，完善规划并注重细节。周边各乡镇都在打造全域旅游，无论对镇内外，还是县内外，都要注意交通衔接，避免景观雷同，能融入大旅游网络。尤其景区、景点要精细规划、完善细节，充分体现人性化设计与服务。打造全域旅游不可能一蹴而就，制定好规划，按规划实施，才能稳步推进。

二是破解发展瓶颈，探求新的发展思路与空间。桥墩作为水源地，涉及引供水工程部分加强依法依规管理是必要的，但对水库下游

也与引供水工程部分同样管理，就断了开发下游水上运动项目的路。即使是上游水源地，有组织、有管理的垂钓、季节性生态方式捕鱼等非污染水体的活动，也应当允许。又如开发乡村民宿涉及的问题，村民修缮老房改作民宿如何简化审批，集体所有的杂基地可否用于集体开发民宿，诸如此类的问题，都要进行探索，寻求政策支持和合情合理合法的解决办法。

三是注重现有资源利用，切忌大拆大建。发展全域旅游涉及面广，战线长、投入大。再说环境要讲生态，投入要讲效益，文化要讲传承，发展乡村旅游最需要的是保持原生态的自然状态，因此要重视资源的保护与合理利用，避免走大拆大建、劳民伤财的路子。

四是加强宣传教育，发动群众自觉参与。要向群众讲清楚全域旅游的定义、特征、发展目的和政策支持，让群众知道这是为了适应我国进入大众旅游时代的形势，改变过去旅游由景点景区企业独建独享的状况，通过优化要素组合，把当地的产业融入旅游发展，让村民在全域旅游发展中受益，同时，发展旅游需要一个良好的社会环境，广大村民也有必要通过宣传教育提高素质，共同营造和谐的旅游文化氛围，真正实现区域资源有机整合、产业融合发展、社会共建共享的目标。

（2018 年 5 月 18 日）

（本文删节稿《打造桥墩镇全域旅游的构想与方略》载于 2018 年 5 月 21 日

《今日苍南》）

发掘乡土文化　传承农艺水魂
——构建桥墩"东翼"乡村特色文化旅游线

　　桥墩镇地处浙江"南大门"，按照"一轴三带、两翼发展"的战略构想，着力发展全域旅游。在104国道发展轴西翼，创建了桥莒瓷韵生态旅游乡村振兴示范带，古刹龙窑添瓷韵，廊桥雁齿话水魂，呈现一派崭新的景观风貌。东翼的黄檀、五凤片区，正着手构建与众不同的乡村特色文化旅游线。

一、独具特色的乡土文化资源

　　桥墩镇104国道发展轴东翼，古属平阳县之松山村与分水村，地处浙闽边界。西晋时，松山人周凯因"三江"治水有功受朝廷敕封。五代十国时，闽王建分水关隘。历代在分水关发生诸多战事，更有"钱令公入闽，五子从行"的故事。唐时佛、道传入，宋代寺院九峰寺、南峰寺建于松山山麓。古之温（州）福（州）官道途经松山，宋代自平阳县治至分水关仅设两个官驿，松山泗洲驿是其中之一，明清时则设有分水铺。可见，此地历史悠久，人文底蕴深厚，有丰富的特色文化资源。

　　1.溪流环绕，水文化资源丰富无比

　　源于分水山的桂兰溪（亦称平水溪）顺东翼环山而下，在后隆村中头地方汇入桥墩大溪（即横阳支江，古称平水溪），合流至马渡村浦尾，又和源于重台山的黄檀溪汇合，使黄檀片区所属诸村为溪流环抱，形成了绿水青山的自然环境。

　　古代治水英雄周凯，因治理"三江"水患献身，"邑长号其里曰平水里"，并建祠祭祀。清代时，后隆村柳庄山丁姓老人依据传说在山顶平水神穴挖得遗物，按民间风俗安葬于家族祖坟上圹，人称"人神共葬墓"。光绪间，当地信众又在柳庄山建平水宫。平水侯王的神穴、墓陵及宫庙同处柳庄山，成为后隆及周边村民瞻仰、祭祀平水侯王的道场处所。

宋元间，平水溪在桥墩平原呈双溪环流状态。建于明末清初的官埭头、后隆堤塘，拦截桂兰溪水入横阳支江，使官南、后隆平原大片土地得以开发耕种。堤塘内沟渠通达，自流灌溉，村民善于稻作和经济作物种植，积淀了融治水、用水、亲水、养水于一体的智慧与实践。

尤其是该片区位于百里平水公园源头地段，按镇政府沿江发展规划，浙南水博馆拟落地后隆村，它收藏浙南地区丰富的水文化资料，展现古今治水历程与建设成就，宣扬为民治水精神和科学治水实践，是得天独厚的水文化旅游资源。

桥墩镇规划设计的水利博物馆

2.精耕细作，农耕文化氛围浓厚

桥墩东翼乡村有4800余户2万余人，耕地12400余亩，林地39000余亩，茶园10000余亩。桂兰溪、桥墩大溪、黄檀溪三溪沿岸是桥墩平原的主要农作区，过去除了种植水稻、番薯外，还种植小麦、大麦、马铃薯、高粱；经济作物有糖蔗、烟叶、茶叶、油菜、油茶、油桐、黄麻、蚕桑、乌桕、除虫菊、马蹄笋等，其中最具地方特色的是糖蔗（包括果蔗）、烟叶、茶叶、油菜、油茶与马蹄笋等。

黄檀社区村民世代传承农耕技艺，有精耕细作的传统，官南、后隆近年又成为蔬菜瓜果生产基地。五凤社区的山耕堪称极

自流灌溉的蔬菜园地

致，有万亩茶园，面积占桥墩区域茶园50%以上，产量占75%以上。其中，八亩后村茶叶综合开发的扶贫经验入选国务院扶贫开发整村推进百例典型，已连续十多次举办"温州开茶节"；南山头的栀子产业首屈一指，"栀子文化节"同样增光添彩。

3.古道通达，沿线各村古迹密布

明清平阳县道（官道）途经桥墩区域往福鼎（旧福宁）界、泰顺界，共有干路两条、干路支线四条。其中，在本文所称"东翼"地域内的有干路一条、干路支线两条，另有民间古道两条。

南门干路，经萧家渡、灵溪、桥墩往关帝庙至分水关古道，尚存陈树枫至关帝庙、分水关路段。

南门干路支线之一，据清光绪间《温州府属全景二十里方图》所标，从桥墩门走乌岩岭，经焦坑、蒋阳、嘉同至分水关，其中乌岩岭至斩龙隔古道完好；也可在蒋阳分道，经三十亩、岩洞岭往军营（地名），从而进入福宁（今福鼎）。

南门干路支线之二，从水头相公亭（象口铺）出发到观美街，（经横墙、坑底）上桐（重）台岭（即马家阳岭）至粉

乌岩岭古道上的外蕉坑石拱桥（许义钢拍摄）

后隆岭古道与凉亭

云迷山矴步

遗存至今的矴步古道口路碑

坪村，分道沿谢客岭（即徐家岭）到犁尾楱、虎啸亭往福宁。其中，马家阳岭段、谢客岭段古道基本完好。

明清时民间古道通五凤的还有两条：一是从观美经黄檀口、横墙、黄檀底（天星村）至八亩后通五岱嘉同（原乡驻地），或在黄檀底分道经凤村往犁尾楱、虎啸亭至前歧（福宁境），其中的黄檀底至凤村路段约三四里，黄檀底分道至八亩后路段约二三里古道仍存。二是自桥墩经石鼻头、发凤头、土地公坪、南山头、竹脚内至嘉同，或在南山头分道至分水关，其中石鼻头至南山头近十里古道尚存。

遗存最完整的后隆村山兜墩至黄檀村云迷山脚矴步的古道，长三四里，建于清康熙初年。此古道俗称后隆岭，岭头有一座建于清咸丰间的凉亭（光绪三十三年即1907年重修）至今保存完好。云迷山矴步及路口的古石碑尚存，上刻"左至桥墩右至观美"标识。

云迷山矴步路口，是桥墩东翼古道的枢纽节点。从此路口向北，经枫树湾、黄檀口、桃湖至观美。向西，过后隆岭经官堘头到桥墩，也可在官堘头分道上乌岩岭去五岱（五凤）。向南，经横墙到黄檀底，再上山岭至八亩后、蒋阳，或在黄檀底分道至凤村；也可从横墙分道往东至坑底，上马家垟岭到粉坪村三岔口。粉坪三岔路口南道通华阳去矾山；西南顺谢客岭往犁尾棋到福鼎前歧，如在谢客岭头分道，经王家山、凤村可往嘉同到分水关。这些古道通达马分公路（马家阳、粉坪至分水关）沿线路口，在桥墩东翼形成了公路与步道相连接的闭环形交通网。

古道沿途故事连连，古迹密布。在黄檀片区，官南村有宋代南峰寺延续至今的永国寺，清代所建的官埭头堤塘；后隆村有平水神穴、墓陵及宫庙，后隆岭烟台、挂火山；黄檀村有枫树湾清代汛防口址遗址，杜一元帅、肖七肖八、"死人王"等故事；横墙村的"筑墙御虎""正佑打

黄檀底上陈宫庙群

虎"，黄檀底村的"敬树为神"与多座古宫庙，以及焦坑村先人"蕉叶为席"的历史传说，当地百姓也都耳熟能详。在五凤片区，不仅有诸多革命斗争事迹，还有吴越王入闽、五子从行故事，桶盘山明代兵营、清代桥墩寨址等古迹。

4.乡土故事，揭秘当地信俗起源

在黄檀村云迷山矴步古道口东侧二三十米处有一片古地基，当地郑姓老人（83岁）说，该处遍地瓦砾，地基向北方向有石头结成的古道路，宽两米余；东西方向有石结路面一米多宽，通往矴步古道口。从地基向东数十米是九岗山，有山坳叫"马栏垵"，山脚泉

横墙"万人冢"

水窟原称"饮马池"。向南约百余米是今横墙村地界，古道内侧有一处荒杂地，人称"万人冢"。村民耕种时发现有很多尸骨，传说是某朝代掩埋官兵尸体之处。

驻守官军的传说与民间流传的杜一元帅平山寨之事相关。清代，马家阳大寨尾山寨危害百姓，官府派杜一元帅领兵剿灭。传说，寨主"狗肥靴"（闽语称呼）武功高强，杜一元帅兵败，反被"狗肥靴"追赶到今枫树湾路边的"翁姆石"下砍杀。一同领兵的杜一之弟杜二将军一时无策，等待三弟杜三相公来援。杜三相公用计结识寨主，并秘密做通山寨二当家作内应。某日，三人经过观美双溪鱼行矴步时，杜三与二当家一前一后，将走在矴步中间的"狗肥靴"诛杀。黄檀百姓为纪念杜家三兄弟，在黄檀口桥头建宫祭祀，今存"五舟口宫"，清咸丰年间建，供祀杜一（元帅）、杜二（将军）和杜三（相公）。

根据以上故事传说，综合分析大寨尾与云迷山矴步古道口的地形、位置、距离等情况，在此驻扎官兵剿除山寨合乎情理，这个传说故事揭秘了当地百姓信仰、供祀杜一元帅风俗的起源。据清乾隆二十七年

清乾隆《温州府志》卷首所载《海防全图》（温州图书馆藏乾隆二十七年原刊本）

（1762）刊本《温州府志》卷首所载《海防全图》，图中有"桥墩汛""燥溪口址"和"枫树湾（口址）"等图标，证实黄檀口至云迷山矴步一带当是重要交通卡口，疑枫树湾口址设于云迷山矴步口附近。

涉及当地信仰起源的还有枫树湾肖七、肖八的故事。该故事就是《桥墩志》所载顺治十三年（1656）时，县防张千总率官兵剿

黄檀肖七肖八宫

"贼"，扎营观美。肖八率百余人直冲营前，张千总匆忙应战、涉渡溺水而亡之事。黄檀百姓因此建宫供祀肖七、肖八。

5.多民族融合，民俗文化绚丽多彩

桥墩东翼多民族和谐相处，官南村、后隆村是以回族为主的民族村，畲族也有柳庄、箐山、枫树湾、焦坑、黎阳、九亩埔、湾坑头等多个自然村。丁姓回族、畲族雷永祥支族明代肇居地均在黄檀社区。虽然少数民族入迁已有四五百年，但仍然传承着本民族特有的风俗习惯。尤其畲族婚嫁礼俗、畲族民歌独树一帜。桥墩汉族多从闽南、闽东迁入，民间信俗有其自身特点，一些非遗技艺也可发掘开发，以丰富乡村文化旅游的内容。

二、构建乡村特色文化旅游线的构想

根据桥墩东翼乡村的基本状况和文化资源的特点，发展乡土文化旅游务必从实际出发，综合利用，注重特色，构筑与周边乡村不同的文化主题和景观风貌。

1.拓展桥墩镇沿江发展规划中农艺水魂的概念，不离土、不离农，构建亦耕亦游的山水田园自然景观

包括浙南水博馆或有周凯塑像在内的农艺水魂公共景观，无疑是发掘与传承周凯治水文化的集中体现与景观亮点。官南、后隆平原处于桥墩平原的中心地带，青山入望，溪水环流，山、水、田、林，错落交映。只需把春花、稻薯、特产、蔬果等各类作物相对集中、划片布局，按自然季节正常耕作，便可展现一年四季不同的田园自然风光。

村民世代从事农业生产，发展现代观光农业是不二选择。同时，可以划出传统农耕观光区块，以传统生产工具（耕牛、犁耙、水车、稻桶）、生态耕作方法（套种间作、自流灌溉、滴油除虫）进行耕作。还可以适当恢复传统特色农产品——糖蔗、油菜、油茶的生产，配建土糖埠、榨油坊、酿造厂（酿酒晒酱），进行传统加工工艺展示，不仅是开发旅游观光项目，还能附带生态农林产品的销售。

官南、后隆平原东边的柳庄山、挂火山和南峰寺山，大片的山园（番薯园）有待复耕。搞些百菜园、百果园也非难事，田头

油菜花海

芋园

传统农耕

白鹭伴耕

直销、果园采摘更让消费者放心。只要稍加组织与规划，便可组建成松散型的农耕文化观光园，使三溪沿岸的农业经济融入全域旅游，把村民的传统农艺优势与古今治水精神传承光大。

2.打造八亩后茶旅融合发展、茶文化休闲旅游精品景点，弘扬与时俱进、艰苦创业精神，彰显精品景点的灵魂

五凤是浙南最大的茶叶生产基地之一，八亩后村在20世纪70年代，以"四五"起家，荒山变茶园，实现首次蝶变。1975年前后创办茶叶初制厂，实现从卖茶青到卖茶干的二次蝶变。近年来，发挥茶园生态优势，发展观茶海、品香茗、农家乐为一体的休闲观光旅游，开始实现从卖茶叶到卖风景的第三次蝶变。如今，不仅发展名茶炒制、茶叶展销、采茶体验、茶艺表演、茶街游览等茶文化项目，还要探索茶园健康生活体验、红色文化观光等，向生态旅游度假村的目标发展，变卖风景为卖生活，使之成为乡村特色文化旅游的精品景点与茶文化名村。

八亩后村是浙南地区发展山区经济的一面红旗。过去，创建茶基地、发展精加工，还扶持相邻的漈底村开发荒山、脱贫致富。现在，开发茶旅游、发掘茶文化，走出一条"产、销、游"融合发展、富民兴村

之路，靠的是艰苦创业的精神、与时俱进的理念和为民造福的信念，这与五凤革命根据地红色文化一脉相承，是新时代党建文化的成果体现，是八亩后这个精品景点的灵魂所在。推动片区的创新与发展，必须弘扬这种精神与信念。

3.整合域内的关寨墩台、古道汛口资源，整修、重建或复制若干毁圮建筑，构筑古代边关兵防风情旅游线

桥墩东翼现存古道尚有6段，总长约30里。沿路一二百米之内的古代兵防设施遗址有6处：桥墩门新寨（清康熙时置，在桥墩寨仔顶，乾隆时为桥墩汛）、后隆山烟台（清康熙时置，在柳庄山）、枫树湾口址（清乾隆时置，疑在云迷山矴步附近）、桥墩寨（清顺治时置，在水沟"桶盘山，疑原为元代巡检司、明代镇守军营）、分水关台（清时置，五代十国时所建分水关，明代置分水隘堠）。另有一处兵防遗址位于分水关烟墩岗后山——蜘蛛垟山山顶，在分水关上"五百工岭"经五凤黎阳至福鼎军营的古道旁，离关口三四里，今称"蜘蛛垟"，面积数十亩，山顶可俯视整个分水关隘，并有兵防建筑遗存。《玉苍山志》记载："五代时吴越王派朱、杜二将把守分水关，驻兵蜘蛛垟。"如今，仍有人称黎阳蜘蛛垟为"朱杜垟"。

以上边关兵防设施遗址中，分水关关隘墙垣已复原，为县级文保单位。后隆山烟台、桶盘山遗址为县文保点，桥墩门新寨（桥墩汛）遗址已毁圮，枫树湾口址待考证。除以上5个遗址之外，古道沿线目视范围内有清康熙年间所置的烟台，还有五岱山台、大原山台、长寨岭台3处。

根据上述情况，应在依法保护文物遗址的前提下，经过充分论证，重建或复制后隆山烟台、枫树湾口址、桶盘山营寨等若干古代兵防设施，并充分利用已经复原的分水关隘墙垣，构建桥墩古代边关兵防风情旅游线。当然，还要深入发掘"吴越王入闽、五子从行"故事和在分水关发生的古代战事，充实边关风情游的内容；对古道沿线目视范围内的寨台遗址建造特定标识，增强边关兵防体系的整体氛围。并且，以上

述遗址为主要节点，采用步道为主、步车结合的形式组织交通服务。

4.发掘乡土民俗文化，追溯信俗起源，用本乡本土的故事构建特色文化品牌

周凯故事，是桥墩最大、最具潜力与竞争力的文化品牌。集中体现周凯治水精神和水利建设成就的水博馆广场落地后隆村，后隆柳庄山又汇聚了平水王信仰的诸多历史遗存，这都给周凯治水文化品牌的开发创造了良好条件。在柳庄山与南峰寺尖之间的挂火山，是民间斋醮神事取圣火的地方。用刀剑铁器在岩壁上砍刮便火星四溅，以引火之物承接就可起燃。挂火山东北侧半山腰有个净水窟，是民间斋醮神事取"圣水"的地方。完全有条件通过发掘、整理，开发祭祀古代治水英雄周凯的传统仪式，作为民间信俗观光演示的主要内容。

又如前面所述黄檀村、横墙村关于杜一元帅剿灭大寨尾山寨的故事，关于枫树湾肖七、肖八攻打清兵营盘的故事，揭秘了当地相关信俗的起源，也可以从中感受民间信俗的朴实无华与积极意义。

特别是五凤为浙闽边区革命根据地之一，1928年开始有秘密革命活动，1933年发展了桥墩区域第一位中共党员，1936年建立了桥墩第一批中共党支部。陈铁君在1934年与叶挺鹏等组成武装队伍，后成立浙南红军游击队，战功卓著，1955年授少将军衔。刘英、粟裕所带领红军挺进师在鼎平泰边界地区进行了艰苦卓绝的革命斗争。南山头村已建成红军挺进师在五岱山活动纪念碑和纪念馆，成为片区红色文化的传承基地。

5.利用本地特有的自然条件，开发不同景观氛围的特色民宿，让游客"进得来、玩得好、留得住"

桥墩东翼乡村的自然地理特色，大体有三类：一是官南、后隆的滨水田园风光，二是黄檀、横墙的青山溪谷景色，三是八亩后、南山头的茶山栀园风韵。发展旅游不仅要让游客"进得来""玩得好"，还要"留得住"，才能拓展服务、融合发展、提高效益。因此，要利用不同的特色风貌，规划发展乡间民宿，如滨水民宿、茶园宾馆和溪山农家乐等。

发展桥墩全域旅游，构建东翼特色文化旅游线的目标不可能一蹴而就，需要数年乃至十数年时间的努力。因此，首先要大力推进美丽村庄建设，整治村容村貌与卫生环境，完善基础设施，既让广大村民享受美好生活，又打好发展全域旅游的坚实基础。其次要统筹制定整个片区的发展规划，衔接各村发展布局，并做好上述旅游开发项目的单体规划，从实际出发，分期分批实施。再次要在积极争取政府支持的同时，更好地动员和组织村民广泛参与，尤其要以政策为动力吸引外来投资，坚持国家、集体、个人一起上。最后还要发挥本地现有产业优势，促进农林产业和旅游服务业的融合发展。

（2019 年 6 月 19 日）

（本文载于 2019 年 6 月 28 日《今日苍南》）